会计学原理习题、案例与解答

（第二版）

潘　琰　袁寒松　主编

科　学　出　版　社
北　京

内 容 简 介

《会计学原理习题、案例与解答》（第二版）是为国家精品课程教材《会计学原理》（第二版）（潘琰主编）配套编写的。本书按照主教材《会计学原理》（第二版）的目录同步编写，全书共分为15章，包括解释重要名词、选择题、判断题、练习题、案例分析题、思考题等几大类题型，章末还附有相应的参考答案。

本书适用于各高等院校开展会计学原理课程教学，可供学习初级会计学、基础会计学、会计学基础等课程的师生阅读，以及参加高校研究生入学考试复习会计学考试科目的考生使用。对于参加会计人员培训、会计职称考试、其他相关会计科目自学者来说，也是一部很好的学习资料。

图书在版编目（CIP）数据

会计学原理习题、案例与解答 / 潘琰，袁寒松主编. —2版. —北京：科学出版社，2020.3

ISBN 978-7-03-063479-5

Ⅰ. ①会… Ⅱ. ①潘… ②袁… Ⅲ. ①会计学-高等学校-题解 Ⅳ. ①F230-44

中国版本图书馆 CIP 数据核字（2019）第264581号

责任编辑：郝 静 / 责任校对：贾娜娜

责任印制：霍 兵 / 封面设计：蓝正设计

科学出版社 出版

北京东黄城根北街16号

邮政编码：100717

http://www.sciencep.com

三河市骏杰印刷有限公司 印刷

科学出版社发行 各地新华书店经销

*

2013年8月第 一 版 开本：787×1092 1/16

2020年3月第 二 版 印张：17

2022年10月第二十一次印刷 字数：370 000

定价：42.00元

（如有印装质量问题，我社负责调换）

前　言

《会计学原理习题、案例与解答》（第二版）是与潘琰主编的《会计学原理》（第二版）配套的教辅学习资料，是福州大学会计学原理教学团队在会计学原理国家精品课程（2005年）、国家精品资源共享课程（2013年）、国家精品在线开放课程（2018年）建设中积累形成的重要教学成果的组成部分。本书基于《会计学原理》（第二版）教材的体例和内容而设计，其内容涵盖教材的所有章节，不但全面而且精准，并继续保持了与主教材完全一致的体例和风格。每章内容包括：解释重要名词、选择题、判断题、案例分析题、思考题及相对应的参考答案等。学习者可以通过对本书所提供的各种类型题目的演练加深对所学知识的理解，巩固会计学原理课程中所学的知识，明确各章的重点难点，改进薄弱环节，排除疑惑，提高应用会计学基本理论和方法解决实际问题的能力。本次修订大幅增加了各种题型的数量，拓展并补充了新的案例分析题和思考题。

《会计学原理习题、案例与解答》（第二版）由潘琰、袁寒松担任主编，潘琰、袁寒松、孙思思、郑明琼编撰。全书共分为15章，参加本次修订编撰工作的有潘琰、袁寒松、房桃峻、刘晏池、林安兰。本书难免存在疏漏和不足之处，恳请读者批评指正。

潘　琰

2019年9月于福州大学

目 录

第一章

会计学十大原理

一、解释重要名词

会计　信息不对称　机会成本　边际收益（成本）　激励　会计确认　财务信息　非财务信息　会计信息质量标准　实质重于形式　资产　负债　所有者权益　会计恒等式　复式记账法　收付实现制　权责发生制　财务报告　资产负债表　利润表　现金流量表　会计经济后果

二、选择题（包括单选和多选）

1. 会计具有的基本特征包括（　　）。
   A. 以货币为主要计量单位　　B. 具有核算和监督的基本职能
   C. 拥有一系列专门方法　　D. 会计的本质就是管理活动
2. 下列属于会计功能的有（　　）。
   A. 实施会计监督　　B. 预测经济前景
   C. 参与经济决策　　D. 评价经营业绩
3. 会计期间一般分为（　　）。
   A. 年度　　B. 半年度
   C. 季度　　D. 月度
4. 本期收到上月销售产品的货款并存入银行，是否应当作为本期的收入？下列说法正确的有（　　）。
   A. 收付实现制下，应当作为本期收入
   B. 收付实现制下，不能作为本期收入
   C. 权责发生制下，不能作为本期收入
   D. 权责发生制下，应当作为本期收入
5. 下列各项会计核算中，以会计恒等式为理论依据的有（　　）。
   A. 复式记账　　B. 成本计算
   C. 财产清查　　D. 试算平衡
   E. 会计报表

6. 通过会计核算可以满足下列会计信息使用者需要的有（　　）。

A. 企业经济效益　B. 宏观调控

C. 投资者决策　D. 经营管理

E. 编制会计报表

7. 外部信息使用者了解单位会计信息最主要的途径是（　　）。

A. 账簿　B. 财产清查

C. 会计凭证　D. 财务报告

8. 下列项目中，属于资产的是（　　）。

A. 购入的某项专利权　B. 经营租入的设备

C. 已销售但对方未提走的商品　D. 计划购买的某项设备

9. 企业会计信息的外部使用者包括（　　）。

A. 股东　B. 债权人

C. 经理　D. 政府

10. 假定某机器设备原来生产 X 产品，利润收入为 200 元，现在改为生产 Y 产品，所花费的人工、材料费为 1 000 元，则生产 Y 产品的机会成本是（　　）。

A. 1 200 元　B. 200 元

C. 1 000 元　D. 800 元

11. 财务核算的“八部曲”，也就是指会计核算的八个基本步骤，主要包括（　　）。

A. 会计凭证、会计科目　B. 成本计算、试算平衡

C. 财务报告、财务分析　D. 开设账户、复式记账

E. 财产清查、财务报告　F. 期末账项调整、试算平衡

12. 社会提供的东西少于人们想要拥有的，每个社会单位（组织）或个人希望拥有尽可能多的资源，但社会还不能满足其需求。这一概念指的是（　　）。

A. 稀缺性　B. 信息不对称

C. 逆向选择　D. 道德风险

13. 在经济活动（或商品交易）中，某些参与人拥有信息但另一些参与人却不拥有信息的状况。这一概念指的是（　　）。

A. 稀缺性　B. 信息不对称

C. 逆向选择　D. 道德风险

14. 理性决策者通过比较边际收益与边际成本来决策，边际收益（成本）的实质是当业务量以一个单位增加或减少时所引起的收益（成本）的变动额。这一说法对应会计学十大原理中的（　　）。

A. 决策就是收益与成本的权衡　B. 关注边际量将使决策更相关

C. 激励会对决策产生影响　D. 会计以货币形式讲述企业的“故事”

15. 企业采用绩效工资制度反映会计学十大原理中的（　　）。

A. 决策就是收益与成本的权衡　B. 关注边际量将使决策更相关

C. 激励会对决策产生影响　D. 会计以货币形式讲述企业的“故事”

16. “鱼与熊掌不可兼得”反映会计学十大原理中的（　　）。
A. 决策就是收益与成本的权衡
B. 关注边际量将使决策更相关
C. 激励会对决策产生影响
D. 会计以货币形式讲述企业的“故事”
17. （　　）是指按照经济业务发生的顺序加以反映，自始至终不间断。
A. 连续
B. 系统
C. 全面
D. 综合
18. （　　）是指运用一套专门方法对各种经济活动进行科学分类、整理记录，形成系统化的信息。
A. 连续
B. 系统
C. 全面
D. 综合
19. （　　）是指企业过去的交易或事项形成的，由企业拥有或者控制的，预期会给企业带来经济利益的资源。
A. 资产
B. 负债
C. 所有者权益
D. 利润
20. 会计学十大原理中，权责发生制的理论基础是（　　）。
A. 会计联动反映经济活动的来龙去脉
B. 权责配比使会计损益计算更逼近真实
C. 会计信息具有经济后果
D. 企业的资产与权益之间存在恒等关系
21. 会计作为提供企业信息的重要系统，主要通过（　　）将信息传递给使用者。
A. 资产负债表
B. 利润表
C. 现金流量表
D. 财务报告
22. 会计存在的最根本原因是（　　）。
A. 社会资源的不可复制性
B. 社会资源的不可模仿性
C. 社会资源的稀缺性
D. 信息的不对称性
23. 会计信息的作用是（　　）。
A. 优化资源配置
B. 提高市场效率和企业效益
C. 缓解信息不对称
D. 帮助人们做出正确决策
24. 企业管理层的目标是通过（　　）来提升企业竞争力，创造更多财富。
A. 计划
B. 组织
C. 领导
D. 控制
25. 会计信息的外部使用者包括（　　）。
A. 股东
B. 工会
C. 内部审计师
D. 供应商
26. 会计信息的内部使用者包括（　　）。
A. 经理
B. 员工
C. 供应商
D. 客户

27. 会计学十大原理中，与企业决策紧密相关的是（　　）。
   A. 会计既要真实反映，又存在估计和判断
   B. 决策就是收益与成本的权衡
   C. 关注边际量将使决策更相关
   D. 激励会对决策产生影响
28. 会计学十大原理中，涉及企业会计信息生产的是（　　）。
   A. 关注边际量将使决策更相关
   B. 会计以货币形式讲述企业的"故事"
   C. 企业的资产和权益之间存在恒等关系
   D. 会计联动反映经济活动的来龙去脉
29. 在商品货币经济中，会计是一个以货币形式确认、计量、记录和报告某主体经济活动的信息系统，因为借助货币形式会计才可以做到（　　）对会计主体的经济活动进行量化核算、控制和报告，实现自身职能。
   A. 连续地　　B. 系统地
   C. 全面地　　D. 综合地
30. 现金流量表反映一定时期内（如月、季度、年度）企业（　　）对其现金及现金等价物所产生的影响。
   A. 经营活动　　B. 投资活动
   C. 筹资活动　　D. 商业活动

三、判断题

1. 会计是人类社会发展到一定历史阶段的产物，它起源于生产实践，是为管理生产活动而产生的。（　　）
2. 货币度量是会计唯一的计量单位。（　　）
3. 会计恒等式在任何一个时点上都是平衡的。（　　）
4. 会计可以通过对会计资料的分析预测未来，提供对决策有用的信息，参与经营决策。（　　）
5. 财务报表反映的是一个企业某个时点的财务状况和现金流量，以及某个时期的经营成果。（　　）
6. 由于经济活动的复杂性和不确定性，在会计工作中存在许多的估计和判断，有时并不能真实反映相关会计信息。（　　）
7. 可选择性会计政策的存在使得会计信息具有经济后果。（　　）
8. 财务报告是沟通企业管理层与内外部信息使用者的桥梁和纽带。（　　）
9. 道德风险是指掌握信息的一方可以通过信息优势牟取自身利益。（　　）
10. 逆向选择是指经济活动参与人为了追求自身利益最大化而采取损害他人利益的行为。（　　）
11. 通过对会计信息的分析利用，政府管理机构可以制定相关政策以调整经济决策，决定市场经济健康、持续、稳定地发展。（　　）

12. 会计信息的外部使用者指的是企业的利益相关者，只包括投资者、债权人、政府监管机构。（　）

13. 会计信息的内部使用者包括企业内部的经营管理人员和企业客户。（　）

14. 管理会计是财务会计的前提和基础，财务会计是管理会计的发展和延伸。（　）

15. 借助货币形式会计才可以做到连续、系统、全面、综合地对会计主体的经济活动进行量化核算、控制、报告，实现自身的职能。其中，综合指的是会影响主体产权变动的信息均应详尽反映，不得遗漏或任意取舍。（　）

16. 借助货币形式会计才可以做到连续、系统、全面、综合地对会计主体的经济活动进行量化核算、控制、报告，实现自身的职能。其中，全面是指货币作为一般等价物，可以综合反映会计主体的经济业务情况，提供个别和总括的价值指标。（　）

17. 会计提供企业经济活动中与其价值运动或资本（或产权）变动相关的经济活动。（　）

18. 现代会计采用复式记账方法，其基本思想是对全部经济交易或事项进行完整和相互联系的记录。（　）

四、练习题

1. A 公司20××年4月发生下表中的经济业务。

A 公司 20××年 4 月发生的经济业务　　单位：元

经济业务	权责发生制		收付实现制	
	收入	费用	收入	费用
①支付本月购买的办公用品费 100 元				
②预付下季度保险费 740 元				
③本月负担的房屋租金 800 元，款项尚未支付				
④由本月负担，但尚未支付的借款利息 90 元				
⑤支付上月负担的水电费 550 元				
⑥计提本月的设备折旧费 860 元				
⑦预收尚未提供服务的款项 500 元				
⑧收到上月提供劳务收入 320 元				
⑨本月销售商品，并收到货款 2 500 元				
⑩销售商品 980 元，货款尚未收到				
合计				

要求：根据权责发生制和收付实现制，分别确定20××年4月的收入和费用，并填入表格内。

2. 请将下列相关概念进行连线。

① 资产负债表　　　　A. 财务状况表

② 利润表　　　　　　B. 企业的生命线

③ 现金流量表　　　　C. 损益表

3. 材料一：阿辉超市成立于2009年，十年创业，飞跃发展，是C国500强企业之一，是国家级“流通”及“农业产业化”双龙头企业。

阿辉超市是C国首批将生鲜农产品引进现代超市的流通企业之一，被百姓誉为“民生超市”。阿辉超市已发展成为以零售业为龙头，以现代物流为支撑，以现代农业和食品工业为两翼，以实业开发为基础的大型集团企业。阿辉超市坚持“融合共享”“竞合发展”的理念开创蓝海，与国内外零售企业共创C国零售市场的繁荣。

未来几年，阿辉超市将稳健地向全国多个区域发展，着力建设“家门口的阿辉”“新鲜的阿辉”，并以“绿色阿辉”“科技阿辉”“人文阿辉”为目标，力争发展成为全国性生鲜超市千亿企业。

材料二：阿辉超市2012～2017年主要财务指标柱状图。

利润指标：

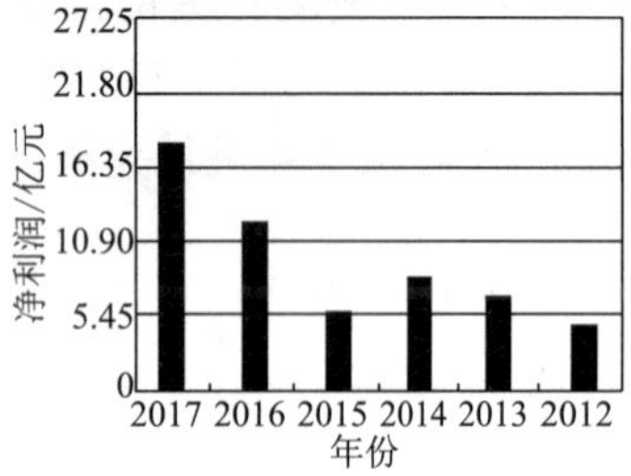

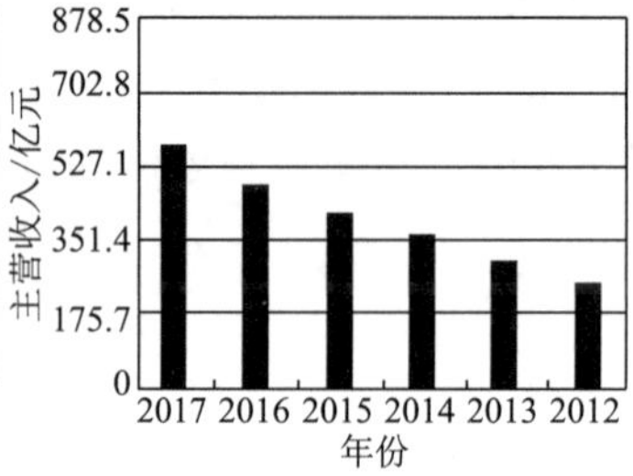

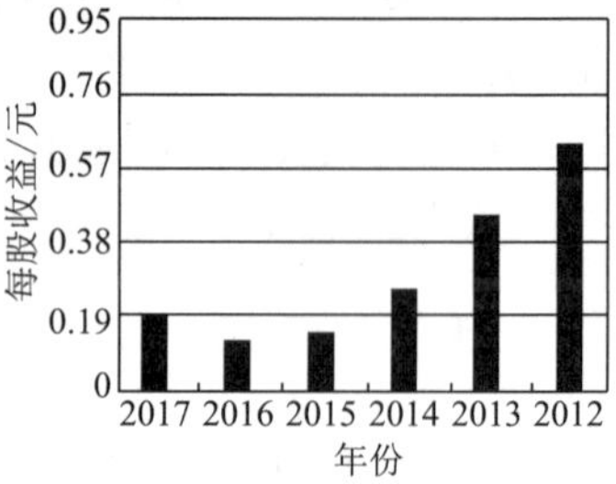

盈利能力：

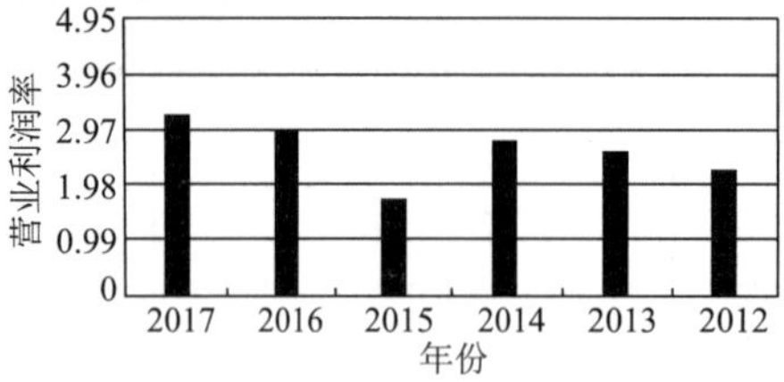

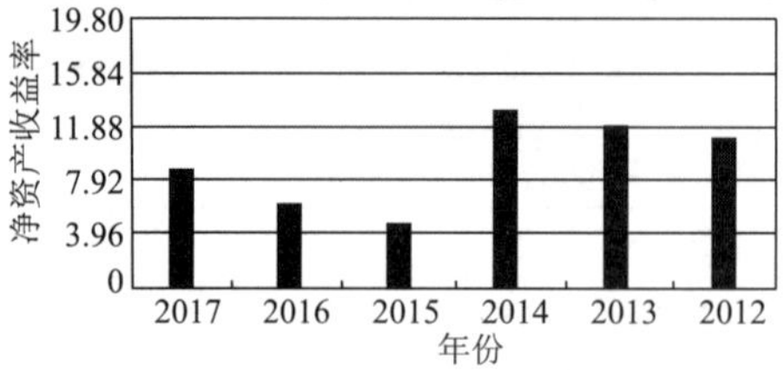

偿还能力：

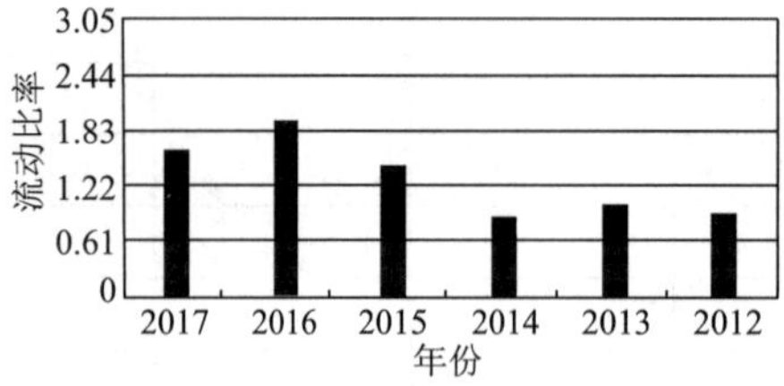

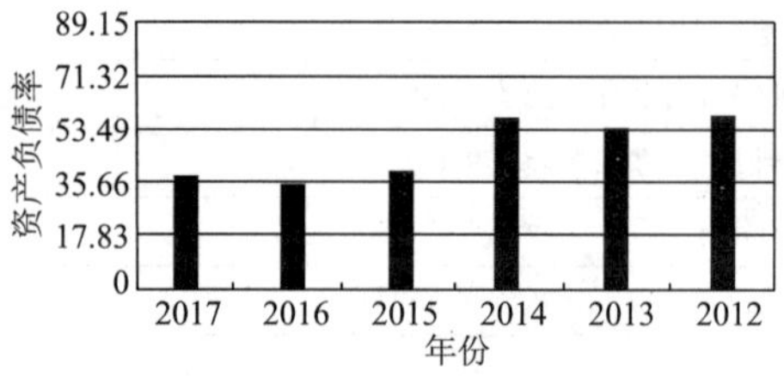

成长能力：

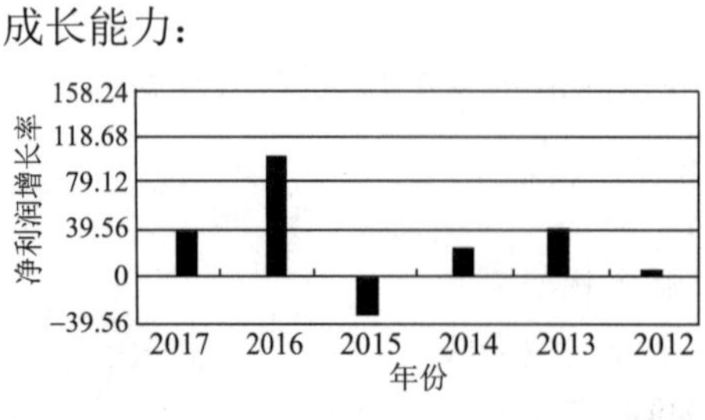

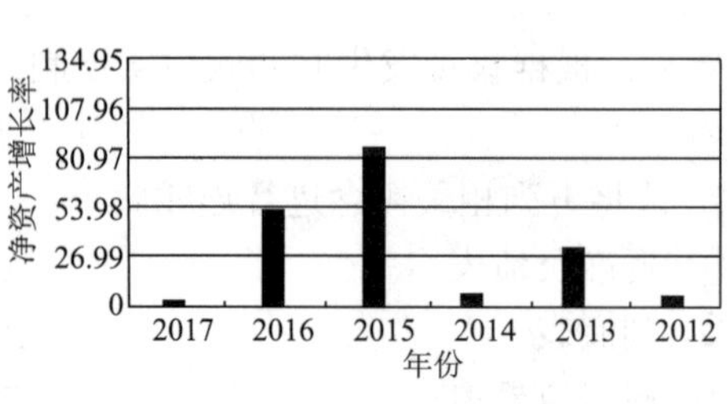

营运能力：

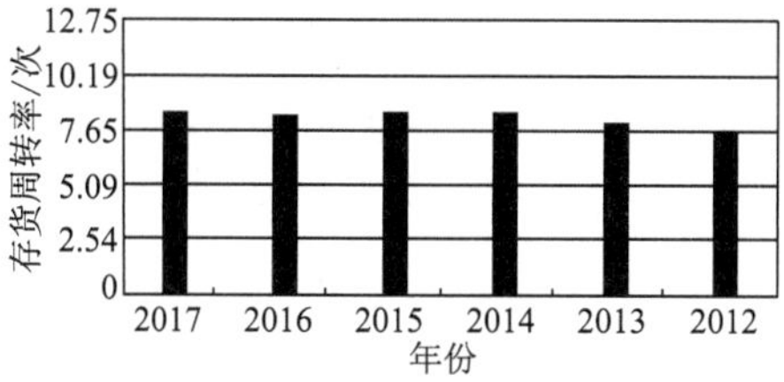

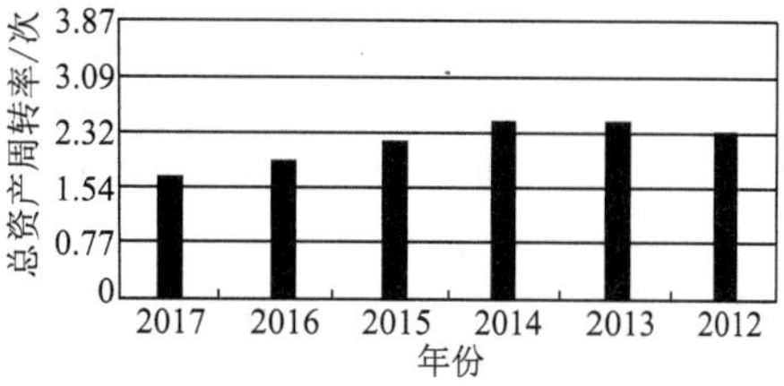

要求：以上会计信息的使用者主要包括哪些？分别说明不同类别的使用者会如何分析、利用该公司的财务信息（不同的信息使用者主要从哪些方面剖析其财务信息）。

4. 达达公司成立于2018年10月，收到奔奔公司厂房、机器设备等投入，金额2 000万元，收到小奔公司材料投入，金额600万元，收到洋洋公司货币资金投入，金额400万元。以上金额全部计入实收资本，同时从商业银行取得3年期借款300万元。

要求：

（1）计算该公司成立日的流动资产总额、长期资产总额、资产总额。

（2）计算该公司成立日的负债总额、所有者权益总额。

5. 大福公司2018年实现营业利润6 000万元，当年发生的成本费用如下：生产成本2 000万元、管理费用600万元、财务费用400万元、销售费用300万元。假设公司当年除了主营业务以外，没有其他业务，也不存在其他投资事项。

要求：不考虑所得税影响，计算该公司当年主营业务收入。

6. 目的：了解和练习会计要素的分类。

材料：求精机器制造厂20××年1月31日资产、负债及所有者权益状况如下表所示。

序号	项目	金额/元	会计科目	资产/元	负债/元	所有者权益/元
1	生产车间厂房	200 000	固定资产	200 000		
2	生产用的各种机械设备	300 000				
3	运输卡车	100 000				
4	尚未完工的产品	80 000				
5	已完工验收入库的产品	50 000				
6	库存生产用钢材	100 000				
7	应付给新沪厂的购材料款	25 000				
8	尚未缴纳的税金	10 000				
9	应付给职工的工资	1 200				
10	向银行借入的三年期借款	290 000				
11	应付给食堂的职工伙食费	3 800				
12	企业提存的法定盈余公积	20 000				
13	资本金	600 000				
14	未分配的利润	40 000				
15	销售部门用的电子计算机	40 000				
16	存在银行的款项	73 000				
17	采购员预借的差旅费	200				

续表

序号	项目	金额/元	会计科目	资产/元	负债/元	所有者权益/元
18	财会部门库存现金	500				
19	仓库用房屋	30 000				
20	应收光明厂的货款	16 300				
总计						

要求：

（1）根据上述项目内容，区分资产、负债及所有者权益，并将其所属会计科目填入表中。

（2）将资产、负债及所有者权益的有关金额分别填入各栏，计算总计数，并测算是否平衡。

五、案例分析题

1. 在一次毕业后的同学聚会上，热衷炒股的几位同学在一起讨论股票，当谈到在股市中应当如何操作时，大家的见解各不相同，这些观点可以归纳为以下四种。

（1）喜欢跟着感觉走，感觉哪只股票可能会涨时就买进，感觉手头的股票可能会跌时就抛出。

（2）喜欢随大流，周围的人买什么股票，就跟着买，或者最近什么板块和股票热门，就买什么股票。

（3）喜欢在选择股票时收集各种信息，主要是一些宏观政策方面的信息，但是对于公司的财务信息则关注很少。

（4）喜欢在选择股票时参考有关上市公司的财务信息。

请问：你会支持哪种观点？并说出你的理由。

2. 管理会计将成本分为变动成本与固定成本，固定成本又可以进一步分为直接成本与间接成本（变动成本一定是直接成本），因此它能够高度体现收入与成本之间的因果关系。这种特性可以使管理会计展示单个产品、部门（甚至员工）或顾客的财务信息，并且可以用于模拟不同经营方案的财务结果（如本量利分析）。

财务会计只将成本分为产品成本和期间费用，并要求在一个会计期间内匹配所发生的收入与成本，因此它无法体现收入与成本之间的因果关系。

请问：如何判断管理会计和财务会计中哪一个是对内会计，哪一个是对外会计？根据以上对管理会计和财务会计的表述，分别阐述这两种会计存在的意义及它们的适用人群。

3. 近日，新闻报道，51名康康制药投资者起诉公司虚假陈述，获A市中院受理。早在这之前，就有报道称投资者向A市中院提交起诉材料状告康康制药，损失金额合计超过1 000万元。加上此次立案的投资者索赔近700万元，总金额超过1 700万元。

由于该制药公司虚假陈述，公司从2017年初的市值近300亿元，跌至现在市值只有80多亿元，跌幅超70%，使得广大股民受损严重。凡在2016年4月6日至2017年5月9日买入康康制药，且2017年5月9日仍持有该股票的投资者，均有可能被认定为是受到公司财务造假影响的投资者。随着康康制药造假案持续发酵，越来越多的投资者加入索赔大军，给公司带来不小的压力。

康康制药2017年实现净利润为4.64亿元，同比减少38.18%。在上半年业绩报告中，公司将业绩下滑归咎于①受医药行业环境和行业政策的影响，公司生产的淀粉、淀粉囊等产品的销量与上年同期相比出现下滑；②公司加大产品市场推广力度，2018年半年销售费用较上年同期有所增加。实际上，2017年公司的财务造假风波，成为业绩的转折点。2013～2016年，公司每年净利润均同比上涨，且业绩涨幅喜人，具体数据分别为27%、49.43%、109.71%、31.56%。

经过中国证券监督管理委员会（以下简称证监会）调查认定，2015年，康康制药涉嫌虚增营业收入1 805.88万元，虚增利润1 586万元，占当期合并报表披露营业收入的1.03%，净利润的2.62%；2016年虚增情况更为严重，期内涉嫌虚增营业收入2.55亿元，虚增净利润2.32亿元，占当期合并报表披露营业收入的8.61%，净利润的22.63%。基于系列违法行为，证监会决定给予该制药公司顶格处罚，并同时给予时任董事长顶格行政处罚。

从证监会的认定来看，该制药公司存在严重的财务造假行为，对投资者形成明显误导，大众维权栏目组律师对投资者胜诉并获得赔偿充满信心。

要求：结合本章知识点，从“会计信息的经济后果”这一角度分析本案例，简述会计信息具有哪些经济后果，如何导致负面的经济后果。

六、思考题

1. 会计是什么？谈谈你对会计的认识。
2. 你认为会计存在的主要原因是什么？
3. 为什么说经济生活中所面临的根本问题是如何最好地利用分散在社会中的不同信息的问题？
4. 你是如何理解“逆向选择”和“道德风险”的？
5. 会计的主要应用领域有哪些？
6. 企业会计的目标是什么？你是如何理解会计目标与企业目标之间的关系的？
7. 会计信息具有哪些特征？
8. 会计信息的使用者有哪些，会计师是如何帮助人们进行决策的？
9. 会计学十大原理的内容是什么，它给予我们哪些启示？

第一章　参考答案

一、解释重要名词

（略）

二、选择题

1. ABCD 2. ABCD 3. ABCD 4. AC 5. ADE 6. BCD 7. D 8. A 9. ABD 10. B 11. ABDE 12. A 13. B 14. B 15. C 16. A 17. A 18. B 19. A 20. B 21. ABCD 22. CD 23. ABCD 24. ABCD 25. ABD 26. AB 27. BCD 28. BCD 29. ABCD 30. ABC

三、判断题

1. √ 2. × 3. √ 4. √ 5. × 6. × 7. √ 8. √ 9. × 10. × 11. × 12. × 13. × 14. × 15. × 16. × 17. √ 18. √

四、练习题

1.

A 公司 20××年 4 月发生的经济业务 单位：元

经济业务	权责发生制		收付实现制	
	收入	费用	收入	费用
①支付本月购买的办公用品费 100 元		100		100
②预付下季度保险费 740 元				740
③本月负担的房屋租金 800 元，款项尚未支付		800		
④由本月负担，但尚未支付的借款利息 90 元		90		
⑤支付上月负担的水电费 550 元				550
⑥计提本月的设备折旧费 860 元		860		
⑦预收尚未提供服务的款项 500 元			500	
⑧收到上月提供劳务收入 320 元			320	
⑨本月销售商品，并收到货款 2 500 元	2 500		2 500	
⑩销售商品 980 元，货款尚未收到	980			
合计	3 480	1 850	3 320	1 390

2.

①资产负债表 —— A. 财务状况表

②利润表 B. 企业的生命线

③现金流量表 C. 损益表

3. 采用开放性回答。举例：该公司的高级管理层是会计信息的使用者之一，他们将会利用这些信息分析企业财务状况，并据此做出战略调整。

4.

（1）流动资产总额：600+400+300=1 300万元。

长期资产总额：2 000万元。

资产总额：1 300+2 000=3 300万元。

（2）负债总额：300万元。

所有者权益总额：2 000+600+400=3 000万元。

5. 主营业务收入=6 000–2 000–600–400–300=2 700万元。

6.

（1）详见下表。

序号	项目	金额/元	会计科目	资产/元	负债/元	所有者权益/元
1	生产车间厂房	200 000	固定资产	200 000		
2	生产用的各种机械设备	300 000	固定资产	300 000		
3	运输卡车	100 000	固定资产	100 000		
4	尚未完工的产品	80 000	生产成本	80 000		
5	已完工验收入库的产品	50 000	库存商品	50 000		
6	库存生产用钢材	100 000	原材料	100 000		
7	应付给新沪厂的购材料款	25 000	应付账款		25 000	
8	尚未缴纳的税金	10 000	应交税费		10 000	
9	应付给职工的工资	1 200	应付职工薪酬		1 200	
10	向银行借入的三年期借款	290 000	长期借款		290 000	
11	应付给食堂的职工伙食费	3 800	其他应付款		3 800	
12	企业提存的法定盈余公积	20 000	盈余公积			20 000
13	资本金	600 000	实收资本（或：股本）			600 000
14	未分配的利润	40 000	利润分配			40 000
15	销售部门用的电子计算机	40 000	固定资产	40 000		
16	存在银行的款项	73 000	银行存款	73 000		
17	采购员预借的差旅费	200	其他应收款	200		
18	财会部门库存现金	500	库存现金	500		
19	仓库用房屋	30 000	固定资产	30 000		
20	应收光明厂的货款	16 300	应收账款	16 300		
总计				990 000	330 000	660 000

（2）资产（990 000）=负债（330 000）+所有者权益（660 000），结果平衡。

五、案例分析题

1. （结合本章所学知识，言之有理即可）

2. 提示：管理会计可以帮助企业管理者进行日常经营活动的决策、计划和控制，是内部管理者应该使用的管理工具。财务会计展示整个公司的综合性财务信息，它的使用者是外部的股东、债权人、供应商、股票分析师，以及公司高层管理者。它对企业中基层管理者及普通员工的价值非常有限。

3. （结合所学知识，言之有理即可）

六、思考题

（略）

第二章

像会计专家那样思考

一、解释重要名词

会计环境　归纳法　演绎法　实证研究　规范研究　会计主体假设　持续经营假设　会计分期假设　货币计量假设　资金运动　会计循环　财务会计　管理会计　会计目标　会计信息质量特征　会计核算

二、选择题（包括单选和多选）

1. 会计所使用的主要计量尺度是（　　）。
   A. 实物量度　　B. 货币量度
   C. 劳动量度　　D. 实物和货币量度
2. 会计的一般对象可以概括为（　　）。
   A. 经济活动　　B. 管理活动
   C. 生产活动　　D. 企业的资金运动
3. 下列各项中，不属于工业企业资金的循环与周转阶段的是（　　）。
   A. 供应过程　　B. 生产过程
   C. 销售过程　　D. 分配过程
4. 资金循环过程中资金的形态包括（　　）。
   A. 储备资金　　B. 生产资金
   C. 产品资金　　D. 货币资金
5. 会计基本假设包括（　　）。
   A. 会计主体　　B. 持续经营
   C. 会计分期　　D. 货币计量
6. 会计主体假设规定了会计核算的（　　）。
   A. 时间范围　　B. 空间范围
   C. 成本开支范围　　D. 期间费用范围

7. 根据正常的经营方针和既定的经营目标持续经营下去的会计假设是（ ）。
A. 会计主体 B. 持续经营
C. 会计分期 D. 货币计量
8. 下列关于会计基本假设的说法正确的包括（ ）。
A. 货币计量前提包括币值不变这一假定
B. 会计核算应当以企业持续、正常的生产经营活动为前提
C. 法人可作为会计主体，但会计主体不一定是法人
D. 会计分期就是将企业的经营活动人为划分成若干个时间间隔
9. 下列各项中，作为会计分期基础的是（ ）。
A. 会计主体 B. 持续经营
C. 货币计量 D. 权责发生制
10. 在会计核算中，产生权责发生制和收付实现制两种不同的记账基础所依据的会计基础假设是（ ）。
A. 会计主体 B. 持续经营
C. 会计分期 D. 货币计量
11. 下列各项目中，符合会计主体假设的有（ ）。
A. 某厂的会计资料仅记录本厂的经济业务
B. 某厂的会计资料除记录本厂的经济业务以外，还记录其所有者的私人财务活动
C. 某厂的会计人员拒绝把厂长个人的开支列入企业的账本中
D. 某厂的会计人员除办理本厂的经济业务以外，还办理本厂税务专管员私自旅游的费用报销业务
12. 会计核算是指会计以货币为主要计量单位，通过（ ）等环节，对特定主体的经济活动进行记账、算账、报账，为各有关方面提供会计信息的功能。
A. 确认 B. 计量
C. 记录 D. 报告
13. 会计专家可以提供的咨询主要有以下几种：（ ）。
A. 战略咨询 B. 财务咨询
C. 企业内部控制咨询 D. 其他咨询服务
14. 计提坏账准备的做法体现了（ ）原则。
A. 配比性 B. 一贯性
C. 谨慎性 D. 相关性
15. 会计核算应以实际发生的交易或事项为依据，如实反映企业财务状况，是符合会计信息质量（ ）的要求。
A. 谨慎性 B. 明晰性
C. 可靠性 D. 实质重于形式
16. “会计核算应当采用一致的会计政策，不得随意变更。如有变更，应在财务报告中说明理由及其对财务状况和经营成果所造成的影响”依据的原则是（ ）。
A. 可比性 B. 及时性
C. 可理解性 D. 可靠性

17. 下列各项中，属于实质重于形式原则中所指“形式”的是（　　）。
A. 进行经济活动遵循的法律　　B. 会计核算的一般规律
C. 交易或事项的形式　　D. 会计核算的法律依据

18. 下列会计信息质量特征要求中，体现及时性的有（　　）。
A. 及时收集原始凭证　　B. 及时处理原始凭证
C. 及时进行会计处理　　D. 及时传递会计信息

19. 从核算效益看，对所有会计事项不分轻重主次和繁简详略，采用完全相同的处理方法，不符合（　　）原则。
A. 重要性　　B. 明晰性
C. 相关性　　D. 谨慎性

20. 不同企业发生的相同或者相似的交易或事项，应当采用规定的会计政策，体现了（　　）要求。
A. 重要性　　B. 可比性
C. 谨慎性　　D. 实质重于形式

21. 影响会计发展的核心因素是（　　）。
A. 政治因素　　B. 法律因素
C. 社会因素　　D. 经济因素

22. 人们将企业持续不断的生产经营活动划分为各个相等的期间，按期结算账目，编制报告。这是会计基本假设中的（　　）。
A. 会计主体假设　　B. 会计分期假设
C. 持续经营假设　　D. 货币计量假设

23. 会计主体在进行会计核算时以货币反映主体的财务状况、经营成果和现金流量。这是会计基本假设中的（　　）。
A. 会计主体假设　　B. 持续经营假设
C. 货币计量假设　　D. 会计分期假设

24. 为了核算特定主体的经济活动，从而确定会计活动的空间范围，必要条件是（　　）。
A. 会计分期　　B. 持续经营
C. 货币计量　　D. 会计主体

25. 企业将融资租入的设备作为固定资产核算，所体现的会计信息质量要求是（　　）。
A. 实质重于形式　　B. 谨慎性原则
C. 重要性原则　　D. 可比性原则

26. 会计人员在国家允许的范围内选择会计方法时，应尽量避免会导致企业虚增盈利水平的处理方法，体现了会计信息质量要求中的（　　）。
A. 可靠性原则　　B. 相关性原则
C. 重要性原则　　D. 谨慎性原则

27. 为了使企业会计记录和会计信息清晰明了，便于理解和使用，应贯彻的会计信息质量要求是（　　）。
A. 及时性原则　　B. 可靠性原则
C. 可比性原则　　D. 可理解性原则

28. 通过搜集被观察事物或现象的经验性（或历史性）数据来验证一些理论假说或命题，借以建立相应的理论体系的方法是（　　）。
A. 实证法　　B. 归纳法
C. 演绎法　　D. 系统法
29. 会计目标就是向会计信息的使用者（现有的和潜在的投资者、债权人、企业管理当局和政府）提供对他们进行投资决策有用的信息。以上观点属于（　　）。
A. 受托责任观　　B. 决策有用观
C. 会计职能的具体化　　D. 经济管理观
30. “他们是资本市场的守门员，没有他们保证财务信息的质量和信息的完善，资本市场的效率必然大打折扣”。其中，“他们”指的是（　　）。
A. 企业会计专家　　B. 非营利组织会计专家
C. 事业单位会计专家　　D. 公共会计师
31. 以下哪些假设确定了会计核算的时间长度（　　）。
A. 会计主体　　B. 持续经营
C. 会计分期　　D. 货币计量
32. 经济因素包括（　　）。
A. 国家的经济发展水平　　B. 经济累积性与企业组织形式
C. 所有制结构　　D. 经济管理体制
33. 会计环境可以分为（　　）。
A. 内部环境　　B. 外部环境
C. 微观会计环境　　D. 宏观会计环境
34. 会计工作群体大致可分为（　　）。
A. 从事科学研究的会计专家　　B. 会计政策制定者
C. 会计咨询专家　　D. 会计实务专家
35. 会计学的研究方法包括（　　）。
A. 伦理法　　B. 社会学法
C. 归纳法　　D. 事项法
36. 会计学研究的基本方法包括（　　）。
A. 归纳法　　B. 演绎法
C. 实证法　　D. 旁推法
37. 一个完整的会计循环可以分为以下阶段（　　）。
A. 会计期间　　B. 会计期末
C. 下一会计期初应做的工作　　D. 下一会计期末应做的工作
38. 会计专家们可以提供的咨询主要包括（　　）。
A. 战略咨询　　B. 财务咨询
C. 企业内部控制咨询　　D. 其他咨询服务
39. 会计政策咨询专家们的任务是（　　）。
A. 为政策制定提供理论支持　　B. 参与政策制定
C. 解读会计政策　　D. 决定政策发展方向

40. 会计核算主要包括（ ）。

A. 会计确认　　B. 会计计量

C. 会计记录　　D. 会计报告

41. 事业单位的收入包括（ ）。

A. 财政补助收入　　B. 事业收入

C. 经营收入　　D. 附属单位上缴收入

42. 规范研究所采用的研究方法主要包括（ ）。

A. 归纳法　　B. 演绎法

C. 实证法　　D. 社会学法

三、判断题

1. 企业的环境包括内部环境和外部环境。内部环境如企业的管理制度，外部环境如政治环境。通常，企业内部的环境是企业可控的，而外部环境通常是企业不可控的。（ ）

2. 财务会计信息主要侧重于满足外部信息需求者的信息需求。（ ）

3. 财务会计通常是服务于内部经营管理，而管理会计是服务于外部利益相关者，二者是相互独立的。（ ）

4. 一般情况下，经营收回的货币资金数额大于原先投入数额的部分就是纯收入。（ ）

5. 会计理论与方法体系和社会政治、经济环境有十分密切的联系。（ ）

6. 会计核算的目标只是为会计信息使用者提供决策有用的信息。（ ）

7. 归纳法是一种从个别、特殊的事物推出一般原理和普遍事物的过程，是由“已知真”的前提引出“可能真”的结论。（ ）

8. 规范会计理论的重点是研究“会计是什么”，而实证会计理论的重点是研究“会计应当是什么”。（ ）

9. 会计主体就是法律主体，法人可作为会计主体，会计主体一定是法人。（ ）

10. 会计主体是指经营性企业，不包括行政机关和事业单位。（ ）

11. 会计分期不同，对各期的利润总额不会产生影响。（ ）

12. 我国的会计年度为公历1月1日至12月31日。（ ）

13. 货币计量包含着币值稳定的假设。（ ）

14. 会计处理中会计期间的划分是企业的自然现象，而不是人为的假设。（ ）

15. 在历史成本计量下，资产按照购置时支付的现金或现金等价物的金额，或者按照购置资产时所付出的对价的公允价值计量。（ ）

16. 为了保证会计信息的可比性，企业一旦选用某一种会计程序和方法，就不应改变。（ ）

17. 会计核算的完整性是指对所有的经济活动都要进行确认、计量、记录、报告。（ ）

18. 会计信息质量特征中的可靠性和相关性是相互矛盾的，二者不能兼得。（ ）

19. 谨慎性原则是指在会计核算中应尽量低估企业的资产和可能发生的损失、费用。（ ）

20. 坚持可比性原则，可以防止某些单位和个人随意利用会计方法的变动，人为地调节成本和利润等指标，粉饰企业的财务状况和经营成果。（ ）

21. 在实际工作中，交易事项的外在形式和人为形式完全能反映其实质内容，这就是实质重于形式的含义所在。（ ）

22. 作为一名会计人员，主要是专业能力水平要求比较高，不需要太博学。（ ）

23. 会计理论既反映会计实务的本质和特征，揭示会计信息系统运行发展规律，又是一个由会计的特定概念和方法程序所构成的逻辑体系。（ ）

24. 归纳法是一种由普遍性结论或一般事物推导出个别结论的论证方法。（ ）

25. 演绎法是指通过观察大量现象，然后加以分类与分析，从中概括出有关概念的内在联系，再把它们组织或表述为理论，最后验证所推导出的结论的一种研究方法。（ ）

26. 会计基本假设，是对会计环境中的相关要素进行的抽象与概括，是会计信息系统进行与发展的基本前提与制约条件。（ ）

27. 会计政策是连接会计理论与会计实务的桥梁和纽带，它既受会计理论的指导和影响，又直接规范和制约会计实务，并对财务报告和资本市场产生广泛而深刻的影响。（ ）

28. 会计管理咨询，指的是广义上的企事业单位业务管理咨询，包括企业发展战略咨询、经营咨询、信息化咨询、财务咨询及综合性咨询。（ ）

29. 在决策有用观下，使用者更关注资本保全及经营业绩和现金流量等信息。（ ）

30. 归纳法和演绎法被规范研究所采用，伦理法则是研究实证会计的方法之一。（ ）

四、练习题

1. 下面左右两边各有一些概念，要求将两边相关的内容用线连接起来。

① 会计对象	A. 持续经营
② 会计任务	B. 管理活动
③ 会计假设	C. 资金运动
④ 会计原则	D. 谨慎性
⑤ 会计本质	E. 货币
⑥ 会计计量单位	F. 提供会计信息
⑦ 会计要素	G. 利润表
⑧ 会计报表	H. 资产

2. 某咨询公司是由李某和王某合伙创建的，最近发生了下列经济业务，并由会计做了相应的处理。

（1）3月8日，李某从出纳处取了现金1 000元给自己的爱人购买礼物，会计将1 000元记为公司的办公费支出，理由是：李某是公司的合伙人，公司的钱也有李某的一部分。

（2）国家规定公司必须于每年的4月底公布上一年的年报，但是该公司一直到5月还没有对外公布公司上一年的年报。

（3）7月16日，公司收到某外资企业支付的业务咨询费2 000美元，会计没有将其折算为人民币反映，而是直接记到美元账户中（该公司主要业务是人民币业务）。

（4）8月31日，计提固定资产折旧，采用直线法，而这之前采用的是年数总和法。

（5）9月30日，预付下季度报刊费300元，会计将其作为9月的管理费用处理。

（6）10月20日，公司由于资金困难从 B 公司融资租入了一台设备，公司认为其不是自己的设备，所以未对其进行入账。

（7）12月31日，公司预计一笔 B 公司的“应收账款”100 000元，由于对方财务困难可能会收不回来，但公司没有对之计提“坏账准备”。

（8）期末，李某和王某发现本年的利润还可以，但是也意味着要交不少税，于是让会计人员在账面上多列一些根本没有发生的费用支出，以降低利润达到少交税的目的。

要求：指出该咨询公司会计人员处理经济业务中的不正确之处，并说明其违背了哪些原则、假设和会计确认基础？

3. 材料一：A 省天上摘餐饮股份有限公司成立于1995年，是一家以经营川味火锅为主、融汇各地火锅特色为一体的大型跨省直营餐饮品牌火锅店，在北京、上海、广州、韩国、日本、美国等城市和国家有百余家直营连锁餐厅。天上摘餐饮股份有限公司秉承“通过精心挑选的产品和创新的服务，创造欢乐火锅时光，向世界各国美食爱好者传递健康火锅饮食文化”的公司使命，在向世界介绍中国传统火锅的同时，为全球范围内的顾客提供超越期望值的火锅欢乐时光和独特的体验。

材料二：阿辉超市是 C 国首批将生鲜农产品引进现代超市的流通企业之一，被国家誉为“农改超”推广的典范。阿辉超市已发展成为以零售业为龙头、以现代物流为支撑、以现代农业和食品工业为两翼、以实业开发为基础的大型集团企业。无敌生物是阿辉超市的新业务，也是高端超市、高端餐饮的综合体。无敌生物以生鲜售卖和烹饪为主，80%的生鲜和商品靠进口，食材新鲜，周转率高，店面的装修也更符合年轻一代的审美。

材料三：J 镇陶瓷股份有限公司高档窑具公司是国家“八五”技术改造项目，从世界跨国集团 S 公司引进碳化硅高档窑具生产线，采用世界一流水平的诺顿（Norton）配方和标准，年生产各种规格的碳化硅匣钵、棚板及垫板、支柱720余吨，生产规模、装备力量、技术水平和品种规格均位居全国前列。该企业以“质量是生命”为宗旨，用“国内领先，世界一流”的品质按用户不同的使用要求生产各类高档窑具。

请问：试用本章节会计模型的知识判断以上三个企业分别属于哪种类型的企业，并根据企业各自的特点，分别为这三家企业绘制企业资金运动模型。

4. 请将左右两边的相关概念用线连接起来。

① 编制会计分录	A. 结清收入、费用等账户并过账
② 过账	B. 编制资产负债表、损益表等
③ 试算	C. 按权责发生制的要求，编制调整分录并过账
④ 调整	D. 编制试算平衡表
⑤ 结账	E. 按复式记账原理对原始凭证所反映的经济业务进行分析编制会计分录，并序时登记到日记账中
⑥ 编表	F. 将日记账中会计分类信息登记到各相关账簿

5. 张三、李四、王二三人于2018年10月23日开设了一个日语培训班，由于没有培训资格，该培训班挂靠在具有法人资格和培训资格的天天外语培训学校名下。三人并不具

有相应的会计专业知识，认为本培训班没有法人资格，不需要按照正规的会计主体记账，因此只对部分经济业务进行了记录。李四发现其中有些问题：①张三把自己私用的电脑记到该培训班名下；②王二在报销时将个人的花费计入培训支出中；③聘请的外籍保安要求以美元支付工资，因此，采用人民币和美元混合记账；④由于业务简单每年只做一次财务报表。

请问：上述案例中存在哪些不合理的地方。

6. 目的：了解资产、负债及所有者权益的增减变动及其平衡关系。

材料一：沪江工厂20××年1月31日资产、负债及所有者权益状况如下。

单位：元

项目	余额	项目	余额
固定资产	400 000	应交税费	2 000
原材料	26 000	实收资本	450 000
应收账款	2 900	本年利润	11 000
银行存款	60 000	盈余公积	24 000
库存现金	10 100	应付账款	4 000
其他应收款	1 000	短期借款	9 000

材料二：该厂20××年2月发生下列经济业务。

（1）从银行存款中提取现金300元。

（2）以银行存款缴清上月欠缴税金2 000元。

（3）采购员张立暂借差旅费300元，财务科以现金付讫。

（4）从勤丰厂购入原材料8 000元，货款尚未支付。

（5）以银行存款购入机器一台，价值2 000元，投入生产使用。

（6）向银行借入短期借款15 000元，存入银行存款户。

（7）以银行存款偿还勤丰厂货款12 000元（包括上月所欠4 000元和本月所欠8 000元）。

（8）生产车间领用原材料16 000元，全部投入生产。

（9）收到新华厂还来上月所欠货款2 900元，存入银行存款户。

（10）以银行存款归还短期借款9 000元。

要求：

（1）根据材料一，分清资产、负债和所有者权益，编制20××年1月末的资产、负债及所有者权益平衡表。

20××年1月末的资产、负债和所有者权益状况表　　单位：元

资产	金额	负债和所有者权益	金额

续表

资产	金额	负债和所有者权益	金额
总计		总计	

（2）根据材料二，分清资产、负债和所有者权益的增减变化，列示所涉及的项目的增减变化情况，并填写下表。

业务序号	涉及增加科目	增加金额	涉及减少科目	减少金额
1	库存现金	300	银行存款	
2			应交税费 银行存款	
3				
4				
5				
6				
7				
8				
9				
10				

（3）根据各科目的期初余额及本期增加和减少变动情况，计算出每一科目的2月的期末余额，并编制20××年2月末的资产、负债和所有者权益平衡表。

20××年 2 月末的资产、负债和所有者权益状况表 单位：元

资产	金额	负债和所有者权益	金额
总计		总计	

五、案例分析题

材料一：2016年我国开始实施“十三五”规划，我国政府将会计行业的工作重心转移到了建立健全会计信息化法规体系和会计信息化标准体系上，明确了我国今后会计在信息化发展上的方向，这对于我国推进会计信息化的改革与创新，以及推动会计工作的转型升级具有重大的现实意义。

“一带一路”倡议为我国的会计行业提供了新的发展机会。会计行业可以凭借此次有利机会促进我国会计行业向国际会计的中国化迈进。同时，“一带一路”倡议能够助力我国外币会计的发展，这对于我国会计行业的改革无疑是更为有利的条件。中国在国际会计中的角色地位正在从被动接受规则的一方向制定与推广的一方转变。

材料二：会计作为企业经济管理活动中的重要环节，起着促进企业的生产经营，推动行业乃至整个社会的经济发展的重要作用。从国内经济方面而言，政府相关部门可以根据企业所提供的会计信息，通过企业的发展情况来推断我国经济在运行之中可能存在的问题，进而采取有效解决办法来调控经济的运行，发挥政府对市场经济的宏观调控作用，推动我国经济健康持续发展。从全球经济一体化方面而言，随着国际贸易的发展，各国都在积极探讨制定统一的会计制度与管理流程，这对于缩小各国间的经济差距、加强相互之间的经济交流有着重要作用。

如今我国的会计准则与会计理念正在向国际化的趋势发展，加之“一带一路”倡议的实施、亚洲基础设施投资银行的成立及中国特色大国外交战略的提出，“中国特色”引起了世界各国的关注，国际会计中国化的发展趋势越来越明显，这不仅有利于提高我国在国际政治环境中的地位，而且能够更好地展现出我国的治国理念及合作友好型的外交战略。

网络公司等新兴企业的萌芽发展扩展了会计核算的空间范围，新的会计计量模式与会计核算方法对社会进步起着积极作用，让更多新兴的企业能够完善内部控制与管理，从而推动整个行业及社会的共同进步。我国会计的国际化发展培养了一批又一批会计行业的精英，而这些优秀精英对会计事业的贡献同样作用于社会环境的进步。

要求：根据本章知识点，结合本案例，具体阐述会计与宏观环境的互动关系。

六、思考题

1. 请谈谈你如何理解会计与环境的关系。
2. 你认为研究会计理论的作用是什么。
3. 请简要说明规范会计研究与实证会计研究有何不同。
4. 你认为经济环境对会计基本假设产生了怎样的影响。
5. 请谈谈你对会计咨询工作的理解。
6. 请谈谈你是如何看待会计政策问题的。
7. 怎样理解和认识会计目标？
8. 可靠性和相关性孰轻孰重？
9. 你眼中的会计工作是什么。请谈谈你的心得。
10. 学习本章之后，你是否了解了会计专家们的工作和思考方式。请谈谈自己的感想。

第二章 参考答案

一、解释重要名词

（略）

二、选择题

1. B　2. D　3. D　4. ABCD　5. ABCD　6. B　7. B　8. ABC　9. B　10. B
11. AC　12. ABCD　13. ABCD　14. C　15. C　16. A　17. D　18. ABCD　19. A
20. B　21. D　22. B　23. C　24. D　25. A　26. D　27. D　28. A　29. B
30. D　31. BC　32. ABCD　33. ABCD　34. ABCD　35. ABCD　36. ABC
37. ABC　38. ABCD　39. ABC　40. ABCD　41. ABCD　42. AB

三、判断题

1. √　2. √　3. ×　4. ×　5. √　6. ×　7. √　8. ×　9. ×　10. ×　11. ×　12. √
13. √　14. ×　15. √　16. ×　17. √　18. ×　19. ×　20. √　21. ×　22. ×　23.√
24. ×　25. ×　26. √　27. √　28. ×　29. ×　30. ×

四、练习题

1.

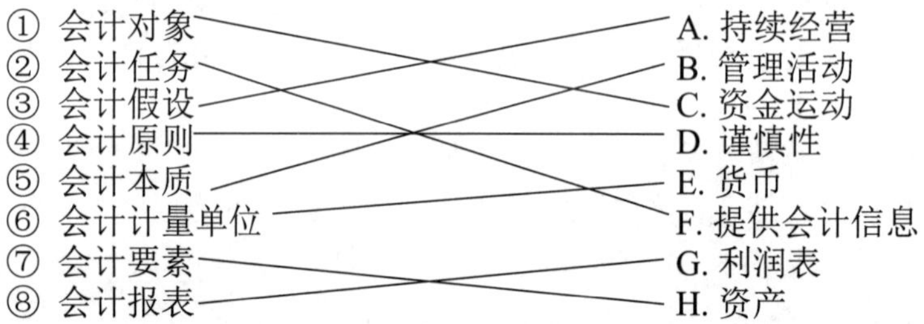

2. 该公司的会计人员在处理经济业务时不完全正确，主要原因如下。

（1）李某从公司取钱用于私人支出，不属于公司业务，不能作为公司的办公费支出，会计人员违背了会计主体假设。

（2）公司未在规定时间内对外公布报表，违背了及时性原则。

（3）我国有关法规规定，企业应以人民币作为记账本位币，但企业业务收支以外币为主的，可以选用某种外币作为记账本位币。该公司主要业务为人民币业务，所以应该以人民币为记账本位币，因此将收入直接以美元记账违背了货币计量假设。

（4）计提折旧时前后各期采用不同的会计计算方法，该处理违背了可比性原则。

（5）预付报刊费，应在受益期间摊销，不能直接计入支付当期的费用，该处理违背了权责发生制确认基础。

（6）对于融资租入设备，虽然公司对其不拥有所有权，但是实质上其所有的风险和报酬都已经转移到该公司，公司未对其进行入账违背了实质重于形式原则。

（7）按照谨慎性原则，应对应收账款（尤其是很有可能收不回来的账款）计提坏账准备，但该公司未计提，违背了谨慎性原则。

（8）该公司为了逃税而做假账，违背了客观性原则。

3. 开放性问答。答案参照本章节中，不同类型企业的资金运动模型相关内容（具体方向：材料一的企业按照服务型企业建立模型，材料二的企业按照商品流通企业建立模型，材料三的企业按照制造业企业建立模型）。

4.

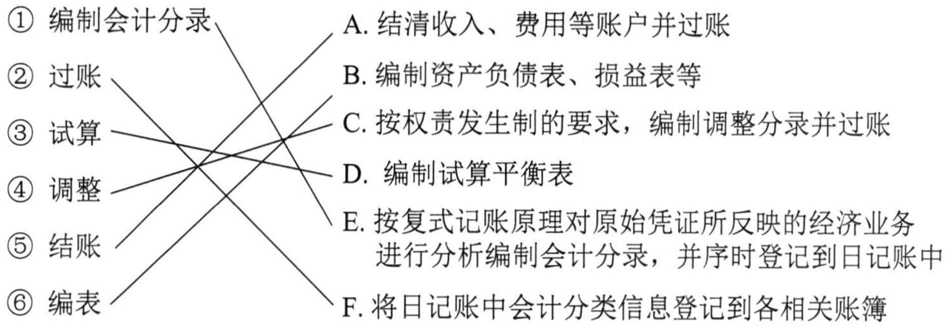

5.

（1）尽管该培训班不是法律主体，但是作为一个单独核算的会计主体，需要完整地、独立地记账，不能只记录一部分经济业务。

（2）张三把私用的电脑计入培训班会计账簿中，违反了会计主体假设的要求。

（3）王二将个人花费计入培训班支出中，违反了会计主体假设的要求。

（4）该培训班既用美元记账，又用人民币记账，违反了货币计量的基本要求。

（5）即使业务简单也要按照会计准则编制财务报表，例如资产负债表和利润表按月编报。

6.

（1）

20××年 1 月末的资产、负债和所有者权益状况表 单位：元

资产	金额	负债和所有者权益	金额
固定资产	400 000	应交税费	2 000
原材料	26 000	实收资本	450 000
应收账款	2 900	本年利润	11 000
银行存款	60 000	盈余公积	24 000
库存现金	10 100	应付账款	4 000
其他应收款	1 000	短期借款	9 000
总计	500 000	总计	500 000

（2）

业务序号	涉及增加科目	增加金额	涉及减少科目	减少金额
1	库存现金	300	银行存款	300
2			应交税费 银行存款	2 000
3	其他应收款	300	库存现金	300
4	原材料 应付账款	8 000		
5	固定资产	2 000	银行存款	2 000
6	银行存款 短期借款	15 000		
7			银行存款 应付账款	12 000
8	生产成本	16 000	原材料	16 000
9	银行存款	2 900	应收账款	2 900
10			银行存款 短期借款	9 000

（3）

20××年2月末的资产、负债和所有者权益状况表 单位：元

资产	金额	负债和所有者权益	金额
固定资产	402 000	应交税费	0
原材料	18 000	实收资本	450 000
应收账款	0	本年利润	11 000
银行存款	52 600	盈余公积	24 000
库存现金	10 100	应付账款	0
其他应收款	1 300	短期借款	15 000
存货	16 000		
总计	500 000	总计	500 000

五、案例分析题

提示：

（1）经济、政治环境影响制约着会计的发展。会计的形成要以会计宏观环境为基础，会计能根据会计环境的变化做出适度调整。

（2）会计反作用于环境。会计的发展与进步促进会计宏观环境的变化，当各种环境因素协同发展时，会计就有机会与宏观环境协调统一、共同进步、稳定发展。

六、思考题

（略）

第三章

会计职业道德与企业伦理

一、解释重要名词

道德　会计本质　伦理困境　会计职业道德　正直　客观　专业胜任能力　谨慎　保密　会计法律　企业伦理

二、选择题（包括单选和多选）

1. 人类社会约束世界的两种方式是（　　）。
   A. 法律　　B. 道德
   C. 规范　　D. 制度
2. 下列关于职业道德的说法正确的是（　　）。
   A. 职业道德大多没有实质的约束力和强制力
   B. 职业道德通过员工的自律来实现
   C. 职业道德承载着企业文化和凝聚力
   D. 职业道德是人为规定的一些规范
3. 对于会计人员而言，遵守职业道德需要把握以下几个重要的原则（　　）。
   A. 正直　　B. 客观
   C. 保密　　D. 为公众利益服务
   E. 专业胜任能力和应有的谨慎
4. 会计人员在工作中要保持诚实、不偏不倚、实事求是，这是会计职业道德中（　　）的具体体现。
   A. 客观　　B. 正直
   C. 保密　　D. 谨慎
5. 会计法律制度是会计职业道德的（　　）。
   A. 最高要求　　B. 较高要求
   C. 一般要求　　D. 最低要求

6.（　　）可以配合国家法律制度，调整职业关系中的经济利益关系，维护正常的市场经济秩序。

A. 会计职业教育　　B. 会计职业修养

C. 会计职业纪律　　D. 会计职业道德

7. 会计职业道德与会计法律制度的联系主要体现在（　　）。

A. 两者有着共同目标、相同的调整对象

B. 两者在实施过程中相互作用、相互促进

C. 两者在作用上相互补充

D. 两者在内容上相互渗透、相互重叠、相互吸收

8. 会计职业道德与会计法律制度的区别主要包括（　　）。

A. 性质不同　　B. 实现形式不同

C. 作用范围不同　　D. 保障机制不同

9. 下列行为属于违法的会计职业行为的是（　　）。

A. 隐匿和故意销毁依法应当保存的凭证、账簿和报表的行为

B. 伪造和变造凭证、账簿和报表的行为

C. 违反单位监督规则的行为

D. 违反单位会计核算规则的行为

10. 下列行为属于会计活动中的不道德行为的是（　　）。

① 做假账　② 软敲诈　③ 杠杆收购　④ 不道德融资　⑤ 不道德投资

A. ①②　　B. ②③④

C. ①　　D. ①②③④⑤

11. 以下属于企业伦理范畴的是（　　）。

A. 产品质量　　B. 社会慈善

C. 安全生产　　D. 资源节约

12. 会计职业道德主要依靠会计从业人员的自觉性，并依靠社会舆论和良心来实现，具有（　　）。

A. 自律性　　B. 他律性

C. 强制性　　D. 法律性

13. 下列各项中，不属于会计职业道德教育意义的是（　　）。

A. 通过教育，可以培养会计职业道德情感

B. 通过教育，可以树立会计职业道德信念

C. 通过教育，可以形成有计划、有组织的道德教育活动

D. 通过教育，可以提高会计职业道德水平

14. 下列各项中，属于在研究制定会计职业道德标准时，应当重点考虑的因素有（　　）。

A. 要遵循会计人员自身道德的要求

B. 要结合我国会计法律法规的要求

C. 要遵循我国全民道德建设的要求

D. 要体现我国会计事业发展的要求

15. 如果会计师做假账，那么显然他不具备会计职业道德中的（　　）原则。
A. 为公众利益服务　　B. 正直
C. 客观　　D. 专业胜任能力和应有的谨慎
16. 会计师应当保持（　　），将专业知识和技能始终保持在应有的水平之上，以适应当前实务、法律和技术的发展，确保客户或雇佣单位能够得到合格的专业服务。
A. 正直　　B. 客观
C. 专业胜任能力　　D. 应有的谨慎
17. 当一名会计师意识到自己的能力局限时，会向他人请教或至少建议委托人或雇佣人员另请他人。这反映了会计职业道德原则中的（　　）。
A. 为公众利益服务　　B. 正直
C. 客观　　D. 应有的谨慎
18. 会计师一方面需要抵制住利益的诱惑，不能利用所接触的涉密信息为自己或第三方谋取利益，另一方面也应培养良好的职业习惯，警惕在社会交往场合的无意泄密。上述要求表现了会计职业道德的（　　）原则。
A. 正直　　B. 客观
C. 专业胜任能力和应有的谨慎　　D. 保密
19. 企业应当积极履行社会公益方面的责任和义务，关心帮助社会弱势群体，支持慈善事业。这一做法体现了企业对于（　　）方面所做出的努力。
A. 安全生产　　B. 产品质量
C. 环境保护与资源节约　　D. 促进就业与员工权益保护
20. 会计人员需要遵守会计职业道德，因为（　　）。
A. 市场经济需要道德，会计这种制度安排正是市场经济制度伦理性的主要体现
B. 与会计法、注册会计师法等会计相关的法律比较，会计职业道德规范具有不同的约束层面、约束方式
C. 良好的会计伦理观会给企业、会计师事务所、会计师赢得诚信的声誉，而诚信会带来长期的利润
D. 遵守会计职业道德，能直接为企业带来会计利润，并保证企业业绩的持续稳定增长
21. 下列关于企业伦理的表述，正确的是（　　）。
A. 企业伦理可以为企业处理其和社会、生态环境之间的关系提供正确的指导原则，帮助树立良好的形象，从而有助于企业更长久的生存和发展
B. 企业伦理有利于调动员工积极性和创造性，增加企业内部的团结和凝聚力，化解企业内部的各种矛盾，帮助企业在竞争激烈的市场中立于不败之地
C. 企业伦理是维护良好的市场秩序，保持企业间有序竞争和合作的基础
D. 企业伦理与企业利润并不是对立的，企业伦理会给企业带来更持久的利润
22. 在履行社会责任方面需要关注的主要风险包括（　　）。
A. 安全生产措施不到位，责任不落实，可能导致企业发生安全事故
B. 产品质量低劣，侵害消费者利益，可能导致企业巨额赔偿、形象受损，甚至破产
C. 环境保护投入不足，资源耗费大，造成环境污染或资源枯竭，可能导致企业巨额赔偿、缺乏发展后劲，甚至停业
D. 促进就业和员工权益保护不够，可能导致员工积极性受挫，影响企业发展和社会稳定

23. 下列各项中，能表现企业在安全生产方面所做出的努力的是（　　）。
   A. 建立严格的安全生产管理体系、操作规范和应急预案
   B. 重视安全生产投入，不得随意降低保障标准和要求
   C. 增强员工安全意识，重视岗位培训，对于特殊岗位实行资格认证制度
   D. 发生生产安全事故，应当按照安全生产管理制度妥善处理，重大生产安全事故应当启动应急预案，严禁迟报、谎报、瞒报

24. 下列各项中，能表现企业在产品质量方面所做出的努力的是（　　）。
   A. 根据国家和行业相关产品质量的要求，从事生产经营活动
   B. 规范生产流程，建立严格的产品质量控制和检验制度
   C. 加强产品的售后服务，售后发现存在严重质量缺陷、隐患的产品，应当及时召回或采取其他有效措施
   D. 企业应当妥善处理消费者提出的投诉和建议，切实保护消费者权益

25. 下列各项中，能表现企业在环境保护与资源节约这方面所做出的努力的是（　　）。
   A. 建立环境保护与资源节约制度，认真落实节能减排责任，积极开发和使用节能产品，发展循环经济，降低污染物排放，提高资源综合利用效率
   B. 重视生态保护，加大对环保工作的人力、物力、财力的投入和技术支持
   C. 重视资源节约和资源保护，着力开发利用可再生资源，防止对不可再生资源进行掠夺性或毁灭性开发
   D. 建立环境保护和资源节约的监控制度，发生紧急、重大环境污染事件时，应当启动应急机制

26. 下列各项中，能表现企业在促进就业与员工权益保护方面所做出的努力的是（　　）。
   A. 依法保护员工合法权益，避免在正常经营情况下批量辞退员工
   B. 签订并履行劳动合同，不得克扣或无故拖欠员工薪酬
   C. 及时办理员工社会保险，足额缴纳社会保险费，并做好健康管理工作，对员工进行非职业性和职业性健康监护
   D. 遵守法定的劳动时间和休息休假制度

三、判断题

1. 会计职业道德属于会计人员行为规范的范畴，而会计法律制度则不属于会计人员行为规范的范畴。（　　）

2. 市场经济需要道德，需要个人在自利的同时也保持对他人权利和公共规则的尊重。（　　）

3. 会计行为的规范化主要依赖于会计人员的道德信念和道德品质。（　　）

4. 会计职业道德与会计法律制度相互渗透、相互重叠，会计人员违反会计职业道德要求的行为必然也是违反会计法律制度的行为。（　　）

5. 对于会计师而言，他们首要的职业道德原则就是为公众利益服务。（　　）

6. 会计师在任何情况下都不能披露客户或雇佣单位的涉密信息。（　　）

7. 企业的经营活动应该基于以“共生”和“人的尊严”为基点的伦理观念。（　　）

8. 当人们遇到既有理由做某事，又有理由不做某事时，往往陷入伦理困境。（　　）

9. 会计职业道德就是会计人员在职场生活中遇到伦理困境的智慧的生活方式。（　　）

10. 在会计职业道德的原则中，正直要求会计师在形式上和精神上都遵守技术和道德标准。（　　）

11. 客观性对于提供外部审计和其他鉴证服务的注册会计师尤为重要，保持实质上独立于鉴证客户是客观性对他们的要求，但不要求形式上的独立。（　　）

12. 企业内部的会计师不能保持形式的独立，因此他们没有责任在提供会计专业服务时保持客观公正性。（　　）

13. 会计师获得专业胜任能力完全来自专业教育。（　　）

14. 勤勉是应有的谨慎的另一方面，它要求会计师必须果断和谨慎地提供服务，一丝不苟，遵守可行的技术和伦理标准。（　　）

15. 会计师应当对因职业关系和商业关系所获知的信息予以保密。（　　）

16. 会计师在任何情况下都应为客户保密，即使在法律法规、职业规范允许或要求的情况下，也不能披露任何涉密信息。（　　）

17. 企业伦理可以为企业正确处理它和社会、生态环境之间的关系提供正确的指导原则，帮助树立良好的企业形象，从而有助于企业更长久的生存和发展。（　　）

18. 企业应当加强职工代表大会和工会组织建设，维护员工合法权益，积极开展员工职业教育培训，创造平等发展机会。（　　）

19. 企业应当按照产学研用相结合的社会需求，积极创建实习基地，大力支持社会有关方面培养、锻炼社会需要的应用型人才。（　　）

四、案例分析题

1. 假如你是一家企业的管理者，公司面临比较严重的经营困难，你需要一笔现金流入用来开发和营销一种新产品。只要你虚报会计利润，你就能得到贷款，使自己的公司得以维持，同时也保住一些人的工作。当道德遇到生存，你是为了生存而违背诚信原则、虚报利润，还是坚持道德原则？请谈一下你选择的理由。

2. 某公司财务部在一次财会学习的讨论中，大家踊跃发言。小李在谈论会计职业道德的概念时说：“会计职业道德是规范从事会计职业的工作人员在社会交往和公共生活中，人与人、个人与社会、人与自然的行为。”老陈在谈到会计职业道德与会计法律制度的关系时说：“会计职业道德与会计法律制度只是作用范围不同，但性质和实现形式是一样的。”老孙在谈论会计职业道德教育途径时，认为“应通过会计学历教育进行”。吴部长最后总结说：“会计职业道德规范的全部内容归纳起来就是一要廉洁自律，二要强化服务。”

根据会计职业道德的相关内容，分析小李、老陈、老孙和吴部长的观点是否正确？

3. 林克是一家公司的出纳，由于个人急需一笔资金，他想到了单位账户的存款，于是他自己填写了一张票面金额为30 000元的现金支票，然后偷拿了同单位的会计人员小李的印鉴，盖在现金支票上，从银行提取了现金。一个月后，林克又将30 000元现金填写现金缴款单存入单位银行账户。不久，小李在月末对账时发现了此事，并质问林克，但是林克认为他只是暂时急需资金，事后也及时将欠款补交，没有什么大问题。试问：

你认为林克的这种做法对吗，为什么？如果你是小李，发现了此事后应该如何处理？

4. 明星凉凉偷税漏税一案广受关注。在道德层面，凉凉利用阴阳合同弄虚作假，个人诚信缺失，职业道德沦陷。在法律层面，有法可依，违法必究，相关部门对凉凉进行追缴税款加罚款。法本于德，道德是法律形成的基石。从调查核实情况看，凉凉在电影拍摄过程中，实际取得片酬3 000万元。其中1 000万元申报纳税，其余2 000万元以拆分合同方式偷逃个人所得税618万元。此外，还查出凉凉及其担任法定代表人的企业少缴税款2.48亿元，其中偷逃税款1.34亿元。对于上述违法行为，国家税务总局指定 A 省税务局对凉凉及其担任法定代表人的企业追缴税款2.55亿元，加收滞纳金0.33亿元。此外，对其采取拆分合同手段隐瞒真实收入偷逃税款的行为处4倍罚款计2.4亿元；对其利用工作室账户隐匿个人报酬的真实性质以偷逃税款处3倍罚款计2.39亿元；对其担任法定代表人的企业少计收入的行为偷逃税款处1倍罚款计94.6万元；对其担任法定代表人的两家企业未代扣代缴个人所得税和非法提供便利协助少缴税款各处0.5倍罚款，分别计0.51亿元、0.65亿元。罚款合计约8.84亿元。

有人不明白，凉凉偷税漏税金额如此巨大，为什么不用坐牢？实际上，2009年，《中华人民共和国刑法》对偷税罪的处罚做了修订——初犯补缴，不追刑责。也就是说，由于凉凉属于初犯，且在期限内缴清税款及滞纳金等，依法不予追究刑事责任。

凉凉在随后的道歉信里积极认错，但仍不免受到民众的谴责。

在今天的道德与法治社会里，凉凉逃过了牢狱一劫。

请问：基于以上公众人物偷税漏税案例，结合本章知识点，从“会计职业道德与法律”方面，谈谈你的看法。并从约束层面和约束方式两方面，阐述道德与法律的异同。

5. 某电商平台上从事服装销售业务的温州商户小岚表示，近年来，随着电商的蓬勃发展，一些大型电商平台开始要求商家进行“二选一”，即要求商家只能在自己平台做促销，并以此为由，强令商家与其签订“独家合作协议”，保证产品只在单一平台售卖，并关闭在其他平台上的店铺。

据小岚反映，“双11”前，一些商家接到平台通知，逼迫其只能参加一家平台的促销活动，平时的经营，仍可以同时在多家平台上进行，但人们担心这种苗头会蔓延开来。电商“二选一”的态势将来会不会由节日促销扩大到平时经营，这令商家心里打鼓。

不仅商家烦恼，消费者也有担心。居民小芳表示，“电商丰富了我们买东西的选择，而‘二选一’却像在开倒车”。相比到商场买东西，电商的优势在于选择丰富、方便比较。但“二选一”意味着买东西的选择空间变小了，比较范围也变小了，对消费者来说不是件好事。

总的来说，电商“二选一”不利于行业提升供给效率和质量，不利于改善消费体验。

来自律师事务所的阿占认为，市场经济的魅力在于通过竞争提高资源分配的效率。电商平台“二选一”不仅限制了商家的选择权，也限制了完全竞争。对于商家而言，电商平台是销售渠道，自然越多越好，选择哪个渠道应由商家自主决定。

一向开放包容的电商业，为什么会出现带有明显排斥和封闭色彩的“二选一”？

电商是我国消费领域的亮点。在电商快速发展的背景下，一些电商平台打起了自己的小算盘。专家表示，目前国内的一些电商平台已经占据明显的市场优势地位，入驻商家在谈判中显得势单力薄。一些电商涉嫌利用优势地位，对商家的经营行为进行限定，以实现自身利益最大化。

电商前期的快速发展，很大程度上得益于开放。相比传统流通渠道，电商发展壮大的过程中，成功应用了互联网和大数据等新技术，更关键的是电商没有把线下商家排斥在外，而是主动拥抱和吸引线下商家入驻，共同为消费者带来更好的购物体验。无论是从行业健康发展还是从企业社会责任的角度，电商平台都不应采用“二选一”策略。

在满足人们需求的过程中，电商大有可为，应有所担当。更高效的流通、更实惠的价格、更优质的服务、更丰富的选择，不仅是消费者的愿望，也应成为电商努力的方向。专家指出，“二选一”有违企业社会责任。

要求：利用企业伦理的知识，谈谈你的看法。

五、思考题

1. 什么是道德？会计的本质是什么？为什么会计与道德是相关的？
2. 什么是伦理困境？你能举出一个你所遇到的伦理困境的例子吗？
3. 什么是会计职业道德？
4. 为什么我们要遵循会计职业道德？
5. 会计职业道德的基本原则是什么？
6. 当会计从业人员面临重大道德困境的时候，应采取何种对策？
7. 什么是企业伦理？企业伦理会给企业带来什么？如何认识企业伦理和利润的关系？

第三章　参考答案

一、解释重要名词

（略）

二、选择题

1. AB　2. ABC　3. ABCDE　4. AB　5. D　6. D　7. ABCD　8. ABCD
9. ABCD　10. C　11. ABCD　12. A　13. C　14. BCD　15. B　16. C　17. D
18. D　19. D　20. ABC　21. ABCD　22. ABCD　23. ABCD　24. ABCD
25. ABCD　26. ABCD

三、判断题

1. ×　2. √　3. ×　4. ×　5. √　6. ×　7. √　8. √　9. √　10. √　11. ×　12. ×
13. ×　14. √　15. √　16. ×　17. √　18. √　19. √

四、案例分析题

1. （结合所学知识，言之有理即可）

2. 提示：小李对会计职业道德的概念认识不够准确，需准确阐述会计职业道德的概念。老陈的观点不正确，在性质上，会计法律具有他律性，会计职业道德具有自律性；在实现形式上，会计法律一般有成文规定，而会计职业道德既有成文规定，也有不成文规定。老孙和吴部长的观点都不够全面，会计职业道德教育途径有很多，应该各种方法全面结合；会计职业道德规范的主要内容除了廉洁自律、强化服务外，还包括爱岗敬业、诚实守信、坚持准则等。

3. 提示：林克的行为属于挪用公款、公私不分，违背了会计职业道德规范中对于廉洁自律的要求。廉洁自律要求会计人员公私分明、不贪不占、遵纪守法、清正廉洁。如果我是小李，将向单位会计部门负责人（会计主管）报告该行为，由会计部门负责人（会计主管）对林克违反会计职业道德规范的行为进行处理。

4. 提示：在约束层面上，与会计相关的法律只关注会严重侵犯他人权益和引起重大社会危害的会计职业行为，如会计欺诈，而会计职业道德规范则强调人的精神和品德层面。

在约束方式上，法律是他律，依靠国家暴力机构，具有强制性，会计职业道德是自律，依靠行业协会和同行的监督，依靠个人的修养。

5. （略）

五、思考题

（略）

第四章 会计事项、会计要素与会计恒等式

一、解释重要名词

会计循环　会计交易　会计事项　会计情况　会计要素　资产　负债　所有者权益　收入　费用　利润　会计科目　会计账户　会计恒等式

二、选择题（包括单选和多选）

1. 以下工作属于会计循环程序之一的有（　　）。
   A. 编制与审核会计凭证　　B. 调整与结账
   C. 编制与审核原始凭证　　D. 财务报告审计
2. 会计循环的步骤中第一步是（　　）。
   A. 登账　　B. 分析交易
   C. 编制会计分录　　D. 发生交易
3. （　　）是指企业外部环境的变化对企业的相关会计要素造成的影响，如汇率变化、市价的变动使企业资产发生减值等影响。
   A. 经济业务　　B. 会计交易
   C. 会计事项　　D. 会计情况
4. 下列不属于会计事项的是（　　）。
   A. 生产部门验收材料　　B. 与其他企业签订销售合同
   C. 财务部门分配工资　　D. 管理部门领用材料
5. 下列哪些属于会计情况（　　）。
   A. 汇率变化　　B. 企业存货市价大跌
   C. 债务人破产无力偿还债务　　D. 签订的购货合同失效
6. 下列经济活动中需要进行记账的有（　　）。
   A. 订立购货合同　　B. 原材料大量损毁
   C. 支付职工工资　　D. 销售产品收到现金

7. 下列项目中，在我国的会计实务中，“经济业务”一般包括（　　）。
A. 会计事项　　B. 会计交易
C. 会计情况　　D. 会计循环
8. 会计要素是对（　　）的基本分类。
A. 会计核算　　B. 会计科目
C. 会计对象　　D. 会计主体
9. 会计要素以（　　）为基础。
A. 会计目标　　B. 会计对象
C. 会计基本假设　　D. 会计交易和事项
10. （　　）是指过去的交易、事项形成并由企业拥有或者控制的资源，该资源预期会给企业带来经济利益。
A. 资产　　B. 负债
C. 所有者权益　　D. 收入
11. 下列不属于负债的是（　　）。
A. 待摊费用　　B. 长期借款
C. 短期借款　　D. 预提费用
12. 下列不属于所有者权益的是（　　）。
A. 股本　　B. 实收资本
C. 资本公积　　D. 主营业务收入
13. 下列不属于费用的是（　　）。
A. 管理费用　　B. 财务费用
C. 销售费用　　D. 待摊费用
14. 下列属于资产类科目的是（　　）。
A. 预收账款　　B. 实收资本
C. 应收账款　　D. 预提费用
15. 预付账款属于（　　）。
A. 负债　　B. 资产
C. 所有者权益　　D. 费用
16. 收入按其性质的不同，可以分为（　　）。
A. 政府补助收入　　B. 提供劳务收入
C. 销售商品收入　　D. 让渡资产使用权收入
17. 营业收入按其经济性质可分为（　　）。
A. 主营业务收入　　B. 副营业务收入
C. 其他业务收入　　D. 综合业务收入
18. 利润是指企业在一定会计期间的经营成果，包括（　　）。
A. 收入减去费用后的净额
B. 直接计入当期损益的利得和损失
C. 计入其他综合收益的利得和损失
D. 所有利得和损失

19. 报表中利润按收入与费用的构成与配比的不同层次可分为（　　）。
A. 营业利润　　B. 剩余利润
C. 利润总额　　D. 净利润

20. 所有者权益通常划分为（　　）等项目。
A. 未分配利润　　B. 资本公积
C. 盈余公积　　D. 实收资本

21. 权益是指企业资产扣除负债后由所有者享有的（　　）。
A. 超额权益　　B. 优先权益
C. 剩余权益　　D. 绝对权益

22. （　　）应以会计科目作为其名称。
A. 报表项目　　B. 账户
C. 账簿　　D. 会计要素

23. 会计科目是对（　　）的具体内容进行分类核算的项目。
A. 会计要素　　B. 会计账户
C. 经济业务　　D. 会计分录

24. 会计科目按其所提供信息的详细程度及其统驭关系不同，分为（　　）科目。
A. 成本类　　B. 总分类
C. 损益类　　D. 明细分类

25. （　　）对总分类科目做进一步分类、提供更详细更具体的会计信息。
A. 财务报表附注　　B. 明细分类科目
C. 企业自定科目　　D. 明细分类账户

26. 账户通过特殊结构对经济业务进行（　　），用以分类反映会计要素增减变化及其结果。
A. 分类记录　　B. 计量
C. 试算　　D. 汇总

27. 企业可以根据自身具体情况灵活地进行增加或删减的是（　　）。
A. 总分类科目　　B. 明细分类科目
C. 报表明细项目　　D. 总分类账户

28. 下列属于总分类科目的有（　　）。
A. 银行存款　　B. 甲材料
C. 应收账款　　D. 长期借款

29. 账户是根据（　　）开设的，用来连续、系统地记载各项经济业务的一种手段。
A. 会计对象　　B. 会计科目
C. 会计凭证　　D. 财务指标

30. 在实际工作中，会计科目设置必须遵循一定的原则，包括（　　）。
A. 统一性和灵活性相结合
B. 通俗易懂、简明适用
C. 相对稳定、易于扩展
D. 满足企业内部和外部信息使用者的需要

31. 企业向银行借入款项，表现为（　　）。
  A. 一项资产减少，一项负债减少
  B. 一项资产减少，一项负债增加
  C. 一项资产增加，一项负债减少
  D. 一项资产增加，一项负债增加
32. 经济业务对会计恒等式的影响存在以下几种情况（　　）。
  A. 资产与所有者权益同时增加　　B. 不同资产之间此增彼减
  C. 所有者权益与负债同时增加　　D. 资产与所有者权益同时减少
33. 下列各项中，仅引起所有者权益内部有关项目此增彼减的经济业务是（　　）。
  A. 经批准，将资本公积金 40 万元转为实收资本
  B. 向银行借入为期 3 年的贷款 400 万元并存入银行
  C. 政府捐赠卡车 10 辆，价值 200 万元
  D. 以银行存款 2 万元购入复印机一台
34. 下列交易或事项会引起资产内部此增彼减的有（　　）。
  A. 用现金支付办公费
  B. 收回赊销货款并存入银行
  C. 赊购材料
  D. 接受投资者投入
35. 一项经济交易发生后引起了银行存款增加 5 000 元，那么还很有可能相应地引起（　　）。
  A. 应收账款减少 5 000 元
  B. 库存现金减少 5 000 元
  C. 短期借款减少 5 000 元
  D. 管理费用增加 5 000 元
36. 用银行存款购买投影仪，属于哪一种类型的变化（　　）。
  A. 不同资产此增彼减
  B. 不同负债此增彼减
  C. 资产与所有者权益项目同减
  D. 资产与所有者权益项目同增

三、判断题

1. 会计事项是指发生在两个不同会计主体之间的经济事项，它会使企业资产、负债、所有者权益、收入、费用、利润等要素发生增减变化。（　　）

2. 在我国会计实务中，习惯上把会计交易、会计事项和会计情况统称为“经济业务”。（　　）

3. 账户记录试算不平衡，说明记账肯定有差错。（　　）

4. 记账也称“过账”，就是将记账凭证上的每一笔分录的借项和贷项金额转登到相应的账户中去。（　　）

5. 根据企业会计准则的规定，企业会计要素包括资产、负债、所有者权益、收入、费用和利润六大要素，其中资产、负债和所有者权益是反映企业经营成果的要素，而收入、费用和利润则是反映企业财务状况的要素。（　　）

6. 费用与成本是既有联系又有区别的两个概念，费用与特定计量对象相联系，而成本则与特定的会计期间相联系。（　　）

7. 只要是企业拥有或控制的资源就可以确认为资产。（　　）

8. 负债是企业过去交易或事项形成的，预期会导致企业经济利益流出企业的未来义务。（　　）

9. 确定了收入要素和费用要素的数量，也就确定了利润要素的数量。（　　）

10. 会计科目与会计账户是同义词，两者没有什么区别。（　　）

11. 会计科目应根据经济业务的特点设置。（　　）

12. 所有的账户都是依据会计科目开设的。（　　）

13. 明细分类账户是根据明细分类科目设置的，明细账提供明细核算资料和指标，是对总分类账户资料的具体化和补充说明。（　　）

14. 由于“累计折旧”账户贷方记录增加，借方记录减少，所以属于负债类账户。（　　）

15. 所有总分类账户均应设置明细分类账户。（　　）

16. 明细分类账户的名称、核算内容及使用方法通常是统一制定的。（　　）

17. 在实际工作中，企业每天发生的经济业务要复杂得多，但无论其引起会计要素如何变动，都不会破坏资产与权益的恒等关系。（　　）

18. 所有经济业务的发生都会引起会计恒等式两边发生变化，但不会破坏等式的平衡。（　　）

19. 结账是会计循环的最后一步，包括计算并结清本期暂时性账户和过渡性账户，以确定当期净损益。（　　）

20. 会计情况通常是指企业外部环境的变化，这种变化也有可能产生会计交易或事项。（　　）

21. 费用是指企业在日常活动中发生的、会导致所有者权益减少的经济利益的总流出。（　　）

22. 广义的费用包括了投资净损失、营业外支出和所得税费用。（　　）

23. 利润按照其反映经营成果方式的不同可分为营业利润和营业净收入。（　　）

24. 会计账户和会计科目两者是有区别的，账户只是会计科目的名称。（　　）

25. 在借贷复式记账法下，一个账户借方金额增加可以表示资产的增加也可以表示负债的减少。（　　）

26. 会计科目的设置要保持相对稳定，这反映了会计信息可比性的要求。（　　）

27. 企业可以根据自身具体情况设置会计科目并进行增加或删减。（　　）

28. 总分类账户就是根据总分类科目开设的账户。（　　）

29. 会计恒等式使得“有借必有贷，借贷必相等”，其也是编制报表及试算平衡的基本依据。（　　）

四、练习题

1. 某企业2017年初资产总额为500 000元，负债总额为240 000元；期末时，该企业的总资产为539 000元，负债为237 000元。

① 该公司2017年没有投资者追加投资，也没有收回投资。

② 该公司2017年内投资者甲追加投资30 000元。

③ 该公司2017年内投资者乙撤回投资56 000元，并无其他投资者追加投资。

④ 该公司2017年内投资者乙撤回投资56 000元，投资者甲追加投资30 000元。

要求在以上几种假设情况下分别计算以下项目。

（1）该企业期末所有者权益。

（2）本年度实现的利润。

2. 安庆公司2018年6月30日拥有资产80万元，如下表（部分数据缺失）所示。

单位：元

资产	金额	负债和所有者权益	金额
现金	1 000	短期借款	100 000
银行存款	100 000	应付账款	80 000
应收账款	50 000		
原材料	199 000	实收资本	
固定资产	400 000	盈余公积	100 000
无形资产	50 000	未分配利润	20 000
总计		总计	

7月安庆公司发生以下6笔经济业务。

① 7月3日，公司所有者老吴以机器设备1台追加投资，计65 000元。

② 7月10日，向银行借款60 000元，归还应付账款。

③ 7月12日，赊购原材料30 000元。

④ 7月24日，银行收到投资者追加投资50 000元，直接归还到期的银行借款。

⑤ 7月30日，把盈余公积20 000元转作增加实收资本。

⑥ 7月30日，向投资者分配利润5 000元。

要求：

（1）根据会计恒等式，完成上表中缺失的数据。

（2）将符合条件的经济业务的序号填入下表相应的框中。

变化	序号
会计恒等式两边同时等额增加	
会计恒等式两边同时等额减少	
会计恒等式左边内部一增一减	
会计恒等式右边内部一增一减	

（3）在发生了这么多项经济业务后，安庆公司在7月末时会计恒等式还成立吗？其资产总额达到了多少？

3. 招商旅行社2011年10月发生下列经济业务。

① 投资者投入1 000 000元，存入银行。

② 租入一办公室，预付一年的租金30 000元。

③ 用银行存款购买办公用品3 000元。

④ 提取3 000元的银行存款，备用。

⑤ 购买20 000元的办公设备，款未付。

⑥ 本月服务收入收到现金25 000元，另外5 000元未收。

⑦ 支付本月水电费2 000元。

⑧ 登记本月应付工资4 000元。

根据上述经济业务，在下表中的会计等式两边填入增减符号和相应的金额，并核对等式两边是否相等。

业务	资产 = 负债 + 所有者权益 + （收入 − 成本或费用）
①	+1 000 000　　　　+1 000 000
②	
③	
④	
⑤	
⑥	
⑦	
⑧	
总计	

4. 划分下列会计科目（会计科目属于哪一类就在相应栏内画√）。

会计科目	资产	负债	所有者权益	成本	损益
银行存款					
实收资本					
原材料					
制造费用					
应付账款					
应收账款					
生产成本					
库存商品					
主营业务收入					
主营业务成本					

续表

会计科目	资产	负债	所有者权益	成本	损益
短期借款					
固定资产					
累计折旧					
财务费用					
库存现金					
利润分配					
盈余公积					
管理费用					
长期待摊费用					

5. 某产品制造企业2010年12月底的财务状况如下。

① 出纳处存放现金1 500元。

② 存放在银行里的款项共计1 248 500元。

③ 向银行借入6个月期限的借款700 000元。

④ 仓库中存放的原材料300 000元。

⑤ 仓库中存放的已完工产品50 000元。

⑥ 向银行借入3年期限的借款2 000 000元。

⑦ 厂房及房屋等建筑物3 000 000元。

⑧ 应收外单位的货款250 000元。

⑨ 应付给外单位的材料款150 000元。

⑩ 所有者投入的资本2 000 000元。

判断上述各项的科目名称及所属要素，并将科目名称和相应金额填入下表。

单位：元

序号	会计科目	资产	负债	所有者权益
①	库存现金	1 500		
②				
③				
④				
⑤				
⑥				
⑦				
⑧				
⑨				
⑩				
总计				

五、案例分析题

1. 某老师在讲了调整账户的知识以后，让大家说说自己对调整账户的认识。甲同学说，调整账户与被调整账户在反映经济内容上的关系是：附加调整账户与被调整账户反映的经济内容相同，抵减调整账户与被调整账户反映的经济内容不相同。乙同学说，抵减调整账户与被调整账户登账方向相反，因此它们不属同一性质的账户，如“应收账款”是资产类账户，其调减账户“坏账准备”是负债类账户。

请问：上述两位同学的说法正确吗？并说明理由（关于调整账户的知识大家可以作为扩展知识自行学习了解）。

2. 2011年，万福生科股份有限公司（以下简称万福生科）A股成功上市，凭借自身所谓的循环经济生产模式，在资本市场上风光无限。但是，2012年8月，中国证券监督管理委员会湖南监管局的一次现场检查揭开了这家上市仅一年的农企新秀的造假面纱。

万福生科的造假模式，是一场系统性的有组织有预谋的造假：用公司的自有资金打造体外循环，虚构粮食收购和产品销售业务，通过大股东输血注水，虚增销售收入和利润。同时，为了全方位配合上述造假，公司体外控制大量自然人账户进行资金腾挪、成本倒算、精确提供造假指导数据、伪造销售合同、伪造银行回单以使资金流水看起来是真实的、伪造进存产销各个经营环节的生产经营数据、串通上下游协同造假等。

要求：

（1）查阅有关万福生科财务造假案的相关资料，整理出其造假手段。

（2）万福生科的造假对于企业相关利益人有何影响？

（3）试着用会计恒等式概念简单地解释万福生科在财务造假时是如何操作财务数据的。

六、思考题

1. 会计要素与会计科目是什么关系？
2. 为什么会计恒等式是设置账户、复式记账和编制会计报表的基本依据？
3. 会计循环步骤是什么？
4. 会计要素之间存在哪些数量上的关系？
5. 什么是经济业务？什么是会计交易、会计事项和情况？
6. 会计科目与会计账户有什么区别与联系？

第四章　参考答案

一、解释重要名词

（略）

二、选择题

1. ABC 2. B 3. D 4. B 5. ABC 6. BCD 7. ABC 8. C 9. C 10. A
11. A 12. D 13. D 14. C 15. B 16. BCD 17. AC 18. AB 19. ACD
20. ABCD 21. C 22. B 23. A 24. BD 25. B 26. ABD 27. B 28. ACD
29. B 30. ABCD 31. D 32. ABD 33. A 34. B 35. AB 36. A

三、判断题

1. × 2. √ 3. √ 4. √ 5. × 6. × 7. × 8. × 9. √ 10. × 11. √ 12. √
13. √ 14. × 15. × 16. × 17. √ 18. × 19. × 20. × 21. √ 22. √ 23. ×
24. × 25. √ 26. √ 27. × 28. √ 29. √

四、练习题

1.

（1）根据会计恒等式：

资产=负债+所有者权益，可以得出：

该公司期初所有者权益=500 000–240 000=260 000元

期末所有者权益=539 000–237 000=302 000元

（2）根据会计恒等式的扩展形式：

资产=负债+所有者权益+（收入–费用）

利润=收入–费用

第一种情况下：

539 000=237 000+260 000+利润

利润=42 000元

第二种情况下：

539 000=237 000+260 000+30 000+利润

利润=12 000元

第三种情况下：

539 000=237 000+260 000–56 000+利润

利润=98 000元

第四种情况下：

539 000=237 000+260 000+30 000–56 000+利润

利润=68 000元

2.

（1）

单位：元

资产	金额	负债和所有者权益	金额
现金	1 000	短期借款	100 000

续表

资产	金额	负债和所有者权益	金额
银行存款	100 000	应付账款	80 000
应收账款	50 000		
原材料	199 000	实收资本	500 000
固定资产	400 000	盈余公积	100 000
无形资产	50 000	未分配利润	20 000
总计	800 000	总计	800 000

（2）

变化	序号
会计恒等式两边同时等额增加	①③
会计恒等式两边同时等额减少	
会计恒等式左边内部一增一减	
会计恒等式右边内部一增一减	②④⑤⑥

（3）

会计恒等式始终成立。

引起资产总额增加的项目有①、③项，分别使资产增加65 000元和30 000元。

7月末的资产总额=800 000+65 000+30 000=895 000元。

3.

业务	资产	=	负债	+	所有者权益	+	（收入	–	成本或费用）
①	+1 000 000				+1 000 000				
②	–30 000–30 000								
③	+3 000–3 000								
④	+3 000–3 000								
⑤	+20 000		+20 000						
⑥	+25 000+5 000						+30 000		
⑦	–2 000								+2 000
⑧			+4 000						+4 000
总计	1 048 000	=	24 000	+	1 000 000	+	（30 000	–	6 000）

4.

会计科目	资产	负债	所有者权益	成本	损益
银行存款	√				
实收资本			√		
原材料	√				

续表

会计科目	资产	负债	所有者权益	成本	损益
制造费用				√	
应付账款		√			
应收账款	√				
生产成本				√	
库存商品	√				
主营业务收入					√
主营业务成本					√
短期借款		√			
固定资产	√				
累计折旧	√				
财务费用					√
库存现金	√				
利润分配			√		
盈余公积			√		
管理费用					√
长期待摊费用	√				

5.

单位：元

序号	会计科目	资产	负债	所有者权益
①	库存现金	1 500		
②	银行存款	1 248 500		
③	短期借款		700 000	
④	原材料	300 000		
⑤	库存商品	50 000		
⑥	长期借款		2 000 000	
⑦	固定资产	3 000 000		
⑧	应收账款	250 000		
⑨	应付账款		150 000	
⑩	实收资本			2 000 000
总计		4 850 000	2 850 000	2 000 000

五、案例分析题

1. 提示：他们的说法都不对。调整账户是用于调整某个账户（被调整账户）的余额，用以表明被调整账户的实际余额而设置的账户。无论是附加调整账户还是抵减调整账户，都是反映被调整账户的实际余额，所以其经济内容应与被调整账户一致，其性质也应该与被调整账户一致。

2. 提示：

（1）通过虚构客户来虚增销售收入、虚增利润所产生的增量现金流，通过虚增在建工程转出（大致意思相近即可）。

（2）对于股东来说，财务造假前后股东权益价值会有较大的波动，会影响股东的切身利益。对于债权人来说，公司错误信息将严重误导债权人，从而导致他们做出错误的决定。对于国家来说，影响了财政收入，同时不利于经济数据的统计，会误导国家经济政策的制定。对于顾客与雇员来说，财务造假事件会侵害他们的自身利益，如购买产品后的售后服务无法保障雇员因为财务造假案而失去工作。

（3）公司虚增销售收入，意味着会计恒等式的“所有者权益”有所增加，根据会计恒等式的原理，企业发生的任何交易和事项都不会影响该等式的平衡。所以，公司还要同时虚增在建工程，让会计恒等式的另一端——“资产”有所增加，从而达到平衡的状态。

六、思考题

（略）

第五章

会计账户与复式记账

一、解释重要名词

账户　总分类账户　明细分类账户　账户结构　本期发生额　期末余额　账户体系　复式记账　借贷记账法　会计分录　登账　试算平衡

二、选择题（包括单选和多选）

1. 复式记账法对每笔经济业务都应以相等的金额在（　　）科目中进行登记。
   A. 一个　　B. 两个
   C. 三个　　D. 两个或两个以上
2. 复式记账的意义包括（　　）。
   A. 可以完整地反映资金运动的来龙去脉
   B. 可以全面、系统地记录和反映经济业务
   C. 可以使记账手续更为简单
   D. 可以保持资金平衡关系
3. 复合会计分录是由（　　）所组成的。
   A. 两个简单会计分录
   B. 两个或两个以上会计分录
   C. 涉及两个以上账户的会计分录
   D. 两个对应账户
4. 采用借贷记账法可以编制（　　）的会计分录。
   A. 一借一贷　　B. 一借多贷
   C. 多借一贷　　D. 以上均可
5. 在借贷记账法中，是根据（　　）来决定哪方记增加和哪方记减少的。
   A. 每个账户的基本性质
   B. 贷方记增加、借方记减少的规则
   C. 借方记增加、贷方记减少的规则
   D. 企业习惯的记法

6. 应收账款会计科目期初借方余额为 2680 元，本期借方发生额为 3250 元，本期贷方发生额为 4320 元，该会计科目期末余额为（　　）。

A. 借方 1610 元　　B. 借方 1710 元

C. 贷方 1610 元　　D. 贷方 1710 元

7. 下面关于会计分录的格式，说法正确的有（　　）。

A. 先借后贷

B. 借方在上，贷方在下

C. 在一借多贷和多借多贷的情况下，借方或贷方的文字要对齐

D. 在一借多贷和多借多贷的情况下，借方或贷方的数字要对齐

8. 会计分录必须具备（　　）。

A. 摘要、凭证号、金额

B. 借方、贷方、金额

C. 总分类账户、明细分类账户、金额

D. 会计科目名称、记账符号、金额

9. 借贷记账法的发生额试算平衡是指（　　）。

A. 资产借方发生额等于所有者权益贷方发生额

B. 全部会计科目的借方发生额等于全部会计科目的贷方发生额

C. 资产借方发生额等于资产贷方发生额

D. 资产借方发生额等于负债贷方发生额

10. 下列错误中，能够通过试算平衡查找的是（　　）。

A. 漏记经济业务　　B. 借贷金额不等

C. 借贷方向相反　　D. 重记经济业务

11. 对于收入类会计科目来讲（　　）。

A. 增加额计入账户的借方　　B. 增加额计入账户的贷方

C. 期末没有余额　　D. 期末有借方余额

12. 对于费用类会计科目来讲（　　）。

A. 增加额计入账户的借方

B. 如有期末余额，必为贷方余额

C. 一般期末没有余额

D. 如有期末余额，必为借方余额

13. 下列各项中不属于“资产类账户”的是（　　）。

A. 预收账款　　B. 累计折旧

C. 原材料　　D. 材料采购

14. 下列关于账户的说法正确的有（　　）。

A. 制造费用属于损益类账户

B. 利润分配属于所有者权益类账户

C. 税金及附加属于负债类账户

D. 应交税费属于负债类账户

15. 关于简化的账户格式说法正确的有（　　）。
A. 由于其形被称为“T”形账户
B. 又称“丁”字账户
C. 每个账户的左边是借方，右边是贷方
D. 左边登记增加，右边登记减少
16. 以下哪些错误无法通过试算平衡表检查出来（　　）。
A. 会计分录编制错误
B. 会计分录重复登账
C. 漏记整笔会计分录
D. 会计分录的借贷双方金额不一致
17. 双重性质的账户，其性质要根据（　　）来决定。
A. 期末余额　B. 借方发生额
C. 贷方发生额　D. 期初余额
18. 在下列账户中，与资产类账户结构相反的有（　　）账户。
A. 负债　B. 费用
C. 收入　D. 支出
E. 成本　F. 所有者权益
19. 在下列账户中，属于损益类账户的有（　　）。
A. 补贴收入　B. 投资收益
C. 生产成本　D. 所得税费用
E. 管理费用　F. 制造费用
20. 账户根据详细程度及统驭关系可以分成（　　）。
A. 总分类账户　B. 资产类账户
C. 负债类账户　D. 所有者权益类账户
E. 明细分类账户
21. 借贷记账法最早出现于（　　）。
A. 英国　B. 中国
C. 美国　D. 意大利
22. 借贷记账法中的记账符号“借”表示（　　）。
A. 资产增加，权益增加　B. 资产减少，权益增加
C. 资产增加，权益减少　D. 资产减少，权益减少
23. 左边是借方，右边是贷方，哪边登记增加，哪边登记减少，取决于（　　）。
A. 具体的会计要素　B. 企业经营管理的需要
C. 董事会的决议　D. 会计恒等式
24. 试算平衡的平衡公式有三种表达方式（　　）。
A. 账户发生额平衡式　B. 期初账户余额平衡式
C. 总试算平衡式　D. 期末账户余额平衡式

25. 会计科目余额试算平衡法是依据（　　）来确定的。

A. 资产等于权益的平衡关系原理

B. 借贷记账法的记账规则

C. 经济业务的内容

D. 经济业务的类型

26. 下列各项中，属于借贷记账法中“贷”字表示的内容有（　　）。

A. 资产的增加　　B. 负债的增加

C. 所有者权益的增加　　D. 收益的增加

E. 费用的增加

27. 下列各项中，作为借贷记账法试算平衡的公式有（　　）。

A. 各个借方科目金额=各个贷方科目金额

B. 借方期末金额=借方期初余额+本期借方发生额–本期贷方发生额

C. 贷方期末余额=贷方期初余额+本期贷方发生额–本期借方发生额

D. 全部账户本期借方发生额合计=全部账户本期贷方发生额合计

E. 全部账户借方余额合计=全部账户贷方余额合计

28. 下列账户不属于资产类账户的是（　　）。

A. 交易性金融资产　　B. 递延所得税资产

C. 公允价值变动损益　　D. 在途物资

29. 编制会计分录时，必须考虑（　　）。

A. 经济业务涉及的会计要素是增加还是减少

B. 计入账户的是借方还是贷方

C. 应该使用哪几个账户

D. 账户的余额是在贷方还是借方

E. 各账户的增加额和减少额是多少

30. P 公司用 3 万元偿还欠供应商的货款 1 万元和半年前向银行取得无息借款 2 万元。在借贷记账法下，这笔业务不涉及哪些账户（　　）。

A. 短期借款　　B. 银行存款

C. 应收账款　　D. 应付账款

31. 某企业资产总额为 580 万元，如果发生以下经济业务：①收到外单位投资 60 万元并存入银行；②以银行存款偿还银行借款 20 万元；③以银行存款购买原材料 25 万元。则发生业务后企业资产总额应为（　　）。

A. 638 万元　　B. 625 万元

C. 620 万元　　D. 635 万元

32. 某企业本期期初资产总额为 50000 元，本期期末负债总额比期初减少 20000 元，所有者权益比期初增加 50000 元，则该企业期末资产总额是（　　）。

A. 120000 元　　B. 20000 元

C. 100000 元　　D. 80000 元

33. 一般情况下，期末余额在贷方的会计账户有（　　）。

A. 应付账款　　B. 预收账款

C. 银行存款　　D. 短期借款

E. 交易性金融资产　　F. 应付职工薪酬

34. 下列账户中，一般期末没有余额的是（　　）。

A. 库存现金　　B. 生产成本

C. 累计折旧　　D. 管理费用

E. 财务费用　　F. 营业收入

35. 总分类账户和明细分类账户的关系是（　　）。

A. 总分类账户提供总括核算资料，明细分类账户提供详细核算资料

B. 总分类账户统驭、控制明细分类账户

C. 总分类账户和明细分类账户之间平行登记

D. 明细分类账户补充说明与其相关的总分类账户

36. 小嘉电器公司根据以往经验估计，今年销售额预计为 2 000 万元，因产品质量问题承担免费保修义务将发生的支出为 5 万元。请问下列哪个分录是正确的（　　）。

A. 借：管理费用　50 000
　　贷：预计负债　50 000

B. 借：预计负债　50 000
　　贷：销售费用　50 000

C. 贷：预计负债　50 000
　　借：管理费用　50 000

D. 借：销售费用　50 000
　　贷：预计负债　50 000

37. 下列事项中，只引起资产内部增减变动的有（　　）。

A. 偿还银行的短期借款 5 万元　　B. 接受股东的现金捐赠

C. 财产清查中固定资产盘盈　　D. 用银行存款支付原材料采购价款

38. 会计小罗决定用自创的“我这辈子”资产类账户来向小唐求婚。小罗对小唐说：在遇见你之前，“我这辈子”的期初余额为 0，遇见你之后，它出现借方发生额，是 1314，如果“我这辈子”的贷方发生额为 794。请问“我这辈子”的账户期末余额为（　　）。

A. 1 314　　B. 520

C. 114　　D. 2 108

39. 关于收入类账户和费用类账户的说法，哪些是正确的（　　）。

A. 收入类账户与费用类账户一般情况下没有期末余额

B. 收入类账户与费用类账户一般情况下没有期初余额

C. 收入类账户的借方表增加，贷方表减少

D. 费用类账户的借方表增加，贷方表减少

三、判断题

1. 试算平衡表只是通过借贷金额是否平衡来检查会计科目的记录是否正确。如果借贷不平衡，则可以肯定会计科目记录或计算有错误。 （ ）

2. 一个复合会计分录可以分解为几个简单会计分录。 （ ）

3. 发生额试算平衡是根据资产和权益的恒等关系，来检查本期发生额记录是否正确。 （ ）

4. 对于任何账户而言，账户的借方期末余额=借方的期初余额+本期借方发生额−本期贷方发生额。 （ ）

5. 从每一个会计科目来看，期初余额只能在账户的借方或贷方。 （ ）

6. 对于一项经济业务，如果在一个会计科目中登记了借方，必须同时在另一个或几个会计科目中登记贷方。 （ ）

7. 对于某个具体的会计账户而言，余额和发生额在一个方向。 （ ）

8. 正常情况下，账户余额一般与账户增加方是统一方向。 （ ）

9. 所有资产类账户都是用借方表示增加发生额，用贷方表示减少发生额。 （ ）

10. 收入和费用类账户一般期末没有余额。 （ ）

11. 用来记录所有者权益的会计科目，其结构与负债类会计科目的结构相同，即所有者权益的增加额计入会计科目的借方，减少额计入会计科目的贷方。 （ ）

12. 在我国，一级账户均由企业根据自身行业特色自行设置。 （ ）

13. 我国企业可以根据自身实际情况选择使用增减记账法或者借贷记账法。 （ ）

14. 本期增加发生额与减少发生额、借方发生额与贷方发生额相抵后都可以得到本期发生额。 （ ）

15. 我国采用的账户体系根据会计要素设置，由财政部统一开设。 （ ）

16. 账户的对应关系是指两个账户之间的应借应贷关系。 （ ）

17. 一般来说，各类账户的期末余额与记录增加额的一方在同一方向。 （ ）

18. “材料采购”账户的期末借方余额表示在途材料的实际成本。 （ ）

19. 企业若没有设置“预付账款”账户，当发生预付账款业务时，应通过“应付账款”账户进行核算。 （ ）

20. 总分类账户是根据一级会计科目设置的基本账户，它的余额与所属明细分类账户的余额总数相等，但方向可能不一致。 （ ）

21. 总分类账户和明细分类账户所反映的经济内容相同，只是提供指标的详细程度不同。 （ ）

22. 债权债务结算账户的总账贷方余额表明债权大于债务的差额。 （ ）

23. “预提费用”账户期末可能出现贷方余额，也可能出现借方余额。 （ ）

24. 在会计核算中，为了满足企业内部经营管理和外部有关方面对会计信息的不同需要，有必要在所有的总分类账户下开设若干明细分类账户。 （ ）

25. 所有的账户都是根据会计科目开设的。 （ ）

26. 某账户若期末无余额，则该账户不是收入类账户就是费用类账户。（ ）

27. 一个账户的借方如果用来登记减少额，则贷方一定用来登记增加额。（ ）

28. 通过账户的对应关系，可以检查对经济业务的处理是否合理合法。（ ）

29. 余额试算平衡就是期初账户余额平衡，即各个账户的期初借方余额等于期初贷方余额。（ ）

30. 会计分录编制错误，并且在登账时重复登记，通过试算平衡可能检测不出来。（ ）

31. 在编制试算平衡表时，将某分类账户的余额抄入了错误的账户最终会导致试算不平衡。（ ）

四、练习题

1. 目的：练习运用借贷记账法编制会计分录。

材料：伟业公司2018年6月发生经济业务如下。

① 职工李艳出公差，预借差旅费1 000元，出纳员以现金支付。

② 购入材料一批，金额5 000元，材料已验收入库，货款尚未支付。

③ 职工李艳报销差旅费800元，收回现金200元。

④ 购买无形资产，买价80 000元，款项已通过银行存款支付。

⑤ 向银行申请3个月临时借款20 000元，借款已划入企业银行存款账户。

⑥ 收到某公司的投资款300 000元，存入银行。

要求：

（1）分析以上各项经济业务并根据会计分录的书写格式，编制会计分录。

（2）编制发生额试算平衡表。

2. 目的：练习运用借贷记账法编制会计分录。

材料：新风厂2017年3月10～20日发生下列部分经济业务：

① 银行提取现金1 000元备用。

② 退还丰华厂原租用包装物押金2 000元（其他应付款），用银行存款支付。

③ 收到利民厂原欠货款10 000元，存入银行。

④ 收到闽兴公司开来的票据一张用以抵付其原欠的货款20 000元。

⑤ 收到东华厂付来的包装物押金2 000元，收到的为现金。

要求：

（1）对上述经济业务进行分析，并编制会计分录。

（2）根据上述业务登记有关账户（用“T”形格式），不考虑期初余额和期末余额，并计算每一账户借方发生额合计和贷方发生额合计。

（3）编制发生额试算平衡表。

3. 目的：练习账户发生额和余额的计算。

材料：某企业201×年12月31日部分账户资料如下表所示。

某企业年末部分账户资料 单位：元

账户名称	期初余额	本期借方发生额	本期贷方发生额	期末余额
银行存款	25000	14000	13000	
应收账款		5500	20000	15500
预收账款	50000	28000		32000
长期借款	120000		26000	72000
原材料	56000	62000	65000	
库存商品	50000	15000		28300
应付账款		87000	130000	66000
预付账款	30000	5000		15000
实收资本	700000	0		940000
资本公积	140000		130000	270000

要求：填写表格中空缺的位置。

4. 目的：练习运用借贷记账法编制会计分录、登记账户及试算平衡。

材料：某企业201×年5月1日有关账户的期初余额如下表所示。

账户余额表 单位：元

资产类账户		权益类账户	
账户名称	金额	账户名称	金额
库存现金	2000	短期借款	60000
银行存款	120000	应付账款	7000
应收账款	10000	应缴税费	1800
生产成本	30000	实收资本	700000
原材料	110000	资本公积	18200
库存商品	25000	盈余公积	10000
固定资产	500000		
合计	797000	合计	797000

5月该企业发生以下各项经济业务。

① 购入一批原材料，货款5000元，以银行存款支付。

② 从银行提取现金1000元，以备零用。

③ 某单位投入资本10000元，存入银行。

④ 购入一台新设备5000元，用银行存款支付。

⑤ 收到上个月的销货款3000元，存入银行。

⑥ 生产车间向仓库领用材料20 000元。

⑦ 用银行存款偿还短期借款3 000元。

⑧ 将资本公积8 000元转增资本。

要求：

（1）根据上述材料编制会计分录。

（2）开设账户（“丁”字式）登记入账，并计算各个账户的本期发生额及期末余额。

（3）编制试算平衡表。

五、案例分析题

1. 苏贤同学在学习了账户按照所反映的经济内容分类后，他认为凡是写着费用的会计科目除了没有期末余额之外都与资产类账户一样，凡是成本类账户一定没有期末余额，凡是应收款账户一定是资产类账户，凡是应付款账户一定是负债类账户，累计折旧也是资产类账户。他的想法对吗？

2. 2009年，厦门大学的汪一凡老师提出一种新的会计记账方法，用“左/右”符号取代使用了100多年的“借/贷”符号，“效率提高到不可置信的程度”。100年前，谢霖先生从日本“转口”引进西式簿记时，直接将“debit/credit”按日本方式表达为“借/贷”，但这两个字在中国是同义词，给初学会计者造成很大困惑。因此，汪一凡老师认为“借贷”符号的实质就是“左右”，并提出“中国流复式簿记方案”——左右对应记账法。这种方法在编制会计分录时，强调会计科目是“望文知义”的，其内容互不交叉，让学习者浏览所有科目并加以体会，培养快速联想适用科目的能力；根据会计恒等式“资产+费用=负债+所有者权益+收入”，将科目分为等式左方（资产大类）和右方（负债大类）两个大类，并用一个天平形象地表现；用增减记账法“异类科目，同增同减；同类科目，有增有减”的思想，判断哪个科目金额增加，哪个科目金额减少，是最简洁完美的；每个科目都是左方和右方的结构，用四条主要助记口诀（或左手定则）快速确定金额该记在科目的哪个方向，明确无误。这四条口诀是两类同增，资左债右；两类同减，债左资右；资产互换，增左减右；负债互换，减左增右。但是，国内有学者认为，借贷、增减或左右等，都是记账符号，没有本质差别，对于会计人员或会计专业学生来说只是习惯问题。

要求：请结合所学知识，谈谈你对这一问题的看法。

3. 老陈原来是一名卖海产品的商贩，后来由于其诚信经营，积极扩张，生意越来越红火。今年，老陈就势成立了浩辰水产有限公司。由于业务的扩张，老陈对于公司的财务管理感到力不从心。为了公司更好地发展，老陈请了会计老吴来帮他记账。老吴看到老陈的账本里记着这样的文字。

10月21日，收到老柯10 000元。

10月24日，付给老余20 000元。

……

老吴看到这里，忙问老陈这些文字的意思。老陈解释道：“10月21日，老柯过来买鲍鱼，收到银行转账10 000元。10月24日，买了老余的甲鱼，用花呗支付了20 000元。”

要求：

（1）根据这个小故事想一想，老陈的记账方法是什么？它的优点是什么？

（2）尝试写出10月21日和10月24日的分录，试着讨论复式记账法优于老陈的记账方法之处。

4. 阿凯和同学土豆、兰花决定合股投资100万元经营一家文化公司，其主要经营艺术照片拍摄和摄影教学，现已办妥一切开业手续。

要求：根据以下资料对该公司进行会计制度设计，即设计其会计科目并对会计科目使用做出说明。

（1）除两位合股投资人外，阿凯还准备接受他人投资，但是他人投资仅作为长期应付款，按照20%的利率付息。

（2）需要购入相机设备、投影仪、桌椅、收银机等设备，还需要购入面包车一辆。

（3）房屋按月交租金。

（4）雇用会计一名帮忙记账。

（5）公司按规定交纳所得税和增值税（其他税种忽略不计），税率按国家规定执行。

（6）公司已在银行开立账户。

（7）购进商品的包装物卖给废品公司。

六、思考题

1. 为什么要过账？
2. 什么是“T”形账户？
3. 什么是借贷记账法？
4. 为什么要编制试算平衡表？试算平衡表应根据什么编制？
5. 试算平衡表是否能发现所有记账过程中的错误？为什么？

第五章　参考答案

一、解释重要名词

（略）

二、选择题

1. D　2. ABD　3. ABC　4. D　5. A　6. A　7. ABCD　8. D　9. B　10. B
11. BC　12. AC　13. A　14. BD　15. ABC　16. ABC　17. A　18. ACF
19. ABDE　20. AE　21. D　22. C　23. A　24. ABD　25. A　26. BCD
27. DE　28. C　29. ABCE　30. C　31. C　32. D　33. ABDF　34. DEF
35. ABCD　36. D　37. D　38. B　39. ABD

三、判断题

1. √ 2. √ 3. × 4. × 5. √ 6. √ 7. × 8.√ 9. × 10. √ 11. × 12. ×
13. × 14. × 15. × 16. √ 17. √ 18. √ 19. √ 20. × 21. √ 22. × 23. √
24. × 25. √ 26. × 27. √ 28. √ 29. × 30. √ 31. ×

四、练习题

1.

（1）编制会计分录。

① 借：其他应收款——李艳 1 000
　　贷：库存现金 1 000

② 借：原材料 5 000
　　贷：应付账款 5 000

③ 借：库存现金 200
　　管理费用 800
　　贷：其他应收款——李艳 1 000

④ 借：无形资产 80 000
　　贷：银行存款 80 000

⑤ 借：银行存款 20 000
　　贷：短期借款 20 000

⑥ 借：银行存款 300 000
　　贷：实收资本 300 000

（2）编制试算平衡表。

试算平衡表 单位：元

账户名称	借方发生额	贷方发生额
库存现金	200	1 000
银行存款	320 000	80 000
其他应收款	1 000	1 000
原材料	5 000	
无形资产	80 000	
短期借款		20 000
应付账款		5 000
管理费用	800	
实收资本		300 000
合计	407 000	407 000

2.

（1）对上述经济业务进行分析，并编制会计分录如下：

① 借：库存现金　　1 000

　　贷：银行存款　　1 000

② 借：其他应付款——丰华厂　　2 000

　　贷：银行存款　　2 000

③ 借：银行存款　　10 000

　　贷：应收账款——利民厂　　10 000

④ 借：应收票据——浦闽兴公司　　20 000

　　贷：应收账款——浦闽兴公司　　20 000

⑤ 借：库存现金　　2 000

　　贷：其他应付款——东华厂　　2 000

（2）“T”形账户登记如下。

银行存款

		①	1 000
		②	2 000
③	10 000		
本期发生额	10 000	本期发生额	3 000

库存现金

①	1 000		
⑤	2 000		
本期发生额	3 000		

其他应付款

②	2 000		
		⑤	2 000
本期发生额	2 000	本期发生额	2 000

应收账款

		③	10 000
		④	20 000
		本期发生额	30 000

应收票据

④	20 000		
本期发生额	20 000		

（3）发生额试算平衡表如下。

试算平衡表　　单位：元

账户名称	借方发生额	贷方发生额
银行存款	10 000	3 000
库存现金	3 000	
其他应付款	2 000	2 000

续表

账户名称	借方发生额	贷方发生额
应收账款		30000
应收票据	20000	
合计	35000	35000

3.

某企业年末部分账户资料 单位：元

账户名称	期初余额	本期借方发生额	本期贷方发生额	期末余额
银行存款	25000	14000	13000	**26000**
应收账款	**30000**	5500	20000	15500
预收账款	50000	28000	**10000**	32000
长期借款	120000	**74000**	26000	72000
原材料	56000	62000	65000	**53000**
库存商品	50000	15000	36700	28300
应付账款	**23000**	87000	130000	66000
预付账款	30000	5000	**20000**	15000
实收资本	700000	0	**240000**	940000
资本公积	140000	0	130000	270000

4.

（1）编制会计分录如下。

① 借：原材料 5000
　　贷：银行存款 5000

② 借：库存现金 1000
　　贷：银行存款 1000

③ 借：银行存款 10000
　　贷：实收资本 10000

④ 借：固定资产 5000
　　贷：银行存款 5000

⑤ 借：银行存款 3000
　　贷：应收账款 3000

⑥ 借：生产成本 20000
　　贷：原材料 20000

⑦ 借：短期借款 3000
　　贷：银行存款 3000

⑧ 借：资本公积 8000
　　贷：实收资本 8000

（2）登记账户如下。

库存现金

期初余额	2 000		
②	1 000		
本期发生额	1 000	本期发生额	0
期末余额	3 000		

银行存款

期初余额	120 000		
③	10 000	①	5 000
⑤	3 000	②	1 000
		④	5 000
		⑦	3 000
本期发生额	13 000	本期发生额	14 000
期末余额	119 000		

应收账款

期初余额	10 000		
		⑤	3 000
本期发生额	0	本期发生额	3 000
期末余额	7 000		

生产成本

期初余额	30 000		
⑥	20 000		
本期发生额	20 000	本期发生额	0
期末余额	50 000		

原材料

期初余额	110 000		
⑥	5 000	⑥	20 000
本期发生额	5 000	本期发生额	20 000
期末余额	95 000		

固定资产

期初余额	500 000		
④	5 000		
本期发生额	5 000	本期发生额	0
期末余额	505 000		

短期借款

		期初余额	60 000
⑦	3 000		
本期发生额	3 000	本期发生额	0
		期末余额	57 000

实收资本

		期初余额	700 000
		③	10 000
		⑧	8 000
本期发生额	0	本期发生额	18 000
		期末余额	718 000

资本公积

		期初余额	18 200
⑧	8 000		
本期发生额	8 000	本期发生额	0
		期末余额	10 200

库存商品

期初余额	25 000		
本期发生额	0	本期发生额	0
期末余额	25 000		

应付账款

		期初余额	7 000
本期发生额	0	本期发生额	0
		期末余额	7 000

应缴税费

		期初余额	1800
本期发生额	0	本期发生额	0
		期末余额	1800

盈余公积

		期初余额	10000
本期发生额	0	本期发生额	0
		期末余额	10000

（3）编制试算平衡表。

综合试算平衡表

单位：元

账户名称	期初余额		本期发生额		期末余额	
	借方	贷方	借方	贷方	借方	贷方
库存现金	2000		1000		3000	
银行存款	120000		13000	14000	119000	
应收账款	10000			3000	7000	
生产成本	30000		20000		50000	
原材料	110000		5000	20000	95000	
库存商品	25000				25000	
固定资产	500000		5000		505000	
短期借款		60000	3000			57000
应付账款		7000				7000
应缴税费		1800				1800
实收资本		700000		18000		718000
资本公积		18200	8000			10200
盈余公积		10000				10000
合计	797000	797000	55000	55000	804000	804000

五、案例分析题

1. 提示：他的说法不完全正确。首先，费用类账户记录的方向与资产类账户一样，但记录的内容和意义不同，此外“待摊费用”的期末余额总是在借方，属于资产类账户，“预提费用”的期末余额一般在贷方，属于负债类账户。其次，成本类账户不一定没有期末余额，如“生产成本”账户的借方余额表示尚未完工的在产品制造成本。再次，当企业不单独设置“预收账款”账户时，可以用“应收账款”账户同时反映应收和预收款项，此时“应收账款”账户便是债权债务结算账户，“应付账款”也是同理。最后，“累计折旧”账户按照反映的经济内容分类的确是属于资产类账户，因为它是资产类账户“固定资产”账户的调整账户，性质和“固定资产”账户相同。

2. （结合所学知识，言之有理即可）

3.

（1）老陈的记账方法是单式记账法。他的优点是比较适合业务少的单位使用，也适合没有会计基础的人使用，简单易学。

（2）借：银行存款　　10000

　　　　贷：主营业务收入　　10000

　　借：库存商品　　20000

　　　　贷：短期借款　　20000

复式记账法可以如实反映经济活动的来龙去脉。通过会计分录就可以知道公司具体发生的经济活动。

4.

（1）投资人的投资设置“实收资本”账户，其他人投资设置“长期应付款”账户，利息设置“财务费用”账户。

（2）桌椅、收银机等设备设置“周转材料或低值易耗品”账户，相机设备、投影仪、面包车设置“固定资产”账户。

（3）租金属于租赁费，设置“管理费用——租赁费”账户。

（4）财务人员工资计入“管理费用”账户。

（5）税费设置“应交税费”账户。

（6）公司开户设置“银行存款”账户。

（7）包装物销售收入设置“其他业务收入”账户。

六、思考题

（略）

第六章

会计凭证与会计账簿

一、解释重要名词

原始凭证　一次凭证　累计凭证　记账凭证　序时账簿　分类账簿　备查账簿　订本账　活页账　卡片账　明细分类账簿　划线更正法　红字更正法　补充登记法

二、选择题（包括单选和多选）

1. （　　）是可以连续反映一定时期内重复发生的同类交易或事项的原始凭证。
   A. 一次凭证　　B. 转账凭证
   C. 累计凭证　　D. 记账凭证
2. 下列会计凭证中，属于原始凭证的是（　　）。
   A. 购货发票　　B. 领料单
   C. 收料单　　D. 成本计算单
3. 下列不属于原始凭证的是（　　）。
   A. 销货发票　　B. 差旅费报销单
   C. 现金收据　　D. 银行存款余额调节表
4. 下列凭证中，属于外来原始凭证的有（　　）。
   A. 记账凭证　　B. 火车票
   C. 销售商品发票　　D. 购进材料发票
5. 单位经济业务量大且复杂时，可以采用专用的记账凭证（　　）记录所有不涉及收付款的业务。
   A. 转账凭证　　B. 一次凭证
   C. 累计凭证　　D. 报销凭证
6. 下列各项中，（　　）属于原始凭证的基本要素。
   A. 原始凭证名称　　B. 编制日期
   C. 经办人签名或盖章　　D. 经济业务内容摘要

7. 用现金支付购物款，应填制（　　）。

A. 转账凭证　　B. 银行存款付款凭证

C. 库存现金付款凭证　　D. 库存现金收款凭证

8. 从银行提取现金发放工资，应填制（　　）。

A. 收款凭证　　B. 付款凭证

C. 转账凭证　　D. 单式凭证

9. 企业收到一笔现金货款 2000 元后存入银行，应填制（　　）。

A. 现金收款凭证　　B. 银行存款收款凭证

C. 现金付款凭证　　D. 银行存款付款凭证

10. 销售产品收到商业汇票一张，应该填制（　　）。

A. 付款凭证　　B. 单式凭证

C. 转账凭证　　D. 收款凭证

11. 银行结算凭证是一种（　　）。

A. 汇总凭证　　B. 一次凭证

C. 累计凭证　　D. 外来自制凭证

12. 下列各项中，（　　）不属于记账凭证的基本要素。

A. 凭证的编号

B. 交易或事项的内容摘要

C. 应记会计科目、方向及金额

D. 交易或事项的数量、单价和金额

13. 总分类会计科目与明细分类会计科目平行登记的要点包括（　　）。

A. 记账方向相同

B. 登记金额相等

C. 记入两个或两个以上账户

D. 记入总账同时记入所属的明细账

14. 下列记账凭证中，不能据以登记现金日记账的是（　　）。

A. 现金收款凭证　　B. 银行存款付款凭证

C. 现金付款凭证　　D. 银行存款收款凭证

15. 为了保证账簿记录正确，会计部门对记账凭证进行的审核包括（　　）。

A. 记账凭证与所附原始凭证内容、张数、金额是否相符

B. 记账凭证所确定的会计科目、借贷方向、金额是否正确

C. 记账凭证中账户与所属明细账的记账方向、金额等内容是否一致

D. 记账凭证中各栏目填列是否完整，有关责任人是否签章

16. 会计部门在保管会计凭证过程中应做到（　　）。

A. 按照编号顺序及时装订成册归档保管

B. 加具封面，注明单位名称、日期等，并由装订人签名或盖章

C. 原始凭证不得外借

D. 集中保管

17. 设置和登记账簿的主要作用有（　　）。

A. 有序地记录会计凭证中分散的会计信息

B. 提供全面的汇总信息

C. 证明交易或事项发生，明确经济责任

D. 为编制报表提供依据

18. 账簿按其用途分类，可分为（　　）。

A. 序时账簿　　B. 分类账簿

C. 备查账簿　　D. 活页账

19. 账簿按其形式分类，可分为（　　）。

A. 订本式账簿　　B. 活页式账簿

C. 卡片式账簿　　D. 三栏式账簿

20. 下列各项中，属于活页式账簿优点的有（　　）。

A. 根据实际需要增加账页　　B. 避免账页的遗失

C. 便于会计人员的分工　　D. 便于更换账页

21. 固定资产明细账常采用的账簿形式是（　　）。

A. 订本式账簿　　B. 卡片式账簿

C. 活页式账簿　　D. 多栏式明细分类账簿

22. 现金和银行存款日记账必须采用（　　）账簿。

A. 活页式　　B. 订本式

C. 卡片式　　D. 集中式

23. 下列各项中，适用于现金、银行存款日记账的账页格式有（　　）。

A. 三栏式　　B. 多栏式

C. 活页式　　D. 数字金额式

24. “原材料”明细账应采用的账簿格式是（　　）。

A. 活页式　　B. 三栏式明细分类账

C. 数量金额明细分类账　　D. 多栏式明细分类账

25. “管理费用” 明细账应采用的账簿格式是（　　）。

A. 活页式　　B. 三栏式明细分类账

C. 数量金额明细分类账　　D. 多栏式明细分类账

26. 明细分类账可以依据（　　）来登记。

A. 记账凭证　　B. 汇总记账凭证

C. 原始凭证　　D. 科目汇总表

27. 总分类账户与明细分类账户的平行登记，应满足下列要求的有（　　）。

A. 同时登记　　B. 金额相等

C. 方向相同　　D. 同账簿登记

28. 本月公司生产领用一批钢材，在下列选项中相关金额应计入（　　）。

A. 总分类账“原材料”贷方发生额
B. 总分类账“原材料”借方期末余额
C. 明细分类账“原材料——钢材”借方发生额
D. 明细分类账“原材料——钢材”贷方发生额

29. 登记账簿的依据是（　　）。
A. 经济合同　　B. 有关文件
C. 会计分录　　D. 记账凭证

30. 会计人员在结账前发现，在根据记账凭证登记入账时，误将600元记成6000元，而记账凭证无误，应采用（　　）。
A. 补充登记法　　B. 划线更正法
C. 红字更正法　　D. 蓝字登记法

31. 会计琳琳在结账前发现，关于公司收回货款2400元存入银行的记账凭证记录为借：银行存款2480，贷：其他应收款2480，并已登记入账。正确的更正方法及更正时需要做的会计分录有（　　）。
A. 划线更正：在2480上划一条红线，在红线上方用蓝字填写上2400
B. 红字更正：用红字金额借记“银行存款”账户80元，贷记“其他应收款”账户80元
C. 红字更正：用红字金额借记“银行存款”账户2480元，贷记“其他应收款”账户2480元
D. 红字更正：用蓝字金额借记“银行存款”账户2400元，贷记“应收账款”账户2400元

32. 下列各项中，可以采用红字更正法的有（　　）。
A. 记账凭证中会计科目错误
B. 记账凭证中记账方向错误
C. 记账凭证中错误金额大于正确金额
D. 记账凭证中错误金额小于正确金额

三、判断题

1. 会计凭证按其填制程序和用途不同，可以分为原始凭证和记账凭证。（　　）
2. 收据是发票的一种，是登记经济业务会计分录的原始凭证。（　　）
3. 累计凭证一般为自制原始凭证。（　　）
4. 记账凭证是在交易或事项发生时或完成时直接取得或填制，用来证明交易或事项发生，并明确经济责任的原始证据，是记账的原始依据。（　　）
5. 从外单位取得的原始凭证，可以没有公章，但必须有经办人员的签名或盖章。（　　）
6. 外来原始凭证如有遗失，应向原签发单位取得证明，注明原来凭证号、金额和内容等，并签上原签发单位的财务章，经本单位负责人批准后，可代替原始凭证。（　　）
7. 原始凭证的审核主要是指对所登记的金额、计算结果及其他必要的项目进行审查

和核对。（　　）

8. 原始凭证中各项内容必须要填写齐全，并且不得随意涂改、刮擦或挖补，发现原始凭证有错误，应该采用划线更正法更正并加盖公章。（　　）

9. 一式多联的原始凭证，每一联用途不同的，应分别作为不同用途的报销凭证。（　　）

10. 收款凭证贷方内容可能为“库存现金”或“银行存款”。（　　）

11. 对于涉及现金和银行存款之间的收、付款业务，一般编制转账凭证。（　　）

12. 会计凭证是记账的原始依据。（　　）

13. 付款凭证是只用于银行存款付出业务的记账凭证。（　　）

14. 为了保证账簿记录正确，任何会计凭证都必须经过有关人员的严格审核，确认无误后，才能作为记账的依据。（　　）

15. 记账凭证的编制依据是审核无误的原始凭证。（　　）

16. 我国《会计档案管理办法》（2016年）规定，企业会计凭证的保管期限为30年。（　　）

17. 会计凭证的保管期满以后，企业可自行进行处理。（　　）

18. 企业的序时账簿必须采用订本式账簿。（　　）

19. 备查账簿也称辅助账簿，是指对总账中未记录或记录不全的经济业务进行补充登记的账簿。（　　）

20. 备查账簿与企业其他账簿之间不存在勾稽关系。（　　）

21. 为便于管理，“应收账款”“应付账款”的明细账必须采用多栏式明细分类账簿格式。（　　）

22. 现金日记账和银行存款日记账都属于序时账簿。（　　）

23. 三栏式账簿是指具有日期、摘要、金额三个栏目格式的账簿。（　　）

24. 在会计核算中，既要求进行金额核算，又要求进行实物数量核算的各种财产物资，应使用数量金额式明细分类账。（　　）

25. 使用活页式账页，应按账户顺序编号，并定期装订成册。已装订成册的活页账，应按实际使用的账页顺序编写页数。（　　）

26. 固定资产明细账常采用卡片账，这种账簿形式的优点是可以随取随用，可以根据需要来增减账页，比较利于分工。（　　）

27. 订本式账簿一定是序时账簿。（　　）

28. 在记账凭证账务处理程序下，总分类账和明细分类账要由不同人依据记账凭证来登记，并在会计期末进行核对。（　　）

29. 账簿中书写的文字和数字上面要留有适当空距，一般应占格距的1/2，以便于发现错误时进行修改。（　　）

30. 记账凭证错误造成的账簿记录错误，应采用划线更正法进行更正。（　　）

31. 如果记账凭证发生错误，则不能采用划线更正法。（　　）

32. 划线更正法是在错误的文字或数字上划一红线注销，然后在其上端用红字填写正确的文字或数字，并由记账人员加盖图章，以明确责任。（　　）

四、练习题

1. 连一连，为下列会计科目选择其合适的账页格式。

① 应收账款

② 原材料 A. 三栏式明细分类账

③ 库存商品

④ 其他应付款 B. 数量金额式明细分类账

⑤ 生产成本

⑥ 管理费用 C. 多栏式明细分类账

⑦ 财务费用

2. 某企业2010年5月初现金日记账余额为700元，银行存款日记账余额为978 000元。本月发生下列相关经济业务。

① 3日，员工陈刚预借差旅费300元，经审核后以现金付讫。

② 5日，签发现金支票4 500元，从银行提取现金，以备日常开支需要。

③ 6日，以银行存款3 000元缴纳税金。

④ 9日，取得短期借款80 000元，存入银行。

⑤ 12日，签发现金支票45 000元，从银行提取现金以备发放工资。

⑥ 15日，以现金45 000元发放本月职工工资。

⑦ 16日，生产车间报销日常开支费用，经审核，以现金200元支付。

⑧ 20日，收到银行通知，购货单位偿还上月所欠货款95 000元，已收妥入账。

⑨ 21日，销售产品一批，货款共计30 000元，已收到存入银行。

⑩ 25日，购进材料一批，货款97 800元，运杂费200元，全部款项以银行存款支付，材料未验收入库。

⑪ 31日，接到银行付款通知，支付本月生产用电费21 000元。

要求：

（1）编制记账凭证。以会计分录代替记账凭证，并按经济业务顺序编号。

（2）设置现金日记账和银行存款日记账，根据会计分录登记日记账。

3. 目的：练习记账凭证的填制。

材料：赛斯汽车配件有限公司201×年6月1日“库存现金日记账”的余额和当日发生的现金收入业务如下。

（1）6月1日“库存现金日记账”的余额为900元。

（2）当日发生如下与现金收付有关的交易或事项。

① 现金支付购买办公用具100元。

② 职工云野报销差旅费2 500元，出差前借款为2 000元，垫付部分500元已付给云野。

③ 从银行提取现金12 000元，发放职工工资。

④ 职工安安报销差旅费2 500元，出差前借款为3 000元，剩余款500元交回财务部门。

⑤ 将包装物卖给废品站，取得现金500元。

要求：

（1）根据所给资料编制会计分录，注明应填制的专用记账凭证名称及编号。

（2）设置现金日记账，并根据编制的记账凭证逐笔登记现金日记账、计算当日余额。

4. 目的：练习记账凭证的填制。

材料：东方股份有限公司2019年5月发生的经济业务如下。

① 2日，向光明股份有限公司购入材料，货款50 000元，增值税（进项税额）6 500元，材料已验收入库，款项尚未支付。

② 3日，以银行存款上缴应交增值税40 000元。

③ 3日，以现金支付车间职工张明探亲差旅费借款600元。

④ 3日，从银行存款中提取现金40 000元备发工资，另提取1 500元备用。

⑤ 4日，以现金250元购买公司的办公用品。

⑥ 4日，以现金480元支付车间职工市内交通费。

⑦ 5日，向工商银行借入5个月借款30 000元，并存入银行。

⑧ 5日，生产车间制造产品领用材料45 000元，一般性消耗领用材料5 000元。

⑨ 8日，以银行存款支付前欠益民股份有限公司款项40 000元。

⑩ 9日，售给嘉丰股份有限公司产品100件，每件售价300元，增值税率13%，款项尚未收到。

⑪ 10日，以银行存款购入不需安装的生产用计算机一台，买价30 000元，增值税3 900元，当即交付车间使用。

⑫ 12日，以银行存款支付公司电话费1 500元。

⑬ 13日，售给上海电器股份有限公司产品300件，每件售价300元，增值税率13%，款项收讫，存入银行。

⑭ 14日，向银行提取现金 400 元备用。

⑮ 15日，以现金发放职工工资 40 000 元。

⑯ 18日，采购员赵鑫出差回来，报销差旅费480元，原预支500元，现交来现金20 元。

⑰ 20日，向益民股份有限公司购入材料15 000元，增值税（进项税额）1 950元，材料尚未验收入库，货款及税款以银行存款支付。

⑱ 20日，以银行存款56 500元支付欠光明股份有限公司款项。

⑲ 26日，售给海达股份有限公司产品100件，每件售价300元，增值税率13%，款项尚未收到。

⑳ 28日，收到嘉丰股份有限公司所欠款项33 900元，存入银行。

㉑ 31日，将本月工资转账，其中生产工人工资30 000元，车间管理人员工资4 000元，公司管理人员工资6 000元。

㉒ 31日，按工资总额的14%提取职工福利费。

㉓ 31日，按规定计提本月固定资产折旧14 490元，其中车间用固定资产折旧为10 960元，公司用固定资产折旧为3 530元。

㉔ 31日，分配结转本月应付未付的电费，其中车间生产用电费4 000元、照明用电费1 000元、公司管理部门照明用电费2 000元。

㉕ 31日，预提本月应负担银行借款利息1 000元。

㉖ 31日，摊销本月应负担的厂部固定资产的保险费400元。

㉗ 31日，摊销本月管理费用负担的无形资产，价值3 000元。

㉘ 31日，结转本月制造费用。

㉙ 31日，本月产品1 000件全部完工并验收入库（假设月初、月末生产线上均无在产品）。

㉚ 31日，结转本月500件产品销售成本52 600元。

㉛ 31日，结转本月的收入类账户。

㉜ 31日，结转本月的费用类账户。

㉝ 31日，按当月利润总额的25%，结转应交所得税，并将“所得税”账户转入到“本年利润”账户。

㉞ 31日，按照税后利润的10%，提取法定盈余公积金。

㉟ 31日，结转应付分配给投资者利润30 000元。

要求：根据以上经济业务分别标出相应的凭证类型（提示：凭证类型包括银行存款付款凭证、银行存款凭证、银行收款凭证、现金收款凭证、现金付款凭证和转账凭证）。

5. 某企业将账簿记录与记账凭证进行核对时，发现下列各项经济业务的凭证内容或账簿记录有误。

（1）开支现金支票700元，支付管理部门日常零星开支，原编制记账凭证为

借：管理费用　　700

　　贷：库存现金　　700

（2）结转本月实际完工产品的成本4 500元，原编制记账凭证为

借：库存商品　　5 400

　　贷：生产成本　　5 400

（3）收到购货单位偿还上月所欠贷款8 700元，原编制记账凭证为

借：银行存款　　7 800

　　贷：应收账款　　7 800

（4）结算本月应付职工薪酬，其中生产工人薪酬为7 000元，行政管理人员薪酬为1 600元，原编制记账凭证为

借：生产成本　　7 000

　　管理费用　　1 600

　　贷：应付职工薪酬　　8 600

在登记账簿时，其管理费用账户借方登记成6 100元。

（5）结转本月销售收入5 000元，原编制记账凭证为

借：本年利润　　4 600

　　贷：营业收入　　4 600

要求：将上述各项经济业务的错误分录，分别采用适当的更正错账的方法予以更正。

6. 目的：练习记账错误的更正方法。

材料：假定下列错误都在记账以后发现。

（1）以银行存款购买材料1 000元，增值税（进项税额）130元，材料已验收入库，

编制以下分录，并已登记入账。

借：材料采购 1 000

应交税费——应交增值税（进项税额） 130

贷：银行存款 1 130

（2）本月应计提车间用固定资产折旧6 000元，编制以下分录，并已登记入账。

借：生产成本 6 000

贷：累计折旧 6 000

（3）本月生产产品领用材料15 600元，编制以下分录，并已登记入账。

借：生产成本 16 500

贷：原材料 16 500

（4）以现金170元购买办公用品，编制以下会计分录。

借：管理费用 170

贷：库存现金 170

登账时“管理费用”账户借方被登记为1 700元。

（5）以银行存款900元支付车间零星修理费，编制以下会计分录。

借：制造费用 900

贷：银行存款 900

登账时借方账户误记入“生产成本”账户。

要求：根据以上材料，按规定的错账更正方法进行更正。

7. 目的：练习银行存款余额调节表的编制。

材料：求精工厂2018年5月最后三天银行存款日记账与银行对账单的记录如下（假定以前的记录是相符的）。

（1）求精工厂银行存款日记账的记录如下。

日期	摘要	金额/元
5 月 29 日	开出转账支票#2416 预付下半年报刊订阅费	102.00
5 月 29 日	收到委托银行代收山东泰利厂货款	10 000.00
5 月 30 日	开出转账支票#2417 支付车间机器修理费	98.00
5 月 31 日	存入因销售产品收到的转账支票一张	6 300.00
5 月 31 日	开出转账支票#2418 支付钢材货款	1 400.00
	月末余额	84 700.00

（2）银行对账单的记录如下。

日期	摘要	金额/元
5 月 29 日	代收山东泰利厂货款	10 000.00
5 月 30 日	代付电费	2 700.00
5 月 31 日	代收安徽东皖厂货款	3 500.00
5 月 31 日	支付#2416 转账支票	120.00
5 月 31 日	支付#2417 转账支票	89.00
	月末余额	80 591.00

（3）经核对查明，求精工厂账面记录有两笔错误。

① 5月29日，开出转账支票#2416支付报刊订阅费确系120元，错记为102元。

② 5月30日，开出转账支票#2417支付车间机器修理费应为89元，错记为98元。

上述两笔错误均系记账凭证编制错误。

要求：

（1）编制更正会计分录，更正以上两笔错账后，计算银行存款日记账的更正后余额。

（2）查明未达账项后，编制银行存款余额调节表。

8. 目的：练习总分类账户和明细分类账户的平行登记，了解总分类账户与所属明细分类账户的关系。

材料一：大力机器厂2018年3月31日“原材料”“应付账款”账户余额为

（1）“原材料”总分类账户——借方余额3 540元，其中：

材料名称	计量单位	数量	单价/（元/千克）	金额/元
方钢	千克	600	0.90	540
圆钢	千克	3 000	1.00	3 000

（2）“应付账款”总分类账户——贷方余额4 600元，其中：

供应单位名称	金额/元
新丰厂	1 000
梅山厂	3 600

材料二：该厂4月发生下列有关经济业务。

① 4月4日，生产车间领用圆钢2 000千克，每千克1元；领用方钢100千克，每千克0.90元。全部投入产品生产。

② 4月5日，以银行存款偿还前欠货款3 500元，其中梅山厂3 000元，新丰厂500元。

③ 4月8日，向梅山厂购入圆钢1 000千克，每千克1元；方钢1 000千克，每千克0.90元。原材料均已验收入库，货款尚未支付。

④ 4月10日，以银行存款偿还前欠新丰厂货款500元。

⑤ 4月15日，向新丰厂购入方钢500千克，已验收入库，货款450元未付。

要求：

（1）根据材料二，编制会计分录。

（2）根据材料一，开设“原材料”和“应付账款”总分类账户及有关的明细分类账户（即画出“T”形账户），登记期初余额。根据会计分录登记“原材料”和“应付账款”总分类账户及有关的明细分类账户（其他账户从略）。

（3）结出各账户的本期借方发生额合计和贷方发生额合计，并计算期末余额。

（4）将“原材料”和“应付账款”账户所属明细分类账户的本期发生额及余额合计数和有关总分类账户核对，并填写下表。

原材料总分类账户与明细分类账户的核对 单位：元

项目	原材料——方钢	原材料——圆钢	明细分类账户合计	原材料总分类账户金额	结论（是否一致）
期初余额					
借方发生额					
贷方发生额					
期末借方余额					

应付账款总分类账户与明细分类账户的核对 单位：元

项目	应付账款——新丰厂	应付账款——梅山厂	明细分类账户合计	应付账款总分类账户金额	结论（是否一致）
期初余额					
借方发生额					
贷方发生额					
期末贷方余额					

五、案例分析题

1. 陈先生应聘一家公司的会计，到任后他发现这家公司有些会计做法与其他公司不一样：一是公司的所有账簿都使用活页账，理由是“便于改错”；二是公司的往来账簿都是采用抽单核对的方法，直接用往来会计凭证控制，不再记账；三是记账时发生了错误，允许使用涂改液，但是强调必须由责任人签字；四是经理要求陈先生在登记现金总账的同时也要负责出纳工作。尽管这家公司给他的报酬高出其他同类公司，可是3个月的试用期不到，陈先生就决定辞职。请分析，他为什么要辞职？

2. 材料一：通过第三章的案例我们了解到明星凉凉偷税漏税一案的调查核实情况。明星凉凉在某电影拍摄过程中实际取得片酬3 000万元，其中1 000万元已经申报纳税，其余2 000万元以拆分合同方式偷逃个人所得税618万元，少缴营业税及附加112万元，合计730万元。此外，还查出明星凉凉及其担任法定代表人的企业少缴税款2.48亿元，其中偷逃税款1.34亿元。

对于上述违法行为，根据国家税务总局指定管辖，江苏省税务局依据《中华人民共和国税收征收管理法》第三十二条和五十二条规定，对明星凉凉及其担任法定代表人的企业追缴税款2.55亿元，加收滞纳金0.33亿元；依据《中华人民共和国税收征收管理法》第六十三条的规定，对明星凉凉采取拆分合同手段隐瞒真实收入偷逃税款处4倍罚款计2.4亿元，对其利用工作室账户隐匿个人报酬的真实性质偷逃税款处3倍罚款计2.39亿元；对其担任法定代表人的企业少计收入偷逃税款处1倍罚款计94.6万元；依据《中华人民共和国税收征收管理法》第六十九条和《中华人民共和国税收征收管理法实施细则》第九十三条的规定，对其担任法定代表人的两家企业未代扣代缴个人所得税和非法提供便利协助少缴税款各处0.5倍罚款，分别计0.51亿元、0.65亿元。

材料二：在税务机关对明星凉凉及其经纪人M所控制的相关公司进行调查期间，M指使公司员工隐匿、故意销毁涉案公司会计凭证、会计账簿，阻挠税务机关依法调查，涉嫌犯罪。

要求：请结合材料思考，M销毁公司会计凭证、会计账簿的动机是什么？并根据课堂所学知识，试着解释会计凭证和会计账簿的作用。

六、思考题

1. 什么是会计凭证？会计凭证如何分类？
2. 原始凭证填制要求和审核内容是什么？
3. 记账凭证通常分为哪几种？
4. 为什么要编制记账凭证？
5. 记账凭证填制要求和审核内容是什么？
6. 会计账簿有哪几种类别？
7. 什么是永久性账户和暂时性账户？在实务中如何结账？
8. 为什么要登记账簿？
9. 更正错账的方法有几种？分别适用什么情况？

第六章 参考答案

一、解释重要名词

（略）

二、选择题

1. C　2. ABCD　3. D　4. BD　5. A　6. ABCD　7. C　8. C　9. AC　10. C
11. B　12. D　13. ABD　14. D　15. ABCD　16. ABCD　17. ABCD　18. ABC
19. ABC　20. AC　21. B　22. B　23. AB　24. C　25. D　26. AC　27. ABC
28. AD　29. D　30. B　31. CD　32. ABC

三、判断题

1. √　2. ×　3. √　4. ×　5. ×　6. √　7. √　8. ×　9. ×　10. ×　11. ×　12. √
13. ×　14. √　15. √　16. ×　17. ×　18. √　19. ×　20. √　21. ×　22. √
23. ×　24. √　25. ×　26. √　27. ×　28. √　29. √　30. ×　31. √　32. ×

四、练习题

1.

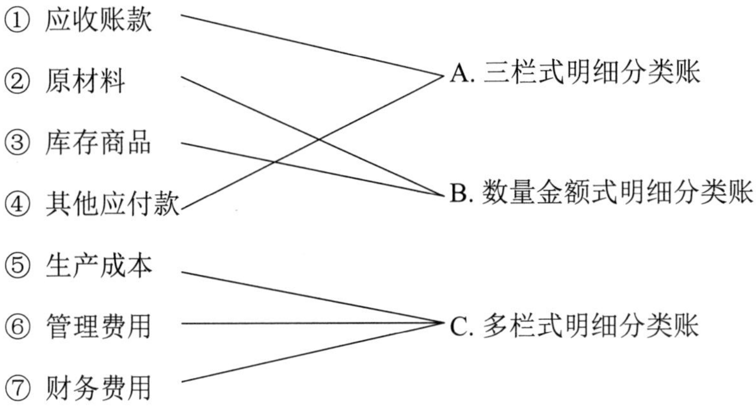

2.

（1）编制记账凭证（以会计分录代替）。

① 现付501号

借：其他应收款　300

　　贷：库存现金　300

② 银付501号

借：库存现金　4 500

　　贷：银行存款　4 500

③ 银付502号

借：应交税费　3 000

　　贷：银行存款　3 000

④ 银收501

借：银行存款　80 000

　　贷：短期借款　80 000

⑤ 银付503号

借：库存现金　45 000

　　贷：银行存款　45 000

⑥ 现付502号

借：应付职工薪酬　45 000

　　贷：库存现金　45 000

⑦ 现付503号

借：制造费用　200

　　贷：库存现金　200

⑧ 银收502号

借：银行存款　95 000

　　贷：应收账款　95 000

⑨ 银收503号

借：银行存款 30 000

贷：主营业务收入 30 000

⑩ 银付504号

借：材料采购 98 000

贷：银行存款 98 000

⑪ 银付505号

借：制造费用 21 000

贷：银行存款 21 000

（2）根据会计分录登记日记账。

现金日记账 单位：元

2010年		凭证		摘要	对方科目	收入	付出	余额
月	日	字	号					
5	1			上月结转				700
	3	现付	501	职工陈刚借差旅费	其他应收款		300	400
	5	银付	501	提取现金	银行存款	4 500		4 900
	12	银付	503	提取现金	银行存款	45 000		49 900
	15	现付	502	发放工资	应付职工薪酬		45 000	4 900
	16	现付	503	车间报销	制造费用		200	4 700
	31			本月合计		49 500	45 500	4 700

银行存款日记账 单位：元

2010年		凭证		摘要	对方科目	收入	付出	余额
月	日	字	号					
5	1			上月结转				978 000
	5	银付	501	提取现金	库存现金		4 500	973 500
	6	银付	502	缴纳税金	应交税费		3 000	970 500
	9	银收	501	取得借款	短期借款	80 000		1 050 500
	12	银付	503	提取现金	库存现金		45 000	1 005 500
	20	银收	502	收到购货单位欠款	应收账款	95 000		1 100 500
	21	银收	503	销售产品	主营业务收入	30 000		1 130 500
	25	银付	504	购进材料支付货款	材料采购		98 000	1 032 500
	31	银付	505	支付生产用电	制造费用		21 000	1 011 500
	31			本月合计		205 000	171 500	1 011 500

3.

（1）根据所给材料编制会计分录，注明应填制的记账凭证名称及编号。

① 应填制现金付款凭证，编号为现付字第1号。

借：管理费用　　100

　　贷：库存现金　　100

② 应填制两张记账凭证。

A. 对原借款已用掉部分应填制转账凭证，编号为转字第1号。

借：管理费用　　2 000

　　贷：其他应收款——云野　　2 000

B. 对企业支付云野的现金应填制现金付款凭证，编号为现付字第2号。

借：管理费用　　500

　　贷：库存现金　　500

③ 应填制两张记账凭证。

A. 对从银行提取现金部分应填制付款凭证，编号为银付字第1号。

借：库存现金　　12 000

　　贷：银行存款　　12 000

B. 对用现金发放职工工资部分应填制现金付款凭证，编号为现付字第3号。

借：应付职工薪酬　　12 000

　　贷：库存现金　　12 000

④ 应填制两张记账凭证。

A. 对原借款已用掉部分应填制转账凭证，编号为转字第2号。

借：管理费用　　2 500

　　贷：其他应收款——安安　　2 500

B. 对安安交回现金应填制收款凭证，编号为现收字第1号。

借：库存现金　　500

　　贷：其他应收款——安安　　500

⑤ 应填制收款凭证，编号为现收字第2号。

借：库存现金　　500

　　贷：其他业务收入　　500

（2）设置现金日记账，并根据编制的记账凭证逐笔登记现金日记账，计算当日余额。

现金日记账

单位：元

201×年		凭证		摘要	对方科目	收入	付出	余额
月	日	字	号					
6	1			上月结转				900
		现付	1	采购材料购买办公用品	在途物资管理费用		100	800
		现付	2	付云野垫款	管理费用		500	300

续表

201×年		凭证		摘要	对方科目	收入	付出	余额
月	日	字	号					
		银付	1	提取现金	银行存款	12 000		12 300
		现付	3	发放工资	应付职工薪酬		12 000	300
		现收	1	安安交回余款	其他应收款	500		800
		现收	2	销售包装物	其他业务收入	500		1 300
				本月合计		13 000	12 600	1 300

4.

① 借：原材料　50 000
　　应交税费——应交增值税（进项税额）　6 500
　　贷：应付账款——光明股份有限公司　56 500（转账凭证）

② 借：应交税费——应交增值税（已交税金）　40 000
　　贷：银行存款　40 000（银行付款凭证）

③ 借：其他应收款——张明　600
　　贷：库存现金　600（现金付款凭证）

④ 借：库存现金　41 500
　　贷：银行存款　41 500（银行付款凭证）

⑤ 借：管理费用　250
　　贷：库存现金　250（现金付款凭证）

⑥ 借：制造费用　480
　　贷：库存现金　480（现金付款凭证）

⑦ 借：银行存款　30 000
　　贷：短期借款　30 000（银行收款凭证）

⑧ 借：生产成本　45 000
　　制造费用　5 000
　　贷：原材料　50 000（转账凭证）

⑨ 借：应付账款——益民股份有限公司　40 000
　　贷：银行存款　40 000（银行付款凭证）

⑩ 借：应收账款——嘉丰股份有限公司　33 900
　　贷：主营业务收入　30 000
　　　　应交税费——应交增值税（销项税额）　3 900（转账凭证）

⑪ 借：固定资产　30 000
　　应交税费——应交增值税（进项税额）　3 900
　　贷：银行存款　33 900（银行付款凭证）

⑫ 借：管理费用 1 500
　　贷：银行存款 1 500（银行付款凭证）
⑬ 借：银行存款 101 700
　　贷：主营业务收入 90 000
　　　　应交税费——应交增值税（销项税额） 11 700（银行收款凭证）
⑭ 借：库存现金 400
　　贷：银行存款 400（银行付款凭证）
⑮ 借：应付职工薪酬 40 000
　　贷：库存现金 40 000（现金付款凭证）
⑯ 借：管理费用 480
　　贷：其他应收款——赵鑫 480（转账凭证）
　借：库存现金 20
　　贷：其他应收款——赵鑫 20（现金收款凭证）
⑰ 借：材料采购 15 000
　　应交税费——应交增值税（进项税额） 1 950
　　贷：银行存款 16 950（银行付款凭证）
⑱ 借：应付账款——光明股份有限公司 56 500
　　贷：银行存款 56 500（银行付款凭证）
⑲ 借：应收账款——海达股份有限公司 33 900
　　贷：主营业务收入 30 000
　　　　应交税费——应交增值税（销项税额） 3 900（转账凭证）
⑳ 借：银行存款 33 900
　　贷：应收账款——嘉丰股份有限公司 33 900（银行收款凭证）
㉑ 借：生产成本 30 000
　　制造费用 4 000
　　管理费用 6 000
　　贷：应付职工薪酬 40 000（转账凭证）
㉒ 借：生产成本 4 200
　　制造费用 560
　　管理费用 840
　　贷：应付职工薪酬 5 600（转账凭证）
㉓ 借：制造费用 10 960
　　管理费用 3 530
　　贷：累计折旧 14 490（转账凭证）
㉔ 借：生产成本 4 000
　　制造费用 1 000
　　管理费用 2 000
　　贷：其他应付款 7 000（转账凭证）

㉕ 借：财务费用　　1 000
　　贷：应付利息　　1 000（转账凭证）
㉖ 借：管理费用　　400
　　贷：预付账款　　400（转账凭证）
㉗ 借：管理费用　　3 000
　　贷：累计摊销　　3 000（转账凭证）
㉘ 借：生产成本　　22 000
　　贷：制造费用　　22 000（转账凭证）

数据来源参见以下制造费用账户。

制造费用

⑥	480		
⑧	5 000		
㉑	4 000		
㉒	560		
㉓	10 960		
㉔	1 000		
		㉘	22 000
本期合计	22 000	本期合计	22 000

㉙ 借：库存商品　　105 200
　　贷：生产成本　　105 200（转账凭证）

数据来源参见以下生产成本账户。

生产成本

⑧	45 000		
㉑	30 000		
㉒	4 200		
㉔	4 000		
㉘	22 000		
		㉙	105 200
本期合计	105 200	本期合计	105 200

㉚ 借：主营业务成本　　52 600
　　贷：库存商品　　52 600（转账凭证）
㉛ 借：主营业务收入　　150 000
　　贷：本年利润　　150 000（转账凭证）

㉜ 借：本年利润　　71 600（转账凭证）
　　贷：管理费用　　18 000
　　　　财务费用　　1 000
　　　　主营业务成本　　52 600

㉛、㉜相关账户数据来源参见以下相关账户。

管理费用

⑤	250		
⑫	1 500		
⑯	480		
㉑	6 000		
㉒	840		
㉓	3 530		
㉔	2 000		
㉖	400		
㉗	3 000		
		㉜	18 000
本期合计	18 000	本期合计	18 000

财务费用

㉕	1 000		
		㉜	1 000

主营业务收入

		⑩	30000
		⑬	90000
		⑲	30000
㉛	150 000		
本期合计	150000	本期合计	150000

主营业务成本

㉚	52600		
		㉜	52600

㉝ 利润总额=150 000−71 600=78 400元
　应交所得税=78 400×25%=19 600元

借：所得税费用　　19 600
　　贷：应交税费——应交所得税　　19 600（转账凭证）
借：本年利润　　19 600
　　贷：所得税费用　　19 600（转账凭证）

㉞ 税后利润=78 400−19 600=58 800元
　盈余公积=58 800×10%=5 880元

借：利润分配——提取法定盈余公积　　5 880
　　贷：盈余公积——法定盈余公积　　5 880（转账凭证）

㉟ 借：利润分配——应付利润　　30 000
　　贷：应付利润　　30 000（转账凭证）

5.

（1）用红字更正法。

A. 借：管理费用　　　　　　（700）

　　贷：库存现金　　　　　　　　（700）

B. 借：管理费用　　　　　　700

　　贷：银行存款　　　　　　　　700

C. 根据以上记账凭证登记账簿，即可更正错误。

（2）用红字更正法。

A. 借：库存商品　　　　　　（900）

　　贷：生产成本　　　　　　　　（900）

B. 根据以上记账凭证登记账簿，即可更正错误。

（3）用补充登记法。

A. 借：银行存款　　　　　　900

　　贷：应收账款　　　　　　　　900

B. 根据以上记账凭证登记账簿，即可更正错误。

（4）用划线更正法。

在管理费用科目借方所记金额6 100上划一条红线予以注销，然后将正确的数字1 600用蓝字写在红线上方，并由记账员在更正处盖章。

（5）用红字更正法。

A. 借：本年利润　　　　　　（4 600）

　　贷：营业收入　　　　　　　　（4 600）

B. 借：营业收入　　　　　　5 000

　　贷：本年利润　　　　　　　　5 000

C. 根据以上记账凭证登记账簿，即可更正错误。

6.

（1）补充登记法。

借：原材料　　　　　　1 000

　　贷：材料采购　　　　　　1 000

（2）红字冲销法。

借：生产成本　　　　　　[6 000]

　　贷：累计折旧　　　　　　[6 000]

同时：

借：制造费用　　　　　　6 000

　　贷：累计折旧　　　　　　6 000

或者：

借：制造费用　　　　　　6 000

　　贷：生产成本　　　　　　6 000

（3）用红字冲销法。

借：生产成本 900

贷：原材料 900

（4）用划线更正法。

将“管理费用”账户中的1 700元用红线划去，在其上方写上正确的数字170元，并在划线处加盖有关责任人的印章，如下所示。

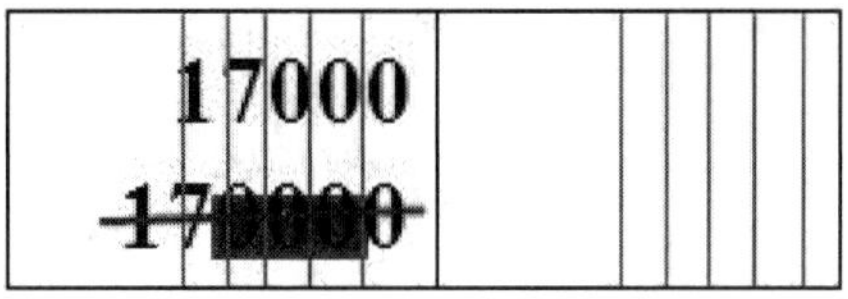

（5）用划线更正法。

将“生产成本”账户中的900元用红线划去，并在划线处加盖有关责任人的印章；在“制造费用”账户的借方填写正确的数字900。

7.

（1）

错误1：补充登记法。

借：待摊费用 18

贷：银行存款 18

错误2：红字冲销法。

借：制造费用 9

贷：银行存款 9

调节后银行存款余额=84 700−18−（−9）=84 691元

（2）

银行存款余额调节表

2018 年 5 月 31 日

项目	金额/元	项目	金额/元
银行存款日记账余额	84 691	银行对账单余额	80 591
加：银行已收，企业未收	3 500	加：企业已收，银行未收	6 300
减：银行已减，企业未减	2 700	减：企业已减，银行未减	1 400
调节后余额	85 491	调节后余额	85 491

8.

（1）

① 借：生产成本 2 090

贷：原材料——圆钢 2 000

——方钢 90

② 借：应付账款——梅山厂　　3 000
　　　　　　　——新丰厂　　500
　　贷：银行存款　　3 500
③ 借：原材料——圆钢　　1 000
　　　　　　——方钢　　900
　　贷：应付账款——梅山厂　　1 900
④ 借：应付账款——新丰厂　　500
　　贷：银行存款　　500
⑤ 借：原材料——方钢　　450
　　贷：应付账款——新丰厂　　450

（2）

“T”形账户记录如下：

原材料总分类账户

期初余额	3 540		
		①	2 090
③	1 900		
⑤	450		
本期发生额	2 350	本期发生额	2 090
期末余额	3 800		

原材料——方钢

期初余额	540		
		①	90
③	900		
⑤	450		
本期发生额	1 350	本期发生额	90
期末余额	1 800		

原材料——圆钢

期初余额	3 000		
		①	2 000
③	1 000		
本期发生额	1 000	本期发生额	2 000
期末余额	2 000		

应付账款总分类账户

		期初余额	4 600
②	3 500		
		③	1 900
④	500		
		⑤	450
本期发生额	4 000	本期发生额	2 350
		期末余额	2 950

应付账款——新丰厂

		期初余额	1 000
②	500		
④	500		
		⑤	450
本期发生额	1 000	本期发生额	450
		期末余额	450

应付账款——梅山厂

		期初余额	3 600
②	3 000		
		③	1 900
本期发生额	3 000	本期发生额	1 900
		期末余额	2 500

（3）见第（2）题的“T”形账户有关记录。

（4）

原材料总分类账户与明细分类账户的核对　　单位：元

项目	原材料——方钢	原材料——圆钢	明细分类账户合计	原材料总分类账户金额	结论（是否一致）
期初余额	540	3000	3540	3540	一致
借方发生额	1350	1000	2350	2350	一致
贷方发生额	90	2000	2090	2090	一致
期末借方余额	1800	2000	3800	3800	一致

应付账款总分类账户与明细分类账户的核对　　单位：元

项目	应付账款——新丰厂	应付账款——梅山厂	明细分类账户合计	应付账款总分类账户金额	结论（是否一致）
期初余额	1000	3600	4600	4600	一致
借方发生额	1000	3000	4000	4000	一致
贷方发生额	450	1900	2350	2350	一致
期末贷方余额	450	2500	2950	2950	一致

五、案例分析题

1. 分析要点：

（1）现金、银行存款日记账必须采用订本式账簿，而记录内容比较复杂的财产明细账，如固定资产卡片则需使用卡片式账簿，除此之外的明细账可以使用活页式账簿，该公司所有账簿都采用活页式账簿显然不够规范。

（2）会计账簿具有重要意义，记录在会计凭证上的信息是分散的、不系统的。为了把分散在会计凭证中的大量核算资料加以集中归类反映，为经营管理提供系统、完整的核算资料，并为编报会计报表提供依据，就必须设置和登记账簿。设置和登记账簿是会计核算的专门方法之一。所以，对于会计凭证必须要登记入账，不可单凭会计凭证控制。

（3）如果发现账簿记录有错误，应按规定的方法进行更正，不得涂改、挖补或用涂改液消除字迹。更正错误的方法有划线更正法、红字更正法及补充登记法。显然，案例中的公司允许使用涂改液的做法是错误的。

（4）由于现金和银行存款是企业重要的资产，同时又非常容易出问题，所以为了加强内部控制必须坚持内部牵制原则，实行钱账分管，出纳人员不得负责登记现金日记账和银行存款日记账以外的任何账簿。出纳人员登记现金日记账和银行存款日记账后，应将各种收付款凭证交由会计人员据以登记总分类账及有关的明细分类账。

综上所述，该公司的会计内部制度明显存在一系列问题，陈先生因此将面临比较大的职业风险，所以在无法改变这些做法的情况下他选择辞职。

2.（言之有理即可）

参考要点：

M 销毁公司会计凭证、会计账簿的动机是掩盖凉凉工作室偷税漏税、阴阳合同的事情，以期阻挠税务机关依法调查。

会计凭证是指用于记录经济业务、明确经济责任，并作为记账依据的书面证明。会计账簿是根据审核无误的记账凭证，按照时间先后顺序全面、连续、系统地记录各项交易或事项的簿籍。会计凭证可以用于检查经济业务的真实性、合法性和合理性，为会计监督提供重要依据；可以明确经济责任，为落实岗位责任制提供重要的文件证明；可以反映相关经济利益关系，为维护合法权益提供法律证据；可以用于监督经济活动，控制经济运行。会计账簿能够提供系统、完整的会计核算资料，同时它还是编辑会计报表和进行会计分析的主要依据。

六、思考题

（略）

第七章

期末账项调整与试算平衡表

一、解释重要名词

权责发生制　收付实现制　期末账项调整　预付费用　折旧　预收收入　应计收入　应计费用　账证核对　账账核对　账实核对　试算平衡表　结账

二、选择题（包括单选和多选）

1. 在权责发生制下，应计入本月的收入有（　　）。
   A. 本月收到出租办公楼全年租金 20 万
   B. 本月卖出商品 10 万元，但还未收到货款
   C. 本月收到上月出售一项无形资产的 5 万元
   D. 月初卖出商品 30 万元，月末收到货款
2. 以下经济业务，在收付实现制和权责发生制下计入会计期间不同的有（　　）。
   A. 本期购入机器一台 1 万元，货款尚未支付
   B. 本月以银行存款交清上月应付账款 2 000 元
   C. 从银行提取现金 1 000 元
   D. 一次性支付三年报刊费 4 500 元
3. 本期收到上月销售产品的货款并存入银行，在权责发生制下，本期正确的账务处理是（　　）。
   A. 借：银行存款
   　　贷：应收票据或应收账款
   B. 借：营业收入（主营业务收入）
   　　贷：应收票据或应收账款
   C. 借：应收票据或应收账款
   　　贷：营业收入（主营业务收入）
   D. 借：应收票据或应收账款
   　　贷：存货

4. 期末账项调整的基础是（　　）。

A. 权责发生制　　B. 会计分期

C. 收付实现制　　D. 配比原则

5. 结账时，应当划通栏双红线的是（　　）。

A. 结出本季累计发生额后

B. 结出当月发生额后

C. 各月末结出累计发生额后

D. 12 月末结出全年累计发生额后

6. 某单位年初预收全年固定资产租金收入 36000 元。1 月应调整记入“营业收入”科目的金额为（　　）元。

A. 3000　　B. 36000

C. 0　　D. 18000

7. 对账的内容主要包括（　　）。

A. 证证核对　　B. 账证核对

C. 账账核对　　D. 账实核对

8. 下列会计事项中，企业月终应进行账项调整的是（　　）。

A. 应计收入　　B. 应计费用

C. 预收收入　　D. 预付费用

E. 应收账款　　F. 银行存款

9. 关于企业拥有的固定资产与无形资产计提折旧与摊销，下列说法正确的有（　　）。

A. 需要进行期末账项调整

B. 先支付款项，后确认费用

C. 属于不在本期发生的事项无须进行期末账项调整

D. 先确认费用，后支付款项

10. 企业的结账时间应为（　　）。

A. 每项经济业务登账后　　B. 一定时期终了时

C. 每日终了时　　D. 会计报表编制后

11. 下列内容中，属于结账工作的有（　　）。

A. 结算有关账户的本期发生额及期末余额

B. 编制试算平衡表

C. 按照权责发生制对有关账项进行调整

D. 清点库存现金

12. 下列对账工作中属于账实核对的是（　　）。

A. 会计部门的财产物资明细分类账与财产物资保管部门的有关明细分类账相核对

B. 总分类账与所属明细分类账相核对

C. 企业银行存款日记账与银行对账单相核对

D. 总分类账与日记账相核对

13. 结账时，正确的做法有（　　）。
    A. 结出当月发生额的，在“本月合计”下面划通栏单红线
    B. 结出季度累计发生额的，要在“本季合计”下面划一道通栏红线
    C. 12 月末，结出全年累计发生额的，在下面划通栏单红线
    D. 12 月末，结出全年累计发生额的，在下面划通栏双红线
14. 期末损益类账户结转时，“本年利润”账户贷方的对应账户分别为（　　）。
    A. 主营业务收入　　B. 其他业务收入
    C. 主营业务成本　　D. 营业税金及附加
15. 结账时，应在“本月合计”下划（　　）。
    A. 通栏单红线　　B. 通栏双红线
    C. 半栏单红线　　D. 半栏双红线
16. 企业会计制度规定的结账时期一般为（　　）。
    A. 10 天　　B. 30 天
    C. 60 天　　D. 90 天
    E. 半年　　F. 1 年
17. 当所有记账凭证都过入分类账后都要进行对账，对账一般可以（　　）。
    A. 随时进行
    B. 每年定期进行
    C. 在每月末进行
    D. 在每季末进行
18. 将银行存款日记账、现金日记账与原始凭证进行核对，属于（　　）。
    A. 账实核对
    B. 账证核对
    C. 账账核对
    D. 日常核对
19. 下列对账工作中需要进行的账证核对工作有（　　）。
    A. 将现金日记账与银行存款付款凭证进行核对
    B. 将现金日记账账面余额与库存现金数额进行核对
    C. 将现金日记账与总分类账进行核对
    D. 将银行存款日记账与转账凭证进行核对
20. 账账核对主要包括（　　）。
    A. 总账与明细账核对
    B. 总账与日记账核对
    C. 总账有关账户的余额核对
    D. 会计部门的财产物资明细账与财产物资保管和使用部门的有关明细账核对
21. 下列各项中，属于对账内容的有（　　）。
    A. 往来账与业务合同核对　　B. 库存商品账与实物核对
    C. 明细账与总账核对　　D. 总账与会计报表核对
    E. 库存现金与现金账核对　　F. 记账凭证与原始凭证核对

22. 下列各项中，属于本期收入尚未收到款项的账项调整项目是（　　）。
   A. 银行借款利息　　B. 预收账款
   C. 银行存款利息　　D. 预付账款
23. 下列各项中，属于本期费用尚未支付款项的账项调整项目是（　　）。
   A. 银行借款利息　　B. 预收账款
   C. 银行存款利息　　D. 预付账款
24. 某企业银行存款日记账 10 月 31 日的余额为 203 045 元，对账单列出银行代收应收账款 3 000 元、代付水费 150 元。如果不考虑其他因素的影响，其调节后余额为（　　）元。
   A. 199 895　　B. 205 895
   C. 206 895　　D. 200 195
25. 下列各项中，构成期末账项调整内容的有（　　）。
   A. 属于本期收入，尚未收到款项的账项调整
   B. 属于本期费用，尚未支付款项的账项调整
   C. 本期已收款，不属于或不完全属于本期收入款项的账项调整
   D. 本期已付款，不属于或不完全属于本期费用的账项调整
26. 企业预付保险费但不完全属于本期费用，涉及的会计处理有（　　）。
   A. 借记“待摊费用”科目　　B. 借记“管理费用”科目
   C. 贷记“预提费用”科目　　D. 贷记“待摊费用”科目
   E. 贷记“银行存款”科目
27. 在权责发生制下，经过期末账项调整以后，企业收入费用可以实现的是（　　）。
   A. 所有费用科目中所记录的金额，是归属于本期费用的金额，而收入科目则不然
   B. 不论收入科目，还是费用科目，其所记录的金额，都归属于本期收入和费用的金额。
   C. 所有收入科目中所记录的金额，归属于本期收入的金额，而费用科目则不然
   D. 不论资产类科目，还是负债类科目，其所记录的金额，都归属于本期资产和负债的金额。
28. 在会计期末，要把（　　）结清以确定本期利润；把（　　）结算出本期发生额和期末余额。
   A. 暂时性账户
   B. 账户本期发生额
   C. 账户期初余额
   D. 永久性账户
29. 以下几个账户，期末结转后余额可能不为 0 的账户有（　　）。
   A. 财务费用
   B. 生产成本
   C. 销售费用
   D. 管理费用

30. 以下几项中，期末应当进行调整的收入项目有（　　）。
A. 预付收入费用摊销
B. 应计未付费用
C. 应计未计收入
D. 递延收入分配

31. 以下关于试算平衡表的说法，正确的有（　　）。
A. 是编制正式财务报表的工作底表
B. 在试算平衡表中一般按先资产负债表后利润表的顺序排列
C. 比直接依据分类账编制会计报表更为便捷
D. 可以编制“调整前试算平衡表” 与“调整后试算平衡表”

32. 下列不属于对账的是（　　）。
A. 财产物资明细账账面余额与财产物资实存数额之间的核对
B. 现金日记账的期末余额合计与现金总账期末余额之间的核对
C. 总分类账与所属明细分类账之间的核对
D. 账簿记录与原始凭证之间的核对

三、判断题

1. 将本月收到的上月销售产品的货款存入银行，在权责发生制下，不能作为本月的收入。（　　）

2. 试算平衡表可以在结计利润前及时发现错误并予以更正。（　　）

3. “调整前试算平衡表”可以检查期末调账程序是否存在差错。（　　）

4. 在权责发生制下，经过期末账项调整后，企业账簿可以反映本期所有的经济业务。（　　）

5. 只需按月结计本年发生额，但不需结计本年累计发生额的账户，月末结账时，只需在最后一笔经济业务事项记录之下划一条通栏单红线，不需要再结计一次余额。（　　）

6. 办理月结，应在各账户最后一笔记录下面划通栏单红线，在红线下计算出本月发生额及月末余额，并在摘要栏注明“本月合计”或“本月发生额及余额”字样，然后在下面再划一条蓝线。（　　）

7. 年度结账后，对于发生额很少的总账，不必更换新的账簿本。（　　）

8. 证实核对是将各种原始凭证与实有数进行核对，属于定期对账内容之一。（　　）

9. 每月将银行存款日记账的账面余额与银行对账单进行核对，是账实核对的主要内容之一。（　　）

10. 期末账项调整的目的是实现费用与收入的配比，正确地计算各期的经营成果。（　　）

11. 期末账项调整只需划分各个会计期间的收入和费用，而不需要调整资产和负债。（　　）

12. 采用权责发生制核算的情况下，凡属于本期的收入，必须收到款项。否则应将尚未收到的款项调整，作为收到款项期间的收入。（　　）

13. 预收账款是一种负债性质的预收收入，因此应当作为当期收入入账。（ ）

14. 本期已付款入账但应由本期和以后各期分别负担的费用，应于期末将其调整为一项资产。（ ）

15. 不论是采用权责发生制，还是采用收付实现制，在会计期末都必须进行账项调整。（ ）

16. 会计期间的划分，明确了会计核算服务对象及会计人员进行会计核算所应采取的立场。（ ）

17. 经过期末账项调整，账簿记录中有关收入和费用科目所记录的金额，应归属本期收入和费用的金额。（ ）

18. 暂时性账户只与一个会计期间相关，当该会计期间结束时，编制结账分录把该类账户余额结记为零。（ ）

19. 暂时性账户就是损益类账户，即利润表账户。（ ）

20. 暂时性账户如果与多个会计期间相关，需要把余额记录在备查账户上。（ ）

四、练习题

1. 目的：练习期末账项调整的会计处理。

材料：某企业201×年12月需要调整的有关项目如下所示。

① 年初预付一年期的生产设备财产保险费3 600元，每月均匀负担。

② 本月应付未付的销售税金1 000元。

③ 本月对应收账款计提5 500元的坏账准备。

④ 计提固定资产折旧费2800元，其中生产车间负担1800元，行政管理部门负担1000元。

⑤ 本月末出租包装物，预收三个月租金900元，存入银行。

⑥ 本月出租固定资产，每月租金750元，先预收半年租金存入银行，同时确认本月的租金收入。

⑦ 本月应计存款利息660元。

⑧ 本月底结算本季度的短期借款利息共330元，其中10月和11月已分别计提110元。利息以银行存款支付。

要求：根据上述材料编制会计分录。

2. 海盛公司2月发生以下经济业务。

① 销售A机器20万元，其中15万元已收到并存入银行。

② 收到上月为中宜公司提供技术咨询的劳务收入5万元。

③ 预付下半年房租2 5000元。

④ 预收B机器销售款2万元。

⑤ 支付本月的水电费1 000元。

⑥ 收到本月的劳务收入2万元。

⑦ 本月应承担1月已支付的网络费500元。

⑧ 本月负担将于下月支付的维修费利息费用1 500元。

要求：按收付实现制和权责发生制填写下表。

单位：元

业务号	收付实现制		权责发生制	
	收入	费用	收入	费用
①				
②				
③				
④				
⑤				
⑥				
⑦				
⑧				
合计				
利润				

3. 会计老吴发现公司20××年10月31日结账前的试算平衡表存在若干错误，导致该表借贷不平衡，具体如下表所示。

试算平衡表

20××年10月31日 单位：元

账户名称	借方余额	贷方余额
库存现金	1 000	
银行存款	12 000	
应收账款	4 000	
库存商品	5 000	
原材料	3 000	
固定资产	12 000	
短期借款		12 000
应付账款		13 000
实收资本		20 000
主营业务收入		12 000
主营业务成本	4 000	
销售费用	2 000	
管理费用	4 000	
合计	47 000	57 000

经核对日记账及分类账发现以下错误。

① 用银行存款支付办公费2 400元，误记为2 000元。

② 购入办公用复印机一台，价值3 000元，误作为库存商品登记入账。

③ 重复登记一笔赊销商品业务，金额为2 000元。

④ 赊销商品一批，计5 000元，过账时误记为应收账款账户贷方。

随后，会计人员对所发现的错账分别进行了更正。

要求：

（1）请代老吴完成错误更正之后的试算平衡表的编制。

（2）试讨论，假如没有发生业务④的错账，试算平衡表是否平衡？结合所学知识，指出试算平衡表的缺陷。

4. 目的：练习编制结账分录。

材料：某公司年末损益类账户本期发生额如下表所示。

损益类账户发生额汇总表 单位：元

账户名称	借方发生额	贷方发生额
主营业务收入		1 262 400
主营业务成本	850 000	
营业税金及附加	5 000	
销售费用	25 000	
管理费用	130 000	
财务费用	52 400	
合计	1 062 400	1 262 400

要求：

（1）根据上述材料结转本年利润。

（2）按实现利润总额的25%计算应交所得税，并结转所得税费用。

（3）将“本年利润”科目余额全部转入“利润分配”科目。

五、案例分析题

1. 李成作为某单位的采购部经理，生活作风奢靡混乱，经常出入高档会所。没过多久，警察在单位逮捕了李成。公司内部谣言满天飞，唯有三个人知道其中的原因。这三个人分别是总经理曲泰、财务部的顾部长和负责成本核算的郭会计。

事情还得从季度对账说起。按照规定，财务部必须在季度末与客户进行对账，主要核实业务往来款的收取情况，按照惯例，一般是主动核对债权，即债权方主动向债务方发出对账函，要求债务方就欠款情况进行确认。由于近一段时期，公司采购预付款金额剧增，顾部长安排郭会计对预付账款与供应商进行核对，正好分析一下采购预付款增长的原因。

郭会计在核对过程中发现，公司与几家供应商的对账结果存在重大差异，郭会计又对公司与这几家供应商的近一年来的业务往来情况进行了详细的核查，结果发现了诸多异常的线索：有一家供应商已关停近一年，但公司账上显示尚有预付账款5万元未收到货；有两家供应商本是约定30天付款账期的，但不知为何却变成了预付账款供应商；有一家供应商的预付账款，公司账面显示近20万元，对方账面却只有5万元，约15万元的货对方于三个月前已发出，但郭会计所在公司却一直迟迟未入库并核销预付账款……

随着对异常采购预付款的一步步深入核查，采购经理李成的种种贪污行为逐渐被揭露：刻意隐瞒供应商关停信息，与供应商串通逃避清偿欠款；将原本属于部分畅销产品的预付账款演变成供应商所有产品预付账款；截取供应商为公司发的产品，转入自己参股的公司倒卖获利……

"唉，我们以前只顾关注应收账款的核对，对采购预付款疏忽了啊！"听着郭会计关于预付账款的对账情况汇报，顾部长的脸色凝重起来，发出一句由衷的感慨。

根据以上案例，思考并回答以下两个问题。

（1）对账工作按照对账内容分为哪几类？资料中郭会计的公司对预付账款、应收账款与供货商进行的核对属于哪种对账工作？

（2）结合案例，谈谈你对会计对账工作的看法，并从防止财务舞弊角度提出一些建议。

2. 某公司（制造企业）的会计账簿结账规则如下所示。

A. 结账的内容

结算各种收入、费用账户，并据以计算确定本期利润。

结算各资产、负债和所有者权益账户，分别结出本期发生额合计和余额。

B. 结账的程序

将本期发生的经济业务全部登记入账，并保证其正确性。

根据权责发生制的要求，调整有关账项，合理确定本期应计的收入和应计的费用。

将各有关损益类账户的本期借贷发生额差额分别转入"本年利润"账户，结平所有损益类账户。

结出资产、负债和所有者权益账户的本期发生额和余额，并结转下期。

C. 结账方法

对不需要按月结计本期发生额的账户（如各应收、应付款明细账和各项财产物资明细账等），每次入账以后，都要随时结出余额，各月最后一笔余额即为月末余额。月末未结账时，只需要在最后一笔经济业务记录之下划通栏单红线，不需要再结计一次余额。

现金、银行存款日记账簿和需要按月结计发生额的收入、费用等明细账簿，每月结账时，在最后一笔经济业务记录下面划通栏单红线，然后结出本期发生额和余额，并在摘要栏内注明"本月合计"字样，在下面划通栏单红线。

需要结计年末累计发生额的某些明细账簿，每月结账时，应在"本月合计"行下结出自年初起至本月末的累计发生额，登记在月份发生额下面，并在摘要栏内注明"本年累计"字样，然后在其下面再划通栏单红线。12月末的"本年累计"就是全年累计发生额，全年累计发生额下面划通栏双红线。

总分类账簿平时只需要结出月末余额。年终结账时，为了总括地反映全年各项资金运动情况的全貌和核对账目，要对所有总分类账簿结出全年发生额和年末余额，在摘要栏内注明"本年合计"字样，并在合计数下划通栏双红线。

年终结账时，有余额的账户，要将其余额转入下年。方法是将每个账户的年末余额直接记入下一年度启用的有关新账簿的第一行余额栏内。新旧账簿之间的转记余额，不需编制记账凭证（也不需要将余额记在旧账户的借方或贷方，使本年有余额的账户变为零），只需在新账簿第一行摘要栏内注明“上年转入”。

要求：请利用所学知识对该公司的结账规则进行点评。

3. 王小雅在一家计算机公司工作，为了编制年度报表，她和会计主管一起编制调整分录。王小雅计算出折旧费并编制如下分录：

借：管理费用——设备　　12 300

　　贷：累计折旧——设备　　12 300

主管认为上述分录应该直接贷记“固定资产——设备”，这样做比较简便，而且在资产负债表上这两种方法计算出的结果相同。

根据上述材料思考并回答以下两个问题。

（1）折旧应该如何记录？你支持主管的观点吗？

（2）请评价主管的处理方法的优缺点。主管的处理方法是否符合有关会计原则？

六、思考题

1. 为什么要进行期末账项调整？
2. 权责发生制与收付实现制有何不同？
3. 为什么我国会计准则要求采用权责发生制？
4. 为什么要进行结账？
5. 是否有必要编制结账后试算平衡表？

第七章 参考答案

一、解释重要名词

（略）

二、选择题

1. BD　2. ABD　3. A　4. A　5. D　6. A　7. BCD　8. ABCD　9. AB　10. B
11. AC　12. C　13. ABD　14. AB　15. A　16. BDEF　17. ABCD　18. B　19. A
20. ABCD　21. BCDE　22. C　23. A　24. B　25. ABCD　26. ABE　27. B
28. AD　29. B　30. CD　31. ABCD　32. B

三、判断题

1. √　2. √　3. ×　4. ×　5. ×　6. ×　7. ×　8. ×　9. √　10. √　11. ×　12. ×
13. ×　14. √　15. ×　16. ×　17. √　18. √　19. √　20. ×

四、练习题

1.

① 借：制造费用 300

  贷：预付账款 300

② 借：营业税金及附加 1 000

  贷：应交税费 1 000

③ 借：资产减值损失 5 500

  贷：坏账准备 5 500

④ 借：制造费用 1 800

  管理费用 1 000

  贷：累计折旧 2 800

⑤ 借：银行存款 900

  贷：其他应付款 900

⑥ 借：银行存款 4 500

  贷：其他应付款 3 750

   其他业务收入 750

⑦ 借：应收利息 660

  贷：财务费用 660

⑧ 借：应付利息 220

  财务费用 110

  贷：银行存款 330

2.

单位：元

业务号	收付实现制		权责发生制	
	收入	费用	收入	费用
①	150 000		200 000	
②	50 000			
③		25 000		
④	20 000			
⑤		1 000		1 000
⑥	20 000		20 000	
⑦				500
⑧				1 500
合计	240 000	26 000	220 000	3 000
利润	214 000		217 000	

3.（1）

试算平衡表

20××年 10 月 31 日　　　　单位：元

账户名称	借方余额	贷方余额
库存现金	1000	
银行存款	11600	
应收账款	12000	
库存商品	2000	
原材料	3000	
固定资产	15000	
短期借款		12000
应付账款		13000
实收资本		20000
主营业务收入		10000
主营业务成本	4000	
销售费用	2000	
管理费用	4400	
合计	55000	55000

（2）依旧平衡。（结合课本中试算平衡表无法发现的错误回答）

试算平衡表无法发现的错误有以下几项。

A. 漏记某项经济业务，将使本期借贷双方的发生额发生等额减少，借贷仍然平衡。

B. 重记某项经济业务，将使本期借贷双方的发生额发生等额虚增，借贷仍然平衡。

C. 某项经济业务记错账户方向，应记借方的记入了贷方，应记贷方的记入了借方，借贷仍然平衡。

D. 借方或贷方发生额中，偶然发生多记少记并相互抵消，借贷仍然平衡。

4.（1）借：主营业务收入　　1262400
　　　　贷：本年利润　　　　1262400
　　　借：本年利润　　　　1062400
　　　　贷：主营业务成本　　850000
　　　　　　营业税金及附加　　5000
　　　　　　销售费用　　　　25000
　　　　　　管理费用　　　　130000
　　　　　　财务费用　　　　52400

（2）利润总额=1262400−1062400=200000元
　　应交所得税=200000×25%=50000元

借：所得税费用　　50 000

　　贷：应交税费——所得税　　50 000

借：本年利润　　50 000

　　贷：所得税费用　　50 000

（3）借：本年利润　　150 000

　　贷：利润分配　　150 000

五、案例分析题

1.

（1）对账工作包括：账证核对、账账核对、账实核对。

材料中与客户或供应商进行预付账款、应收账款金额核对的工作属于账实核对，核对有关债权债务明细账账面余额与对方单位的账面记录是否相符。

（2）看法提示（言之有理即可）：

会计对账是一项基本的财务工作，以确保会计信息的真实可靠。及时、有效的对账工作是发现问题并防止案件风险扩大的有效手段。

建议提示：（可结合学习《会计学原理》第十章中财产清查相关内容加深理解，言之有理即可）

A. 对账的时间原则上至少一个季度进行一次，如有必要也可以按月进行。

B. 在进行应收账款核对的同时，也要关注预付账款或者债务的核对，特别是对于金额大、时间长的债权和债务，更要引起重视。

C. 对于对账结果异常的情况，要深入调查和核实差异产生的原因，发现舞弊线索，及时汇报，采取措施纠正（暂停发货或付款）以防止造成更大的损失。

……

2. （结合所学知识，言之有理即可）

3. 提示：根据会计准则的要求，固定资产不能直接进入成本或者费用，必须通过累计折旧这个科目，摊销到每个月中。如果是一次性进入成本或者费用当中，就会造成当月的成本和费用增大，由于固定资产的使用年限在一年以上，根据权责发生制的配比原则，就要相应摊销到每个月份中去，这样才能使得成本和费用更加合理。

六、思考题

（略）

第八章

内部控制

一、解释重要名词

内部控制　理性经济人　内部牵制　内部控制目标　内部控制原则　内部环境　风险评估　控制活动　信息与沟通　内部监督　不相容职务　授权审批

二、选择题（包括单选和多选）

1. 以下各项中，（　）属于常见的内部牵制形式。
   A. 实物牵制　　B. 职责牵制
   C. 机械牵制　　D. 簿记牵制
2. 在内部控制制度阶段，企业内部控制包括（　）。
   A. 内部会计控制　　B. 内部经营控制
   C. 内部管理控制　　D. 内部环境控制
3. 从企业风险管理框架中对风险管理的定义来看，我们知道（　）。
   A. 风险管理旨在识别和管理风险
   B. 风险管理只涉及企业的高级管理人员
   C. 风险管理为实现目标提供合理保证
   D. 风险管理应用于企业战略制定
4. 相对《内部控制——整合框架》，ERM 框架的创新之处不包括（　）。
   A. 新提出了一个更具有管理意义和管理层次的战略管理目标，同时还扩大了报告的范畴
   B. 新增了目标制定、风险识别和风险应对三个管理要素
   C. 提出了两个新概念——风险偏好和风险容忍度
   D. 对内部控制做出了最权威的定义
5. 内部控制要素包括（　）。
   A. 风险识别　　B. 控制环境
   C. 信息与沟通　　D. 内部监督

6. 内部控制的基本目标包括（　　）。
   A. 企业经营管理合法合规
   B. 企业战略目标
   C. 企业财务报告及相关信息真实完整、企业资产安全
   D. 企业提高经营效率和效果
7. 内部控制的主要原则包括（　　）。
   A. 全面性原则　　B. 制衡性原则
   C. 适应性原则　　D. 重要性原则
8. 以下各项中，属于控制环境的有（　　）。
   A. 机构设置　　B. 内部审计
   C. 权责分配　　D. 企业文化
9. 以下各项中，属于常见的内部控制措施的有（　　）。
   A. 授权审批控制　　B. 会计系统控制
   C. 财产保护控制　　D. 预算控制
10. 被审计单位为了保证既定目标得以顺利实现而制定并执行的各项控制政策和程序，属于内部控制要素中的（　　）。
   A. 内部环境　　B. 事项识别
   C. 控制活动　　D. 信息与沟通
11. 很多大厦都雇用保安和利用闭路电视摄像头以确保财产安全，这属于（　　）。
   A. 不相容职务分离控制　　B. 运营分析控制
   C. 授权审批控制　　D. 财产保护控制
12. 下列行为中，不符合内部控制要求的是（　　）。
   A. 不经过审批付款
   B. 总账与日记账、明细账由不同人员登记
   C. 未经开户行批准，坐支现金
   D. 支付款项所需印章由一人保管
13. （　　）是企业对内部控制建立与实施情况进行监督检查，评价内部控制的有效性，发现内部控制缺陷，并及时加以改进的过程。
   A. 内部环境　　B. 控制活动
   C. 信息与沟通　　D. 内部监督
14. 下列关于不相容职务的说法中，正确的有（　　）。
   A. 授权进行某项经济业务和执行该项业务的职务要分离
   B. 保管某些财产物资和对其进行记录的职务要分离
   C. 保管某些财产物资和使用这些财产物资的职务要分离
   D. 执行某些经济业务和审核这些经济业务的职务要分离
15. 下列要素中，不属于内部控制程序的是（　　）。
   A. 交易授权　　B. 职责划分
   C. 内部审计　　D. 独立稽核

16. 会计记录控制的内容不包括（　　）。
   A. 凭证必须连续编号，并按编号顺序使用
   B. 记账凭证的内容必须与原始凭证的内容保持一致
   C. 建立定期的复核制度
   D. 建立内部审计制度
17. 运营分析控制的方法主要有（　　）。
   A. 比较法　　B. 趋势分析法
   C. 因素分析法　　D. 综合分析法
18. 绩效考评系统的评价主体主要是（　　）。
   A. 各个部门
   B. 各级管理者
   C. 公司董事会和各级管理者
   D. 全体员工
19. 对内部控制只能为控制目标的实现提供“合理保证”，而不是“绝对保证”的理解错误的是（　　）。
   A. 内部控制对控制目标的实现作用不大
   B. 企业目标的实现除了受制于企业自身的限制因素外，还会受到外部环境的影响
   C. 内部控制无法作用于外部环境
   D. 内部控制本身也存在一定的局限性
20. 内部控制作为一个完整概念的提出是在（　　）。
   A. 20 世纪中期　　B. 19 世纪中期
   C. 19 世纪晚期　　D. 20 世纪早期
21. （　　）作为内部控制发展的雏形，是一些与组织的财务活动直接相关的控制措施，它规定组织内部有关经济活动业务或事项的处理都要由两个及以上的人员经手。
   A. 内部牵制制度　　B. 内部控制制度
   C. 内部控制结构　　D. 内部控制整体框架
22. 通过因素分析、对比分析、趋势分析等方法，综合运用生产、购销、投资、筹资、财务等方面的信息，对企业的生产运营状况进行分析，发现问题、查明原因、解决问题或加以改进。以上控制手段属于（　　）。
   A. 运营分析控制　　B. 预算控制
   C. 风险控制　　D. 绩效考核控制
23. 通过经营预算、资本预算、财务预算来发现企业在经营过程中出现的问题，并及时解决和纠正以保证各种目标的顺利实现。以上控制手段属于（　　）。
   A. 运营分析控制　　B. 预算控制
   C. 风险控制　　D. 绩效考评控制

24. 建立长效风险管理系统，针对各个风险控制点，通过风险预警、风险识别、风险评估、风险分析和风险报告等措施对财务风险和经营风险进行全面防范和控制。以上控制手段属于（　　）。

A. 运营分析控制　　B. 预算控制

C. 风险控制　　D. 绩效考评控制

25. 采取恰当的考评措施，定期对全体员工或单位部分业绩进行考查、客观评价，并以此作为员工的薪酬、职业发展等的依据。以上控制手段属于（　　）。

A. 运营分析控制　　B. 预算控制

C. 风险控制　　D. 绩效考评控制

26. 内部控制的（　　）是整个控制系统的出发点，决定了系统运行的方式和方向。

A. 基本目标　　B. 主要原则

C. 基本要素　　D. 控制手段

27. 内部控制的主要原则中，（　　）是指内部控制应当贯穿决策、执行和监督的全过程，覆盖企业及其所属单位的各种业务和事项。

A. 全面性原则　　B. 重要性原则

C. 制衡性原则　　D. 适应性原则

28. 内部控制的主要原则中，（　　）是指内部控制应当在全面控制的基础之上，关注重要业务事项和高风险领域。

A. 全面性原则　　B. 重要性原则

C. 制衡性原则　　D. 适应性原则

29. 内部控制应当在治理结构、机构设置及权责分配、业务流程等方面相互制约、相互监督，同时兼顾运营效率。这一概念体现了内部控制主要原则中的（　　）。

A. 全面性原则　　B. 重要性原则

C. 制衡性原则　　D. 适应性原则

30. 内部控制应当权衡实施成本与预期收益，以适当的成本实现有效控制。这一概念体现了内部控制主要原则中的（　　）。

A. 重要性原则　　B. 制衡性原则

C. 适应性原则　　D. 成本效益原则

31. 在内部控制的五大基本要素中，（　　）是企业实施内部控制的基础，为其他要素提供规则和结构。

A. 控制环境　　B. 风险评估

C. 控制活动　　D. 信息与沟通

32. 企业及时准确地收集、传递与内部控制相关的信息，确保信息在企业内部、企业与外部之间进行有效沟通，保证及时报告并解决相关问题的过程表现了内部控制五大基本要素中的（　　）。

A. 控制环境　　B. 风险评估

C. 控制活动　　D. 信息与沟通

33. 企业应当建立反舞弊机制，促进内部控制有效运行。这反映了内部控制五大要素中的（　　）。

A. 内部环境　　B. 风险评估

C. 控制活动　　D. 信息与沟通

34. 在内部控制手段中，（　　）要求在企业组织机构设置时，要做到职务分工的合理性和有效性，实施分离政策，形成各司其职、相互制约和相互监督的工作机制。

A. 不相容职务相分离控制　　B. 授权审批控制

C. 会计系统控制　　D. 财产保护控制

35. 在企业处理经济业务时，必须经过授权批准以进行控制，明确授权范围、程序和相应责任。这反映了控制手段中的（　　）。

A. 不相容职务相分离控制　　B. 授权审批控制

C. 会计系统控制　　D. 财产保护控制

36. 内部牵制的做法是基于以下（　　）的假设。

A. 两个或两个以上的部门或人员无意识地犯同样错误的机会很小

B. 两个或两个以上的部门或人员无意识地犯同样错误的机会很大

C. 两个或两个以上的部门或人员有意识地合伙舞弊的可能性大大低于单独一个部门或一个人舞弊的可能性

D. 两个或两个以上的部门或人员有意识地合伙舞弊的可能性大大高于单独一个部门或一个人舞弊的可能性

37. 促使以账户核对的岗位分工为主的内部牵制逐步演变为由组织结构、方法程序和内部审计构成的内部控制系统的原因包括（　　）。

A. 科技的迅猛发展

B. 现代公司制的形成

C. 市场竞争日趋激烈

D. 现代管理理论的创立和审计模式的变革

38. 由组织结构、方法程序和内部审计构成的内部控制系统，其目的包括（　　）。

A. 使企业经营活动具有经济性、效率性、效果性

B. 保证管理决策的贯彻

C. 维护资产和资源的安全

D. 保证会计记录的完整准确，并提供及时可靠的财务和管理信息

39. 在内部控制结构阶段，内部控制结构的构成元素包括（　　）。

A. 控制环境　　B. 会计系统

C. 控制程序　　D. 控制活动

40. 相比内部控制制度阶段，内部控制结构阶段产生的新变化包括（　　）。

A. 开始关注组织整体层面的控制

B. 侧重于研究组织的决策、执行、监督及相互关系

C. 内部控制目标开始呈现多元化

D. 形成了内部控制发展的雏形

41. 1992年，COSO委员会提出了内部控制整体框架的概念，即内部控制应达到（　　）的目标。

A. 财务报告的可靠性　　B. 经营活动的效率性和效果性

C. 法律法规的遵循性　　D. 处理资料的谨慎性

42. 企业风险管理框架是比内部控制整体框架范围更为广泛的概念，它既保留了原有内部控制整体框架的合理内容，又在框架和要素方面有相当大的突破。主要变化包括（　　）。

A. 始终将企业风险作为控制的核心，并由企业经营向战略转化

B. 将内部控制的重心上移至董事会，明确董事会对企业风险管理负有监督职责及实现职责的方式

C. 不仅要求控制会计反映的内容，还要控制企业报告的所有信息

D. 开始关注组织整体层面的控制

43. 根据内部控制主要原则中的适应性原则，内部控制应当与企业经营规模、（　　）等相适应，并随着情况的变化及时加以调整。

A. 权责分配　　B. 业务范围

C. 竞争状况　　D. 风险水平

三、判断题

1. 企业内部控制的核心是内部牵制。（　　）

2. 内部控制是一个动态的概念，其大致经历了内部牵制阶段、内部控制结构阶段、内部控制整体框架阶段和基于企业风险管理框架的内部控制阶段四个阶段。（　　）

3. 内部牵制的一个基本假设是两个或两个以上的部门或人员有意识地合伙舞弊的可能性大大低于单独一个部门或一个人舞弊的可能性。（　　）

4. 20世纪八九十年代，“内部控制结构”的概念取代了“内部控制制度”的概念，在这个阶段内部控制不再分为内部会计控制和内部管理控制，而是由控制环境、会计系统和控制程序三个要素构成。（　　）

5. 《内部控制——整体框架》中提出内部控制的三个目标，即财务报告的可靠性、经营活动的效率性和效果性、战略目标的合理性。（　　）

6. 根据我国《企业内部控制基本规范》要求，执行内部控制规范的上市公司应披露年度自我评价报告。（　　）

7. 在内部控制框架中，风险评估是其他要素的基础。（　　）

8. 一个公司只要建立了完善的内部控制系统并有效实施，就可以避免舞弊和差错的发生。（　　）

9. 内部控制的目标是彼此孤立的，并没有实质性的联系。（　　）

10. 提高经营效率和效果的目标是内部控制的最高目标，也是终极目标。（　　）

11. 内部控制本身就是企业应该实现的一个目标。（　　）

12. 不相容职务是指那些不能由一人兼任，否则可以弄虚作假又能掩盖其舞弊行为的职务。（　　）

13. 企业在为会计机构配备会计人员时，除会计机构负责人外其他会计人员无须取得会计从业资格证。（　）

14. 授权审批企业在处理经济业务时，必须经过授权批准才能执行，以便进行控制。（　）

15. 企业应当对经济业务文件进行记录，并且其凭证需要连续编号，避免业务记录的重复或遗漏，便于业务查询，并在一定程度上防范舞弊行为的发生。（　）

16. 内部控制是由企业董事会、监事会、经理层实施的，和普通员工没有关系。（　）

17. 由于人为因素、成本效益原则和不确定性的存在，任何内部控制都有其局限性。（　）

18. 理性"经济人"假设认为，人都是自利的"经济人"，只要有可能，他总是尽最大限度地满足自己的欲望。（　）

19. 设立相应的内部控制制度，牵制、约束并监督"经济人"的各种自利行为，在牺牲部分效率的同时，保证了再生产过程的顺利、有序进行。（　）

20. 20世纪八九十年代，"内部控制结构"的概念取代了"内部控制制度"，企业内部控制结构包括"为提供达到企业特定目标的合理保证而建立的各种政策和程序"。（　）

21. 控制活动是企业及时识别、系统分析经营活动中与现实内部控制目标相关的风险，进行风险管理，合理确定风险应对策略的过程。（　）

22. 风险评估是企业根据风险评估结果，采用相应的控制措施，将风险控制在可承受度之内。（　）

23. 信息与沟通这一要素要求企业应当利用信息技术促进信息的集成与共享，保证信息系统安全稳定运行。（　）

24. 企业应当结合内部监督情况，定期对内部控制的有效性进行自我评价，出具内部控制自我评价报告。（　）

25. 不相容职务是指职务若由一个人担任，则可能发生错误和舞弊行为，又可能掩盖其错误和弊端行为的职务，对其进行控制的核心是"内部牵制"，不相容职务不能由一个人担当。（　）

26. 财产保护控制要求企业的会计工作要严格执行国家统一的会计法律法规，制定企业的会计制度、财务制度及操作流程、会计控制措施，并配备取得专业资格证书的会计人员等，加强会计基础工作，保证会计资料的真实、完整、可靠。（　）

27. 会计系统控制即实物安全控制，主要是通过限制接近、定期盘点和比较、保护记录、保险等手段保护实物资产的安全。（　）

四、案例分析题

1. 甲公司信息部门负责信息收集、传递及信息化建设，该信息部门制定有关信息资源管理制度，明确了各部门信息收集和传递的职责及权限，确定了商业秘密范围，以加强信息管理。甲公司信息部门的工作主要包括以下几个方面。

① 财务报告、经营分析、业务表现等信息的沟通。

② 行政管理和人力资源政策等信息的沟通。

③ 保密信息与沟通，包括确定保密信息密级。

④ 审计信息沟通。

⑤ 雇员提供的信息。

⑥ 报告信息。

⑦ 专业信息及从客户、供应商、经营伙伴、投资者处获得的信息。

⑧ 管理层与董事会及职能部门间的沟通。

⑨ 与客户、供应商、律师、股东、监管者、外部审计师的沟通。

⑩ 明确审计、内部控制、财务等部门在反舞弊机制建设中的作用。

要求：

（1）内部控制的要素包括哪些？并加以说明。

（2）该案例体现了内部控制的哪些要素？该要素在五个内部控制要素中的地位和作用是什么？

2. 某公司是一家台资企业，是多个消费电子产品巨头的供应商，主要生产中小尺寸液晶显示屏，是世界上最大的手机触摸屏生产商。拥有多项核心专利技术，为了保证这些核心专利技术不外流，该公司在办公大楼内安装了监视系统，并为相关办公室安装了门禁系统，只有少数几个人才有相应权利进入。该公司生产过程中需要采用一种名为“×××”的原材料，该种原材料价格昂贵，企业将该材料的保管和清点分别交由两个不同部门的员工负责，并为该材料领用单编制了连续号码。

根据上述信息请说明该公司都采取了哪些内部控制活动？

3. 某公司召开董事会，针对新公布的相关配套指引展开讨论，会议研究决定责成该公司管理层在现有内部控制基础上，根据《企业内部控制基本规范》及相关配套指引的制定原则和要求，有效地巩固和健全公司的内部控制制度，并报董事会批准后执行。2010年11月，甲公司管理层向董事会提交了修改后的内部控制制度，其要点如下。

（1）组织机构设立。按照国家有关法律法规、股东（大）会决议和企业章程，明确董事会、监事会、管理层和企业内部各层级机构设置、人员编制、职责权限、工作程序和相关要求的制度安排。单独设立内部审计机构，配备与其职责要求相适应的审计人员，为提高内部审计机构的管理效率，由公司财务总监直接管辖，并对总经理负责。总经理定期将内部审计机构的报告提交给公司董事会下设的审计委员会。

（2）建立企业文化。将文化建设融入生产经营过程中，切实做到文化建设与发展战略的有机结合，增强员工的责任感和使命感，促使员工自身价值在企业发展中得到充分体现。将企业文化的建设与员工思想教育结合起来，提高基层员工的文化素养和内在素质，为避免资源的浪费，对已经取得大学本科以上学历的人员可不再进行培训。

（3）风险评估方法。公司应当采用定性的方法，按照风险发生的可能性及其影响程度等，对识别的风险进行分析和排序。根据风险分析的结果，结合风险承受度，确定风险应对策略。风险策略的选择从风险规避和风险承受两个角度出发，如果是可以承受的风险，就选择风险承受，如果是无法承受的，就选择风险规避。

（4）建立内部控制制度评价制度。公司定期对与实现内部控制目标相关的控制环境、风险评估、控制活动、信息与沟通、监控活动等内部控制要素进行全面系统有针对性的评价。公司对内部控制缺陷进行综合判断，按其严重程度分为重大缺陷、重要缺陷和一般缺陷。管理层负责重大缺陷的整改，接受董事会的监督。审计委员会负责重要缺陷的整改，接受董事会的监督。内部审计机构负责一般缺陷的整改，接受管理层的监督。为了提高内部控制制度评价的工作效率，也为了增强内部控制制度评价的工作质量，公司预备借助中介机构或外部专家实施内部控制评价，安排为公司提供内部控制审计服务的会计师事务所每年实施一次内部控制制度评价工作，并于每年的5月15日提交内部控制评价报告。

要求：从内部控制规范理论和方法角度，指出甲公司管理层提交的修改后的内部控制实施方案中各要点中的不当之处，并简要说明理由。

4. 甲公司是一家上市公司，主要生产中小尺寸液晶显示屏，是多个消费电子产品巨头的供应商。进入2018年后，甲公司业绩出现明显下滑。首先遭到质疑的是甲公司的管理层，包括董事会、监事会和公司高层管理人员。他们面临的指控包括疏于职守、虚报账目、误导投资人及牟取私利等。然后，一直隐藏在甲公司背后的合伙公司开始露出水面。经过调查，这些合伙公司大多由高层管理人员所控制，与甲公司进行业务往来，而甲公司的一些高层管理人员也从这些合伙公司中牟取私利。

有证据表明，甲公司的高层管理人员对于公司运营中出现的问题非常了解，但长期以来熟视无睹甚至有意隐瞒。包括董事长在内的许多董事会成员一方面鼓吹股价还将继续上升，一方面却在秘密抛售公司股票。而甲公司的14名董事会成员有7名与甲公司关系特殊，要么正在与甲公司进行交易，要么供职于甲公司支持的非营利机构。同时，正是这7名董事会成员组成了该公司的审计委员会，对甲公司的种种劣迹睁一只眼闭一只眼。

另外，甲公司内部的审计人员表示，在过去几年内，早已经对公司的财务状况提出了自己看法，表示怀疑报表的真实性。也曾就此问题向其所在部门的领导进行反映，但并未得到任何答复。实际上，在一定程度上，甲公司内部审计部门是为了应付银行和政府，其作用只是公司获取政府青睐和取得银行贷款的“道具”。重大决策，包括重大对外担保、大额资金划转等都是由公司个别管理人员以邮件的形式授权或通过邮件发出划款指令，其他人员及内部审计部门无权发言。

要求：

从内部控制的基本要素方面简要分析甲公司在内部控制方面存在的问题。

5. 成立于2010年的东山公司是一家在香港从事石油贸易的公司，其母公司是大型国有企业甲公司。2012年，刚成立两年的东山公司业绩处于盈亏平衡的状态，甲公司选派丁伟从大陆空降到东山公司担任董事长兼总经理。4年后，东山公司的净利润和净资产都增长了50多倍，取得了很大的成功。

自2017年起，丁伟对石油衍生品交易产生了浓厚的兴趣，在公司上下不知情的情况下，独自决策投资了此项高风险业务。

刚开始小有盈利，后来由于对油价走势判断失误，又恰逢全球经济不景气，东山公司的石油衍生品交易产生了巨额亏损，被迫平仓，公司陷入资不抵债、破产重组的状态，丁伟也被免职，由母公司副总刘鑫接替他的职位。

刘鑫在重组东山公司的过程中发现，丁伟在公司自恃以前业绩辉煌，独断专行，在没有经过母公司批准的情况下使用大额资金从事高风险投资业务，这项投资从未反映在东山公司的财务报表上，违反了相关会计准则规定，刘鑫还发现，东山公司的组织架构设计不科学，公司各机构缺乏明确的职责权限。因此，刘鑫决定重新梳理和设计东山公司的组织架构。

要求：

（1）从内部控制要素角度列出控制活动的主要方面，简要分析东山公司缺失的控制活动。

（2）简述组织架构设计与运行中需要关注的主要风险。

（3）简要分析刘鑫应该如何针对组织架构设计建立相关的内部控制制度。

6. 建安公司是D省一家食品进出口集团公司旗下的子公司，主营业务是生产和出口A地区生猪。建安公司资源和能力状况如下：有50多年的供A地区生猪生产与出口的历史和经验；掌握向A地区出口配额许可权，有在商务部注册的A地区生猪的两个定点猪场；有良好的企业信誉度和知名度。但是，建安公司生猪养殖规模较小，在整个产业链中创造价值点单一。

宏达公司是D省一家大型畜牧业企业集团，是中国目前最大的种猪育种和肉猪生产基地。但是，该公司没有获得向A地区出口配额许可权，其猪场也不是在商务部注册的供A地区生猪定点猪场。但是A地区市场的开发对宏达公司的发展至关重要。

在这样的背景下，建安公司和宏达公司结成战略联盟。具体方案是建立产销合作联盟：双方签订收益共享合同，宏达公司给建安公司一个较低的生猪价格，而建安公司给宏达公司一定的收益分成，双方共担风险、收益共享。

建安公司对于实施战略联盟方案可能面临的风险进行了分析，认为战略联盟方案实施过程中可能存在两类风险：一类风险主要体现在双方利益分配不均、管理协调不畅导致双方战略意图无法实现；另一类风险主要体现在生猪价格波动、生猪疾病疫情等变化导致的风险，建安公司管理层意识到，必须建立风险预控机制，成立专门的风险管理委员会，以便对风险进行预测、识别和应对。

要求：

（1）简述企业风险管理组织体系包括的主要内容。

（2）简述建安公司管理层准备成立的风险管理委员会应该履行的职责。

7. 在总结某知名企业集团破产原因的过程中，发现如下情况。

材料一：为了满足公司大规模扩张的需要，把资金从上市公司转移出来，集团采取以上市公司存款为大股东贷款担保的方式“掏钱”。在难以得到上市公司过半数董事同意的情况下，集团制造虚假的上市公司董事会决议：一是未经授权代理董事签字；二是非董事人员或前任董事在决议上签字。为了便于控制，三年来公司高管和董事会成员频繁更换，仅董事长就更换过四人，最近一次董事会成员几乎全部更换，仅保留一位原董事。公司的重大决策听命于个别核心人物，董事会对公司实际控制人未形成有效约束。由于一股独大和股权分置的股权结构，股东大会也无法对大股东和实际控制人肆意侵吞上市公司利益的行为形成制约。

材料二：在该集团，长期以来不少高层管理者把“公司的钱揣入自己腰包”，一些中层更是把公司用于奖励员工的奖金截留，业务人员则签署大量的虚假合同来骗取提成。

材料三：在公司快速发展的过程中，被鲜花和掌声陶醉的公司管理层听不进任何不同的意见。一位资深高层管理者曾委婉地对时任董事长身边人员的某些做法提出批评时，被该董事长当场驳回。此后，员工再也不敢也不愿向上层提意见，信息沟通系统几乎不存在。会计信息系统由管理层随意控制，高层管理者把“公司的钱揣入自己腰包”。在该公司，会计信息系统已经不再是一个管理和控制的工具，而是高层管理者的话筒，信息随其意愿而变。

要求：

（1）简述我国企业内部控制的五要素和常见的内部控制活动。

（2）简述材料一反映了该公司哪些方面的问题。

（3）简述材料二反映了该公司哪些方面的问题。

（4）简述材料三反映了该公司哪些方面的问题。

五、思考题

1. 什么是内部控制？为什么企业需要建立内部控制制度？

2. 谈谈你对企业内部控制基本原理的理解。

3. 内部控制制度最核心的思想是什么？

4. 内部控制的局限性是什么？造成其局限性的原因有哪些？

5. 当商店采购商品时，为什么具体部门不允许直接与供应商联系？

6. 谈谈你对财务“一支笔”与内部控制原则的理解。

7. 某公司业务部门经理与财务部门经理发生争执，因为业务部门经理发生的费用经总经理审批后，财务部门经理拒绝办理报销。业务部门经理说：“总经理都批了，你还啰唆什么？”财务部门经理说：“总经理批了算什么，要先经过财务部门！”

请根据内部控制原理发表你对此争议的看法。

第八章　参考答案

一、解释重要名词

（略）

二、选择题

1. ABCD　2. AC　3. ACD　4. D　5. BCD　6. ABCD　7. ABCD　8. ABCD
9. ABCD　10. C　11. D　12. ACD　13. D　14. ACD　15. ABD　16. C　17. ABC
18. ABCD　19. A　20. A　21. A　22. A　23. B　24. C　25. D　26. A　27. A
28. B　29. C　30. D　31. A　32. D　33. D　34. A　35. B　36. AC　37. ABCD
38. ABCD　39. ABC　40. ABC　41. ABC　42. ABC　43. ABCD

三、判断题

1. √　2. ×　3. √　4. √　5. ×　6. √　7. ×　8. ×　9. ×　10. ×　11.×　12.×
13. ×　14. √　15. √　16.×　17. √　18.√　19.√　20.√　21.×　22.×　23.√
24.√　25.√　26.×　27.×

四、案例分析题

1.

（1）内部控制的要素包括控制环境、风险评估、控制活动、信息与沟通和监控活动。控制环境是企业实施内部控制的基础，为其他要素提供规则和结构，一般包括治理结构、机构设置及权责分配、内部审计、人力资源政策、企业文化等；风险评估是企业及时识别、系统分析经营活动中与实现内部控制目标相关的风险，进行风险管理，合理确定风险应对策略的过程；控制活动是企业根据风险评估结果，采用相应的控制措施，将风险控制在可承受度之内，一般包括不相容职务分离控制、授权审批控制、会计系统控制、财务保护控制、预算控制、运营分析控制和绩效考评控制等；信息与沟通是企业及时准确地收集、传递与内部控制有关的信息，确保信息在企业内部之间、企业与外部之间进行有效沟通，保证及时报告并解决相关问题的过程；监控活动是企业对内部控制建立与实施情况进行监督检查，评价内部控制的有效性，发现内部控制缺陷并及时加以改进的过程。

（2）该案例体现了内部控制的信息与沟通要素。信息与沟通在这五个要素中处于一个承上启下、沟通内外的关键地位。控制环境与其他组成因素之间的相互作用需要通过信息与沟通这一桥梁才能发挥作用。风险评估、控制活动和监控活动的实施需要以信息与沟通结果为依据，它们的结果也需要通过信息与沟通渠道来反映。缺少了信息传递与内外沟通，内部控制的其他因素就可能无法保持紧密的联系，整合框架也就不再是一个有机的整体。

2.

第一，财产保护控制，该公司在办公大楼内安装了监视系统，并为相关办公室安装了门禁系统，只有少数几个人才有相应权利进入，这些措施属于财产保护控制。

第二，不相容职务分离控制，该控制要求企业全面系统分析、梳理业务流程中的不相容职务，防止具有欺骗性的活动发生或未被查出。该公司生产过程中需要采用一种名为“×××”的原材料，企业将该材料的保管和清点分别交由两个不同部门的员工负责，就是属于这种控制。

第三，会计系统控制，为该材料领用单编制了连续号码即属于此类控制。此类控制要求在会计系统中正确地记录交易，依靠会计记录能够追踪每项交易，核对计算。

3.

（1）不当之处：内部审计机构由公司财务总监直接管辖，并对总经理负责。总经理定期将内部审计机构的报告提交给公司董事会下设的审计委员会。

理由：内部审计的一个重要部分就是对财务信息的审计，财务会计部就是被审计部门之一，将内部审计部设置在财务会计部下，则很难保证内部审计的独立性。在这种设置方式下，内部审计机构只是开展部分日常性的审计工作，极大削弱了内部审计的功能和作用，使独立性严重受损，因此，这种设置方式是不可取的。为提高内部审计机构的独立性，便于其与经营管理层的沟通与监督评价，内部审计机构最好由董事会下设的审计委员会进行管理，审计委员会通过批准内部审计机构负责人的任免、工作日程、人员预备计划，审查和批注费用预算，以及和决策管理人员一起复查组织内部审计人员的业绩等方式，与决策管理部门共同承担管理内部审计部门的责任。

（2）不当之处：为避免资源的浪费，对已经取得大学本科以上学历的人员可不再进行培训。

理由：企业文化体现为人本管理理论的最高层次，是希望通过一种无形的文化力量形成一种行为准则、价值观念和道德规范，凝聚整个企业所有成员的归属感、积极性和创造性，不能将学历作为标准进行划分来决定是否进行文化教育。

（3）

A. 不当之处：公司应当采用定性的方法，按照风险发生的可能性及其影响程度等，对识别的风险进行分析和排序。

理由：在风险评估的方法中，不仅包括定性方法，还包括定量方法，企业应当采用定性和定量相结合的方法，按照风险发生的可能性及其影响程度等，对识别的风险进行分析和排序，确定应重点关注和优先控制的风险。

B. 不当之处：风险策略的选择从风险规避和风险承受两个角度出发，如果是可以承受的风险，就选择风险承受，如果无法接受的，就选择风险规避。

理由：风险应对的策略不仅有风险规避和风险承受，还包括风险降低和风险分担。在权衡了成本效益原则后，可以采用适当的控制措施降低风险或减轻损失，将风险控制在风险承受度之内，这是风险降低。企业可以借助他人的力量，采取业务分包、购买保险等方式和适当的控制措施，将风险控制在风险承受度之内，这是风险分担。

（4）

A. 不当之处：管理层负责重大缺陷的整改，接受董事会的监督。审计委员会负责重要缺陷的整改，接受董事会的监督。内部审计机构负责一般缺陷的整改，接受管理层的监督。

理由：董事会负责重大缺陷的整改，接受监事会的监督。管理层负责重要缺陷的整改，接受董事会的监督。内部有关单位负责一般缺陷的整改，接受管理层的监督。

B. 不当之处：公司预备借助中介机构或外部专家实施内部控制评价，安排为公司提供内部控制审计服务的会计师事务所每年实施一次内部控制制度评价工作，并于每年的5月15日提交内部控制评价报告。

理由：公司预备借助中介机构或外部专家实施内部控制评价时，参与企业内部控制评价的中介机构不得同时为同一企业提供内部控制审计服务。企业应当以12月31日作为年度内部控制评价报告的基准日，也可选择6月30日为基准日。内部控制评价报告应于基准日后4个月内报出。

4.

该公司存在以下问题。

控制环境：公司治理结构不规范（公司的14名董事会成员有7名与甲公司关系特殊，要么正在与甲公司进行交易，要么供职于甲公司支持的非营利机构。同时，正是这7名董事会成员组成了该公司的审计委员会）；缺乏积极向上的企业文化（高级管理层是企业文化的倡导者，自己不以身作则，疏于职守、虚报账目、误导投资人及牟取私利，包括董事长在内的许多董事会成员一方面鼓吹股价还将继续上升，一方面却在秘密抛售公司股票）；内部审计形同虚设，没有起到应有的作用；公司高管法律意识淡薄。

控制活动：重大决策，包括重大对外担保、大额资金划转等都是由公司个别管理人员以邮件形式授权或通过邮件发出划款指令，其他人员及内部审计部门无发言权，表明在这些方面缺乏必要的控制。

信息与沟通：有效的沟通应当在企业内部以全方位的方式进行，包括管理者与普通员工的沟通，也包括企业与外部各方的有效沟通。内部的审计人员在过去几年内，早已经对公司的财务状况提出了自己的看法，表示怀疑报表的真实性。也曾就此问题向其所在部门的领导进行反映，但并未得到任何答复，说明内部沟通出了问题。公司向外发布的财务报告严重失实，表明外部信息沟通也出现了严重的问题。

监控活动：甲公司内部审计部门的作用主要是为了应付银行和政府部门，是公司获取政府青睐和取得银行贷款的“道具”。内部审计部门形同虚设，没有发挥真正的监督作用。

5.

（1）控制活动是企业根据风险评估结果，采用相应的控制措施，将风险控制在可承受范围内。基本规范将控制活动或控制措施分为七个方面，即不相容职务分离控制、授权审批控制、会计系统控制、财产保护控制、预算控制、运营分析控制和绩效考评控制。同时规定企业应当建立重大风险预警机制和突发事件应急处理机制，明确风险预警标准，对可能发生的重大风险或突发事件，制定应急预案、明确责任人员、规范处置程序，确保突发事件得到及时妥善处理。

东山公司缺失以下控制活动。

A. 丁伟对石油衍生品交易产生了浓厚的兴趣，在公司上下不知情的情况下独自决策投资了此项高风险业务。由此可见，东山公司缺失授权审批控制。

B. 丁伟使用大额资金从事高风险投资业务，这项投资从未反映在东山公司的财务报表上，违反了相关会计准则规定。由此可见，东山公司缺失会计系统控制。

C. 丁伟在公司自恃以前业绩辉煌，独断专行，在没有经过母公司批准的情况下使用大额资金从事高风险投资业务。由此可见，东山公司缺失授权审批控制。

D. 由于对油价走势判断失误，又恰逢全球经济不景气，东山公司的石油衍生品交易产生了巨额亏损，被迫平仓，公司陷入资不抵债、破产重组的状态。由此可见，东山公司缺失运营分析控制机制，以及未建立重大风险预警机制和突发事件应急处理机制。

（2）组织架构设计与运行中需关注的主要风险包括以下几个方面。

A. 治理结构形同虚设，缺乏科学决策、良性运行机制和执行力，可能导致企业经营失败，难以实现发展战略。

B. 内部机构设计不科学，权责分配不合理，可能导致机构重叠、职能交叉或缺失，运行效率低下。

（3）组织结构设计中应建立的内部控制制度包括以下几个方面。

A. 企业应当根据国家有关法律法规的规定，明确董事会、监事会和经理层的职责权限、任职条件、议事规则和工作程序，确保决策、执行和监督相互分离，形成制衡。

B. 企业的重大决策、重大事项、重要人事任免及大额资金支付业务等，应当按照规定的权限和程序实行集体决策审批或联签制度，任何个人不得单独进行决策或擅自改变集体决策意见。

C. 企业应当按照科学、精简、高效、透明、制衡的原则，综合考虑企业性质、发展战略、文化理念和管理要求等因素，合理设置内部职能机构，明确各机构的职责权限，避免职能交叉、缺失或权责过于集中，形成各司其职、各负其责、相互制约、相互协调的工作机制。

D. 企业应当对各机构的职能进行科学合理的分解，确定具体岗位的名称、职责和工作要求等，明确各个岗位的权限和相互关系。企业在确定职权和岗位分工过程中，应当体现不相容职务相分离的要求。

E. 企业应当制定组织结构图、业务流程图、岗位说明书和权限指引等内部管理制度或相关文件，使员工了解和掌握组织架构设计及权责分配情况，正确履行职责。

6.

（1）企业风险管理组织体系包括：规范的公司法人治理结构、风险管理委员会、风险管理职能部门、审计委员会、企业其他职能部门及各业务单位、下属公司。

（2）建安公司管理层准备成立的风险管理委员会对董事会负责，履行以下职责：提交全面风险管理年度报告；审议风险管理策略和重大风险管理解决方案；审议重大决策、重大风险、重大事件和重要业务流程的判断标准或判断机制，以及重大决策的风险评估报告；审议内部审计部门提交的风险管理监督评价审计综合报告；审议风险管理组织机构设置及其职责方案；办理董事会授权的有关全面风险管理的其他事项。

7.

（1）我国企业内部控制的五要素包括：控制环境、风险评估、控制活动、信息与沟通、监控活动。常见内部控制活动包括：不相容职务相分离、授权审批控制、会计系统控制、预算控制、财产保护控制、运营分析控制、绩效考评控制。

（2）材料一表明该公司在公司治理方面存在严重问题。董事会和公司管理层的作用被误用，董事和高层管理者也没有尽到个人责任。

（3）材料二表明该公司的控制环境和控制活动出现了问题。该公司员工道德和价值观出现了严重问题，这属于控制环境的问题。公司没有及时发现问题并纠正，表明企业的控制活动不到位。

（4）材料三表明该公司的控制环境、信息与沟通出现了问题。高层管理者是企业文化的倡导者，自己不以身作则，道德缺失，可见该公司内部环境极其恶劣。大多数信息不能有效上传下达，表明信息出现了严重的传递不畅。

五、思考题

（略）

第九章

会计系统中的内部控制

一、解释重要名词

会计制度　现金管理　银行存款管理　存货控制　会计系统　一般控制　应用控制

二、选择题（包括单选和多选）

1. 现金管理的目标主要包括（　　）。
   A. 保证现金安全
   B. 保证现金完整
   C. 随时保证有足额现金供企业日常活动需要
   D. 符合国家相关政策的需要
2. 下列情形中，符合现金收支业务中相关职务必须分离的是（　　）。
   A. 由出纳人员兼任会计档案保管工作
   B. 由出纳人员保管签发支票所需全部印章
   C. 由出纳人员兼任收入总账和明细账的登记工作
   D. 由出纳人员负责现金和银行存款日记账的登记工作
3. 从现金的控制方式上看，现金稽核制度大体包括以下几种形式（　　）。
   A. 现金收支两条线制度　　B. 现金支付的备用金制度
   C. 现金的内部结算中心制度　　D. 现金控制的内部银行制度
   E. 现金控制的财务公司制度
4. 下列各项中不违反现金内部控制的是（　　）。
   A. 现金收入直接用于公司的支出
   B. 在办理费用报销的付款手续后，出纳人员应及时登记现金、银行存款日记账和相关费用明细账
   C. 负责成本核算的会计人员应每月核对一次银行存款账户
   D. 期末应当核对银行存款日记账余额和银行对账单余额。对余额核对相符的银行存款账户，无须编制银行存款余额调节表

5. 现金控制要求做到（　　）。
A. 实行现金库存限额管理　　B. 明确现金开支范围
C. 严禁现金坐支　　D. 现金定期盘点
6. 银行存款控制要求做到（　　）。
A. 银行存款收付业务的相关人员职责分离
B. 严格支票管理
C. 现金收入及时存入银行
D. 定期将企业银行存款日记账与银行送来的企业银行存款对账单进行核对
7. （　　）根据银行存款收付记账凭证登记银行存款日记账。
A. 出纳人员　　B. 记账人员
C. 会计人员　　D. 稽核人员
8. 出纳人员与相关会计人员在（　　）的监督下，核对银行存款日记账与总账的发生额、余额是否一致。
A. 会计主管　　B. 记账人员
C. 出纳人员　　D. 稽核人员
9. 下列有关现金控制的说法正确的是（　　）。
A. 会计凭证的复核由稽核人员或其他非记账人员负责
B. 会计人员根据现金收付记账凭证登记现金日记账
C. 出纳人员每日清点库存现金实有数，并与现金日记账相互核对
D. 原始凭证的审核由会计主管或其指定人员负责
10. 在银行存款的控制环节中，既是业务流程中的关键控制点，又是银行存款内部控制的重点环节的是（　　）。
A. 审核、结算　　B. 复核、记账
C. 记账、对账　　D. 审批、对账
11. 下列关于存货的盘点与处置控制说法正确的是（　　）。
A. 存货的盘盈、盘亏应当及时编制盘点表
B. 仓储部门应通过盘点、清查、检查等方式全面掌握存货的状况
C. 企业应当制订详细的盘点计划，合理安排人员、有序摆放存货
D. 企业选择的存货盘点制度应明确盘点范围、方法、人员、频率和时间
12. 存货控制的目标主要包括（　　）。
A. 保证存货的账存数和实存数相符
B. 保证有足额的存货
C. 存货的计价正确合理，以确保列入损益表的成本恰当
D. 合理经济地购入材料（商品）及制造商品
13. 存货业务的不相容岗位至少包括（　　）。
A. 请购与审批　　B. 采购与验收、付款
C. 保管与相关会计记录　　D. 发出的申请与审批
E. 处置的申请与审批

14. 下列关于存货计价方法说法正确的是（　　）。
  A. 存货计价方法一经选定，就不得更改
  B. 企业应根据经济环境选择恰当的存货计价方法
  C. 如确实需要改变计价方法，应在附注中说明原因及对当期财务状况的影响
  D. 要对存货计价方法进行严格管理，否则易导致利用存货计价方法进行利润操纵
15. 在现金控制环节中，（　　）是最为关键的环节，是现金业务流程中的关键控制点。
  A. 审批、核对与清点　　B. 审核、复核与盘点
  C. 审批、复核与核对　　D. 审核、清点与盘点
16. 下列各项中，违背有关货币资金内部控制要求的有（　　）。
  A. 采购人员超过授权限额采购原材料
  B. 未经授权的机构或人员直接接触企业资金
  C. 出纳人员长期保管办理付款业务所使用的全部印章
  D. 出纳人员兼任会计档案保管工作和债权债务登记工作
  E. 主管财务的副总经理授权财务部经理办理资金支付业务
17. 存货的采购业务流程主要包括（　　）。
  A. 请购　　B. 审批
  C. 购买　　D. 验收
  E. 付款
18. 下列各项中属于一般控制的是（　　）。
  A. 系统软件控制　　B. 数据中心操作控制
  C. 入口安全控制　　D. 应用系统开发和维护控制
19. 下列关于一般控制与应用控制的关系，说法正确的是（　　）。
  A. 应用控制依赖于一般控制
  B. 一般控制以应用控制为前提
  C. 一般控制用于支持应用控制的功能
  D. 二者相互关联，都用于保证信息处理过程的完整性和准确性
20. 信息系统内部控制的目标是（　　）。
  A. 增强信息系统的安全性、可靠性和合理性
  B. 为建立有效的信息与沟通机制提供支持保障
  C. 促进企业有效实施内部控制
  D. 确保相关信息的保密性、完整性和可用性
  E. 提高企业现代化管理水平，减少人为操纵因素
21. 信息系统的日常运行维护的目标是（　　）。
  A. 保障信息系统安全
  B. 防止信息系统停止运行
  C. 保证系统正常、合规、有效运行
  D. 硬件的升级扩容、软件的修改与升级

22. 制订信息系统战略规划的主要风险有（　　）。
  A. 缺乏战略规划或规划不合理，可能造成信息孤岛或重复建设，导致企业经营管理效率低下
  B. 需求本身不合理，对信息系统提出的功能、性能、安全性等方面的要求不符合业务处理和控制的需要
  C. 没有将信息化与企业业务需求结合，信息技术无法有效满足业务需求，降低了信息系统的应用价值
  D. 技术上不可行、经济上成本效益倒挂，或与国家有关法规制度存在冲突
  E. 需求文档表述不准确、不完整，未能真实全面地表达企业需求，存在表述缺失、表述不一致甚至表述错误等问题
23. 对于信息系统运行与维护阶段的不相容职务，下列说法正确的是（　　）。
  A. 对于发生岗位变化或离岗的用户，用户部门应当及时通知系统管理人员调整其在系统中的访问权限或关闭账号
  B. 对于超级用户，企业应当严格规定其使用条件和操作程序，并对其在系统中的操作全程进行监控或审计
  C. 企业应建立用户管理制度，加强对重要业务系统的访问权限管理，避免将不相容职责授予同一用户
  D. 企业应当定期对系统中的账号进行审阅，避免存在授权不当或非授权账号
  E. 企业应当采用密码控制等技术手段进行用户身份识别。对于重要的业务系统，应当采用数字证书、生物识别等可靠性强的技术手段识别用户身份
24. 企业应设立独立的会计机构，会计机构或会计人员不得兼管财物、实际收支和保管工作。在工作中，执行钱、物、账分管的原则。以上做法体现了在进行会计制度设计时，需要关注（　　）。
  A. 会计人员及机构是否独立
  B. 制定严格、详细的业务处理程序
  C. 配备适当会计工作人员，并对每个会计工作人员的职责做出明确规定
  D. 从事会计工作的人员，必须取得专业资格证书
25. 企业应对账簿、凭证的设计、凭证账簿的填制、凭证的传递、凭证账簿的保管等做出严格、详细、科学的规定，以确保业务处理的正确和及时，保证会计资料的真实完整，以避免非法篡改会计资料等现象。以上做法体现了在进行会计制度设计时，需要关注（　　）。
  A. 会计人员及机构是否独立
  B. 制定严格、详细的业务处理程序
  C. 配备适当会计工作人员，并对每个会计工作人员的职责做出明确规定
  D. 从事会计工作的人员，必须取得专业资格证书
26. 在进行会计制度设计时，需注意的是，配备适当会计工作人员，并对每个会计人员的职责做出明确规定。具体规定包括（　　）。
  A. 会计机构负责人应当具备会计师以上专业技术职务资格
  B. 大中型企业应当设置总会计师
  C. 设置总会计师的企业，不得设置与其职权重叠的副职
  D. 企业应当设立单独的会计机构

27. （　　）是现金管理的首要目标。
   A. 保证现金的安全、完整
   B. 不相容职务相分离
   C. 现金收付合法合规
   D. 建立灵活的稽核制度
28. 在现金管理的措施中，“管钱不管账，管账不管钱”体现了（　　）措施。
   A. 现金收支业务中相关职务必须分离
   B. 现金收付必须严格遵守国家相关规定
   C. 建立灵活的稽核制度
   D. 严格支票管理
29. 在现金管理的措施中，现金收付必须严格遵守国家相关规定，具体措施包括（　　）。
   A. 超过限额的现金必须及时全部送交银行，出纳不得坐支
   B. 现金的使用范围必须符合国家的规定
   C. 现金的收付必须严格按照会计制度及时、正确地填制有关凭证
   D. 不相容岗位相分离
30. 在现金管理的措施中，要求建立灵活的稽核制度，具体措施包括（　　）。
   A. 库存现金应做到日清、日结、日对
   B. 出纳通过现金日记簿每天结账，同时查清现金
   C. 会计部门或内部审计部门应随时派出纳以外的其他人员抽查盘点现金
   D. 严格的支票管理
31. 银行存款管理措施的基本要求包括（　　）。
   A. 银行存款收付业务的相关人员职责分离
   B. 严格支票管理
   C. 定期将企业银行存款日记账与银行送来的企业银行存款对账单核对相符
   D. 现金收支业务中相关职务必须分离
32. 存货控制的目标包括（　　）。
   A. 保证存货的账存数和实存数相符
   B. 存货的计价正确合理，以确保列入损益表的成本恰当
   C. 合理经济地购入材料及制造商品
   D. 建立存货盘存控制制度
33. 由于市场价格不断波动，以及因通货膨胀（紧缩）的影响，采用不同的计价方法会导致不同的财务结果。为较真实地反映企业的财务状况，应根据经济环境的变化选择恰当的存货计价方式。以上体现了存货控制目标中的（　　）。
   A. 保证存货的账存数和实存数相符
   B. 存货的计价正确合理，以确保列入损益表的成本恰当
   C. 合理经济地购入材料及制造商品
   D. 建立存货盘存控制制度

34. 存货控制方法中，要求存货业务中相关职务分离，具体包括（　　）。
 A. 采购部门人员与验收人员相分离
 B. 采购部门人员与保管人员相分离
 C. 产成品验收部门同产品制造部门分离
 D. 保管人员同会计记录人员分离
35. 在一般控制中，信息化会计系统开发的控制包括（　　）。
 A. 在需求分析阶段，用户的需求分析报告要经由专家审核，以保证及时发现、修正错误
 B. 在系统的每个设计阶段，都应有企业代表参加，保证企业与开发单位的沟通
 C. 在验收阶段，需要组织独立于开发单位的专业机构对开发完成的信息系统进行检查验收
 D. 对开发阶段的文档资料要妥善保管，任何人想要接触这些资料都必须经过授权
36. 系统安全控制的主要措施包括（　　）。
 A. 硬件设备的管理与维护控制
 B. 系统的接触控制
 C. 系统后备控制
 D. 灾难补救计划
37. 输出控制的目标包括（　　）。
 A. 敏感信息的保密控制，应保证敏感信息不被非授权用户获取
 B. 输出信息在内容上要保证正确和完整，在形式上要保证规范，满足企业的需求
 C. 保证信息输出后的传递过程中不被篡改
 D. 使信息化会计系统所接收的数据均经过严格审核
38. 下列各项关于企业存货管理内部控制措施的表述中，错误的有（　　）。
 A. 存货管理人员应该经常抽时间对存货进行全面盘点清查
 B. 企业仓储部门应当详细记录存货入库、出库及库存情况，并定期和财会部门、存货管理部门进行核对
 C. 对代管、代销、暂存、受托加工的存货应该单独存放，其记录和会计核算可以和本单位存货合并处理
 D. 除仓储人员外，企业内部其他人员接触存货，应当经过相关部门特别授权
39. 下列说法中，符合资产管理内部控制要求的是（　　）。
 A. 大批存货、贵重商品或危险品的发出应当实行特别授权
 B. 对应投保的固定资产项目按规定程序进行审批，及时办理投保手续
 C. 企业将固定资产用作抵押的，应由相关部门提出申请，经企业授权部门或人员批准后，由资产管理部门办理抵押手续
 D. 企业应当建立固定资产清查制度，至少每年进行全面清查
40. 某贸易公司的应收票据管理存在缺陷。下列选项中可以完善应收票据的内部控制措施有（　　）。
 A. 审查背书审批手续
 B. 指定专人登记保管应收票据
 C. 复核并调查所有与发票不配比的销售凭证
 D. 定期对应收票据进行清查盘点

41. 为了建立针对信息系统的内部控制，企业应该采取的措施有（　　）。
 A. 避免将不相容职责的处理权限授予同一用户
 B. 操作人员不得擅自进行系统软件的删除、修改等操作
 C. 禁止不相容职务用户账号的交叉操作
 D. 企业信息系统归口管理部门应当加强信息系统开发全过程的跟踪管理，组织开发单位与内部各单位的日常沟通和协调
42. 企业应加强信息系统运行与维护的管理。信息系统操作人员不得擅自（　　）。
 A. 进行系统软件的删除、修改等操作
 B. 升级系统软件版本
 C. 改变软件系统环境配置
 D. 改变系统软件版本
43. 下列与现金业务有关的职责不违背“不相容职责”的是（　　）。
 A. 现金支付的审批与执行
 B. 现金保管与现金日记账的记录
 C. 现金的会计记录与审计监督
 D. 现金保管与现金总分类账的记录
44. 下列各项中，不违背不相容职责的是（　　）。
 A. 出纳与编制银行存款余额调节表
 B. 接受订单与批准赊销
 C. 现金出纳与登记现金日记账
 D. 现金出纳与编制记账凭证
45. 在资金支付流程中，正确的流程是（　　）。
 A. 支付申请→支付审批→办理支付
 B. 支付申请→支付审批→支付复核→办理支付
 C. 支付申请→支付复核→办理支付
 D. 支付发生→支付审批→支付复核→办理支付
46. 在一个设计适当的内部控制结构中，可以由同一人负责的是（　　）。
 A. 接受和保管支票，并批准注销客户应收账款
 B. 审核付款凭证，同时签发支票
 C. 保管现金，编制银行存款余额调节表
 D. 签发支票，同时保管原始凭证
47. 企业应重视存货验收工作，具体包括（　　）。
 A. 外购存货的验收，应当重点关注合同、发票等原始单据与存货的数量、质量、规格等核对一致
 B. 自制存货的验收，应当重点关注产品质量，通过检验合格的半成品、产成品才能办理入库手续，不合格品及时查明原因、落实责任、报告处理
 C. 其他方式取得的验收，应当重点关注存货来源、质量状况、实际价值是否符合有关合同或协议的约定
 D. 应当按仓储物资所要求的储存条件储存，并健全防火、防洪、防盗、防潮、防病虫害和防变质等管理规范

48. 企业应当建立存货保管制度，定期对存货进行检查，重点关注以下事项（　　）。

A. 存货在不同仓库之间流动时应当办理出入库手续

B. 应当按仓储物资所要求的储存条件储存，并健全防火、防洪、防盗、防潮、防病虫害和防变质等管理规范

C. 加强生产现场的材料、周转材料、半成品等物资的管理，防止浪费、被盗和流失

D. 对代管、代销、暂存、受托加工的存货，应单独存放和记录，避免与本单位存货混淆

三、判断题

1. 在会计工作中，要执行钱、物、账分管的原则。（　　）

2. 现金管理的首要目标是保证现金的安全和完整。（　　）

3. 出纳应该随时抽查盘点现金，检查现金是否账实相符。（　　）

4. 银行账户的建立必须经过董事会或类似机构的批准。（　　）

5. 内部控制制度成功与否的决定性因素是如何在效率与安全之间进行有效的协调。（　　）

6. 对存货的会计记录一般不采用永续盘存制。（　　）

7. 对验收过程中发现的异常情况，负责验收的部门或人员应当立即检查原因，并及时进行处理。（　　）

8. 出纳人员可以同时从事银行对账单的获取、银行存款余额调节表的编制等工作。（　　）

9. 应用控制是把信息化会计系统看作一个整体来分析控制问题。（　　）

10. 在信息化会计系统的每个设计阶段，都应有企业代表参加，保证企业与开发单位的沟通。（　　）

11. 应用控制常见的措施主要有输入控制、处理控制、输出控制。（　　）

12. 在输出控制环节，应防止处理或更新错误文件。（　　）

13. 可以通过设置用户功能权限、使用数据勾稽关系校验来实现输入控制的目标。（　　）

14. 在计算机处理业务过程中，最容易出错和作弊的环节是数据输入，因此必须加强输入控制。（　　）

15. 企业代管、代销、暂存、受托加工的存货，不应纳入本企业的存货管理。（　　）

16. 在信息系统开发过程中，每个阶段都是相互独立的，所以可以忽略其顺序，先完成相对简单的任务。（　　）

17. 银行存款的管理是否有效，是企业经营成败的唯一决定性因素。（　　）

18. 在支票管理中，要求所有空白支票必须连续编号，并妥善保管，支票存根要按要求妥善保管，任何有文字或数字更改的支票应予以作废，并且同其他支票存根一起，按顺序编号保留。（　　）

19. 已签发的支票，应于当日及时入账，有特殊情况者除外。（　　）

20. 如发现企业银行存款日记账与银行送来的银行存款对账单不符，应首先视为银

行的错误，并及时通知银行进行调整。（　）

21. 为避免永续盘存制存在的弊病，一般在年中通过实地盘点来校对账存数与实存数的差异及存货的质量差异，以确保企业存货的安全和财务报告的真实性。（　）

22. 存货的计价方法一旦选定，禁止更改，否则容易导致利用存货计价方法进行利润操纵的现象发生。（　）

23. 应用控制，是指对企业信息化会计系统开发、运行和维护等方面的控制，它把信息化会计系统看作一个整体来分析控制问题。（　）

24. 一般控制，是为适应信息化会计系统的特殊控制要求，保证数据处理完整、准确而建立的具体内部控制。（　）

25. 处理控制目标在于提供合理的保证，使信息化会计系统所接受的数据均经过严格审核与校验，完整、准确地输入并转化为机器能接收的形态，同时，所有的数据都没有被遗漏、添加、篡改或被进行其他不当操作。（　）

26. 输入控制的目的是保证计算机数据处理活动的可信性，防止有些数据输入没有被处理或重复处理，防止处理或更新错误文件。（　）

27. 企业应当明确存货发出和领用的审批权限，大批存货、贵重商品或危险品的发出应当实行特别授权。（　）

28. 企业仓储部门应当详细记录存货入库、出库及库存情况，做到存货记录与实际库存相符，并定期与财会部门、存货管理部门进行核对。（　）

29. 企业应当建立存货盘点清查制度，并且至少应当于每年年度终了开展全面盘点清查，盘点清查结果应当形成书面报告。（　）

30. 在销售业务中，销售部门负责应收款项的催收，催收记录应妥善保存。（　）

31. 在销售业务中，财会部门负责办理资金结算并监督款项回收。（　）

四、练习题

某新成立的公司招聘了三名会计人员，负责完成以下十项工作。

（1）登记现金日记账。

（2）登记银行存款日记账。

（3）登记应付账款明细账。

（4）登记库存商品明细账。

（5）登记应收账款明细账。

（6）处理并送存所收入的现金。

（7）开具退货拒付通知书。

（8）调节银行对账单。

（9）登记总账，处理账务管理日常工作。

（10）编制会计报表。

要求：将上述十项工作分配给三名会计人员，使会计工作起到较好的内控作用，并使三个人的工作量基本相等。

五、案例分析题

1. 某大型企业为加强内部控制建设，聘请一家会计师事务所对其内部控制设计与运行的有效性进行检查与评价。在检查中发现的有关货币资金控制的问题如下。

（1）为了保证库存现金账面余额与实际库存相符，每月末定期进行现金盘点，发现不符，及时查明原因，做出处理。

（2）对于银行预留印鉴的管理：财务专用章由财务主管保管，个人名章由法定代表人管理，法定代表人不在期间，由财务主管代为保管。

（3）为加强货币支付管理，货币资金支付审批实行分级管理办法：单笔付款金额在10万元以下的，由财务部经理审批；单笔付款金额在10万元以上、50万元以下的，由财务总监审批；单笔付款金额在50万元以上的，由总经理审批。

（4）财务部门主管人员为本公司法定代表人的同学，出纳人员为财务主管的女儿。

要求：从内部控制角度，分析、判断并指出以上内部控制中存在哪些薄弱环节，并说明理由。

2. 某企业仓库保管员负责登记存货明细账，以便对仓库中的所有存货项目的验收、发出、存储进行永续记录。如果仓库保管员有时间，偶尔也会对存货进行实地盘点。平时，各车间或其他部门如果需要领取原材料，都可以填写领料单，仓库保管员根据领料单发出原材料。当收到验收部门送交的存货和验收单后，保管员根据验收单登记领料单。公司辅助材料的用量很少，因此领取辅助材料时，没有要求使用领料单，各车间经常有辅助材料剩余，这些材料由车间自行保管，无须通知仓库。

根据上述材料，请回答以下问题。

（1）你认为该企业的存货内部控制存在哪些缺陷，这些缺陷可能导致哪些弊端？

（2）针对该企业存货内部控制的缺陷，提出改进建议。

3. 某银行进行信用卡客户信息管理的信息系统开发设计，考虑到成本效益问题，该银行采用业务外包的方式进行开发。在开发过程中，银行派信用卡管理部门的工作人员小陈同外包商一起进行该项工作，为外包商提供关于银行需求的详细信息，同时也参与信息系统开发的程序设计工作。信息系统开发完成后，交由银行进行系统的初始化录入工作。由于小陈参与了系统开发，对该系统比较了解，银行决定仍由他主持参与该系统的初始化工作。在录入过程中，小陈利用自己对系统程序的掌握，在信用卡透支限额扫描、超额锁卡等信息录入中，篡改了程序，使系统扫描跳过了对自己信用卡的检测，使自己的信用卡不会因透支限额而停止使用。但是一年多以后，由于一次偶发的停电事故，银行不得不对信用卡透支额度做人工扫描，这时才发现小陈的信用卡已存在巨额透支，并且仍可以正常使用，而系统却从未检测到。经过有关部门的调查取证，最终对小陈进行了相应处罚，银行也修复了信用卡信息系统。

要求：根据上述材料，分析该银行在信息系统开发、维护等阶段存在何种风险，以及应该如何应对。

4. 秦川公司是一家研发、制造和销售手机设备的上市公司。由于没有掌握核心技术，秦川公司只能从外部购买手机芯片。经测算，手机芯片占秦川公司手机生产成本的40%。秦川公司仓库管理制度规定，仓库保管人员同时负责登记手机芯片、手机成品等存货明细账，以便对仓库中的所有存货项目的验收、发、存进行永续记录。当收到验收部门交送的存货和验收单据后，仓库保管员根据验收单登记存货明细账。仓库保管员根据车间材料员填写的领料单和销售人员填写的销货单发出手机芯片和手机成品。仓库保管员在空闲时间对存货进行必要的实地盘点。

要求：简要分析秦川公司在存货管理环节存在的内部控制弱点，并提出改进建议。

5. 甲公司是一家物业管理服务企业。为了加强风险管理与内部控制，甲公司制定了较为详细的规范业务流程的工作程序。以下是甲公司现金出纳的主要工作程序。

（1）出纳人员办理收款业务时先把收到的现金清点入库，再给交款人开具收据，交款人签字、收款人签字、加盖财务专用章等收据要素要齐全。

（2）出纳人员每天必须根据交款人已签字的收据汇总金额盘点现金，做到账实相符。

（3）出纳人员每天中午前将核对无误的现金存入银行。当天下午收到的现金在下午18：00后进行清点，然后把现金放进保险库。

（4）出纳人员对当天经手的银行存款及现金交易在每天下午18：00后使用会计软件填制凭证，并打印相关凭证记录，核实其相关交易内容。可打印凭证记录均预先连续编号。

（5）月度终了，出纳人员及时收集银行对账单，及时核对银行对账单余额与会计记录中的余额，编制银行存款余额调节表，调节表交财务经理审核签字确认。

要求：

（1）指出甲公司上述工作程序中涉及的三项控制活动，并简要说明其所属类别。

（2）针对甲公司上述第③项和第④项工作程序，指出可以强化内部控制的改进措施。

6. 大华股份有限公司（以下简称大华公司）非常重视企业内部控制建设，冬日会计师事务所已接受委托对大华公司2018年度的内部控制进行审计。按照注册会计师执业准则的要求，冬日会计师事务所必须对大华公司的内部控制进行了解、测试和评价后才能出具内部控制审计报告。以下是注册会计师通过检查大华公司内部管理制度汇编、员工手册、组织结构图、业务流程图、岗位描述和权限指引等内部资料并结合询问、观察、穿行测试收集的部分内部控制资料。

注册会计师在考察中发现，公司对出纳工作岗位特别规定如下。

（1）出纳员可实行强制休假制度，休假期间应办理好交接手续，相关工作由记账会计兼任。

（2）出纳员对于库存现金要做到“日清月结”，对于“白条抵库”情形应定期向内部审计部门报告。

（3）出纳员至少每月编制一次银行存款余额调节表，对于非正常的未达账项应及时向内部审计部门报告。

（4）出纳员对于个人名章应妥善保管，最好交给财务负责人保管。

（5）为了便于管理和协调，出纳员应由财务处长的直系亲属担任。

要求：从企业内部控制理论和方法角度分析上述材料中内部控制措施是否正确。

六、思考题

1. 为什么企业对涉及现金的业务控制得尤其严格？
2. 银行存款的管理措施有哪些？
3. 企业现金的内部控制与银行存款的内部控制侧重点有什么不同？

4. 你能说出在存货控制的方法中哪一条或哪几条体现了内部控制中不相容职务相分离这一原则吗？

5. 谈谈存货计价方法选择将如何影响存货控制。

6. 会计系统中的输入控制和输出控制有何异同？

第九章 参考答案

一、解释重要名词

（略）

二、选择题

1. ABCD 2. D 3. ABCDE 4. C 5. ABCD 6. ABD 7. A 8. AD 9. ACD 10. D 11. ABCD 12. ACD 13. ABCDE 14. BCD 15. A 16. BCDE 17. ABCDE 18. ABCD 19. ACD 20. ABCDE 21. C 22. AC 23. ABCDE 24. A 25. B 26. ABC 27. A 28. A 29. ABC 30. ABC 31. ABC 32. ABC 33. B 34. ABCD 35. ABCD 36. ABCD 37. ABC 38. ACD 39. ABCD 40. ABD 41. ABCD 42. ABCD 43. B 44. C 45. B 46. D 47. ABC 48. ABCD

三、判断题

1. √ 2. √ 3. × 4. √ 5. √ 6. × 7. × 8. × 9. × 10. √ 11. √ 12. × 13. × 14. √ 15. × 16. × 17. × 18. √ 19. × 20. × 21. × 22. × 23. × 24. × 25. × 26. × 27. √ 28. √ 29. √ 30. √ 31. √

四、练习题

分配给第一个会计人员的工作是（9）、（10）。

分配给第二个会计人员的工作是（1）、（2）、（6）、（8）。

分配给第三个会计人员的工作是（3）、（4）、（5）、（7）。

五、案例分析题

1.

（1）“为了保证库存现金账面余额与实际库存相符，每月末定期进行现金盘点”不恰当，库存现金应当进行突击式盘点，所以单位应当定期和不定期地进行现金盘点。

（2）“法定代表人不在期间，由财务主管代为保管”不恰当，严禁一人保管支付款项所需的全部印章。

（3）“单笔付款金额在50万元以上的，由总经理审批”不恰当，根据规定，单位对于重要的货币资金支付业务，应当实行集体决策和审批制度。

（4）“出纳人员为财务主管的女儿”不恰当，会计机构负责人的直系亲属不得担任本单位出纳人员。

2.

（1）存在的缺陷和可能导致以下弊端。

A. 存货的保管和记账职责未分离，可能导致存货保管人员监守自盗，并通过篡改存货明细账来掩饰舞弊行为，以致存货可能被高估。

B. 未实行定期盘点制度，可能导致存货出现账实不符现象，且不能被及时发现，以及计价不准确。

C. 领取原材料未进行审批控制，可能导致原材料的领用失控，造成原材料的浪费或被贪污，以及生产成本的虚增。

D. 仓库保管员收到存货时不填入库通知单，而是以验收单作为记账依据，可能导致一旦存货数量或质量上发生问题，无法明确是验收部门还是仓库保管人员的责任。

E. 领取辅助材料时未使用领料单进行审批控制，对剩余的辅助材料缺乏控制，可能导致辅助材料的领用失控，造成辅助材料的浪费或被贪污，以及生产成本的虚增。

（2）以下为对存货内部控制的改进建议。

A. 建立永续盘存制，仓库保管人员设置存货台账，按存货的名称分别登记存货收、发、存的数量；财务部门设置存货明细账，按存货的名称分别登记存货收、发、存的数量、单价和金额。

B. 实行存货的定期盘点。

C. 对原材料和辅助材料等各种存货的领用实行审批控制，即各车间根据生产计划编制领料单，经授权人员批准签字，仓库保管员经检查手续齐备后，办理领用。

D. 仓库保管员在收到验收部门送交的存货和验收单后，根据入库情况填制入库通知单，并据以登记存货实物收、发、存台账。入库通知单应事先连续编号，并由交接各方签字后留存。

E. 对剩余的辅助材料实施假退库控制。

3.

材料中该银行存在的风险主要是在以下信息系统的安全与维护方面。

（1）业务部门信息安全意识薄弱，对系统和信息安全缺乏有效的监管手段，而且没有做到不相容职务必须分离。本案例中，小陈同时参与了信息系统的开发与操作，在此情况下，加之缺乏监督机制，给案例中的行为提供了机会。

（2）系统使用后没有做到定期维护、检测系统，没有确认系统是不是适合企业、有没有漏洞等，使小陈的行为持续了一年多才被发现。

应采取如下应对措施。

（1）应当建立信息系统开发、运行与维护等环节的岗位责任制和不相容职务分离制度，防范利用计算机进行舞弊和犯罪。一般而言，系统开发建设人员，系统管理、维护人员，系统操作使用人员这三种人员处于不相容的岗位，他们的职务必须分离，如开发人员在运行阶段不能操作使用信息系统，否则就可能发生本案例中小陈利用自己对程序设计的掌握，篡改程序，为自己牟利的现象。而且信息系统使用人员也要区分不同岗位，包括业务数据录入、数据检查、业务批准等，在他们之间也应有必要的相互牵制。

（2）应定期对信息系统进行检测、维护，确保系统安全、没有漏洞，使系统能更高效地发挥作用。

4.

秦川公司在存货管理环节存在以下内部控制缺陷。

（1）保管员负责登记芯片、手机成品等存货明细账属于内部控制缺陷。存货的保管和记账职责未进行分离，存货的保管和记账属于不相容职务，应该由不同的人来担任保管和记账职责。

（2）仓库保管员收到和领用存货环节存在内部控制缺陷。仓库保管员收到存货时没有办理入库手续，而且领取原材料未进行审批控制。存货入库应办理入库手续，同时领用原材料应该有审批制度。

（3）秦川公司的存货盘点存在内部控制缺陷。仓库保管员在空闲时间对存货进行实地盘点的做法错误。公司应当建立存货定期盘点制度，至少每年年末开展盘点清算，结果应当形成书面报告。

5.

（1）有关控制活动及其所属类别。

A. 会计系统控制，会计系统的可打印凭证记录均预设连续编号。

B. 财产保护控制，每天进行现金盘点及使用保险库保管现金。

C. 授权审批控制，银行存款余额调节表交审核人员核对签字。

（2）对于第③项，出纳人员进行现金盘点时，应在另一人员监督下进行，并签字确认盘点记录。此外，应由另一位人员负责把现金放进保险库，以防止舞弊。对于第④项，公司应实行不相容职务分离控制。例如，企业中负责收付现金的出纳员和记录交易的会计人员应分别由不同人员担任。所以，应委托出纳人员以外的人员担任记录交易的工作。

6.

（1）错误，出纳岗位是敏感和重要的工作岗位，应实行强制休假并定期轮换，但是大华公司出纳员休假时出纳岗位的工作交由记账会计兼任不恰当，这其实是由一个人同时担任出纳和记账会计这两个不相容的工作，不相容岗位应相分离。

（2）错误，“白条抵库”本身是违反现金管理规范的行为。

（3）错误，取得并编制银行存款余额调节表与出纳岗位是不相容的岗位，这两项业务不能由一个人来担任。

（4）错误，出纳员的个人名章应由本人保管，不适合交给财务负责人保管，因为财务负责人可能管理财务专用章。货币资金的内部控制严禁一人保管支付款项所需的全部印章。

（5）错误，从内部控制设计的角度来看，财务负责人的直系亲属不能担任出纳岗位，因为财务负责审批付款，出纳负责具体办理付款，审批付款和办理付款是两个不相容的岗位，不能由两个有直接利害关系的人员担任。

六、思考题

（略）

第十章

财产清查

一、解释重要名词

财产清查　全面清查　局部清查　定期清查　不定期清查　实地盘点法　核对法　未达账项　查询法　技术推算法

二、选择题（包括单选和多选）

1. 财产清查的正确分类方法有（　　）。
   A. 全面和局部清查　　B. 定期和局部清查
   C. 定期和不定期清查　　D. 全面和定期清查
2. 全面清查适用于以下几种情况（　　）。
   A. 企业按规定进行资产评估
   B. 企业撤销、合并或改变隶属关系
   C. 年终决算之前，为确保年报的真实性
   D. 主要行政领导人调离现任工作岗位
3. 不定期清查主要在下列特殊情况下进行（　　）。
   A. 年终决算时
   B. 变更财产物资和现金保管人员时
   C. 发生非常灾害造成财产物资受损时
   D. 有关部门对企业进行审计时
4. 年终决算前，企业进行财产清查的情形是（　　）。
   A. 对企业所有财产进行全面清查
   B. 对企业一部分财产进行局部清查
   C. 对企业所有财产进行技术推算盘点
   D. 对企业流动性较大的财产进行全面清查
5. 企业进行现金清查时，如发现现金短缺，分情况处理可记入（　　）科目。
   A. 营业外支出　　B. 管理费用
   C. 其他应收款　　D. 销售费用

6. 对于实物资产的清查，可采用的清查方法有（　　）。
   A. 实地盘点法　　B. 发函询证法
   C. 技术推算法　　D. 对账单核对法
7. 对于大量成堆难以逐一清点的财产物资的清查，一般采用（　　）方法进行清查。
   A. 实地盘点　　B. 抽样检验
   C. 询证核对　　D. 技术推算盘点
8. 下列各项中，构成账实核对主要内容的有（　　）。
   A. 现金日记账与现金实存数的核对
   B. 材料明细账与材料实存数的核对
   C. 银行存款日记账与银行对账单的核对
   D. 应收账款明细账与债务单位对账单的核对
   E. 固定资产明细账与固定资产实存数的核对
9. 各种应收、应付账项的清查，包括下列（　　）的核查。
   A. 尚未报销的职工预借款项
   B. 对本企业职工的各种代垫、代付账项
   C. 本企业与内部各部门之间的应收、应付结算账项
   D. 本企业与外部其他企业单位的应收、应付结算账项
10. 根据管理上的需要，现金要（　　）。
   A. 每日盘点一次　　B. 进行轮流清查或重点清查
   C. 至少每月盘点一次　　D. 每月与银行核对一至两次
11. 对银行存款进行清查时，需核对的账目是（　　）。
   A. 银行存款日记账与总账
   B. 银行存款日记账与银行对账单
   C. 银行存款总账与银行存款收付款凭证
   D. 银行存款日记账与银行存款收付款凭证
12. 在记账无误的情况下，银行对账单与银行存款日记账账面余额不一致的原因是（　　）。
   A. 未达账项　　B. 应收账款
   C. 应付账款　　D. 暂收和暂付款
13. 下列各项中，构成未达账项的有（　　）。
   A. 企业已经入账，银行尚未入账的收入事项
   B. 银行已经入账，企业尚未入账的收入事项
   C. 企业已经入账，银行尚未入账的付出事项
   D. 银行已经入账，企业尚未入账的付出事项
14. 经过“银行存款余额调节表”调整后的银行存款余额为（　　）。
   A. 企业账上的银行存款余额
   B. 银行账上的银行存款余额
   C. 企业可动用的银行存款余额
   D. 企业应当在会计报表中反映的银行存款余额

15. 下列各项中，可以作为财产清查原始凭证的有（　　）。
A. 实存账存对比表　　B. 现金盘点报告表
C. 未达账项登记表　　D. 结算款项核对登记表

16. 某企业原材料盘亏，现查明原因，属于定额内损耗，按照规定予以转销时，应编制的会计分录为（　　）。
A. 借：待处理财产损溢
　　贷：原材料
B. 借：待处理财产损溢
　　贷：管理费用
C. 借：管理费用
　　贷：待处理财产损溢
D. 借：营业外支出
　　贷：待处理财产损溢

17. “待处理财产损溢”科目借方核算的内容有（　　）。
A. 发生的待处理财产的盘盈数
B. 结转已批准处理的财产盘盈数
C. 发生的待处理财产的盘亏数和毁损数
D. 转销已批准处理的财产盘亏数和毁损数

18. 盘亏的固定资产经批准后，应将其差额借记的会计科目是（　　）。
A. 累计折旧　　B. 营业外收入
C. 营业外支出　　D. 待处理财产损溢

19. 在旧固定资产盘亏核算中，记入“营业外支出”科目的金额是固定资产的（　　）。
A. 原始价值　　B. 账面净值
C. 重置价值　　D. 折旧价值

20. 清查中财产盘亏是由保管人员失职所造成的，应计入（　　）。
A. 管理费用　　B. 生产成本
C. 营业外支出　　D. 其他应收款

21. 对企业单位的所有财产进行清查和核对，而且把受其他单位委托代管的财产列入清查的范围。以上财产清查的类型属于（　　）。
A. 全面清查　　B. 局部清查
C. 定期清查　　D. 不定期清查

22. 按预先计划安排的时间对财产进行清查，通常在月末、季末、年终结账时进行。以上财产清查的类型属于（　　）。
A. 全面清查　　B. 局部清查
C. 定期清查　　D. 不定期清查

23. 现金清查的方式是（　　）。
A. 全查法　　B. 抽查法
C. 顺查法　　D. 实地盘点法

24. 银行存款的清查，采用（　　），即将开户银行定期送达的银行对账单与企业的银行存款日记账逐笔进行核对，以查明银行存款收付及余额是否正确。
A. 比较分析法　　B. 现场检查法
C. 审阅法　　D. 核对法

25. 未达账项主要有四种情况，其中，银行已收到购货方所支付的货款，但正值月末，凭证尚未传递到企业。这种情况属于（　　）。
A. 银行已收，企业未付　　B. 银行已付，企业未付
C. 企业已付，银行未付　　D. 企业已收，银行未收
26. 银行代缴水电等公用设施费，银行付款一般不通知企业，付款的凭证定期传递到企业。这种情况属于未达账项中的（　　）。
A. 银行已收，企业未付　　B. 银行已付，企业未付
C. 企业已付，银行未付　　D. 企业已收，银行未收
27. 企业收到客户用于支付货款的银行转账支票，在登记入账后，委托银行代为收款。这样，在企业和银行之间就会出现一个“时间差”。这种情况属于未达账项中的（　　）
A. 银行已收，企业未付　　B. 银行已付，企业未付
C. 企业已付，银行未付　　D. 企业已收，银行未收
28. 企业开出现金支票或转账支票用于支付货款，但客户收到支票后，并未立即去银行办理相关手续。最有可能出现的情况是（　　）。
A. 银行已收，企业未付　　B. 银行已付，企业未付
C. 企业已付，银行未付　　D. 企业已收，银行未收
29. 对财产清查的分类因分类标准不同而不同，如按（　　）的不同，可分为单位自己组织的清查和外单位组织的清查。
A. 财产清查对象　　B. 财产清查范围
C. 财产清查时间间隔　　D. 财产清查的组织形式
30. 关于存货盘盈的会计处理，下列项目中正确的是（　　）。
A. 计入营业外收入　　B. 冲减管理费用
C. 冲减营业外支出　　D. 冲减存货成本
31. 关于现金清查，下列说法正确的是（　　）。
A. 现金是企业流动性最强的资产，应经常对现金进行清查
B. 清查采用的方法是实地盘点法
C. 盘点结束后，根据盘点结果编制“库存现金盘点报告表”，由检查人员和出纳共同签章认可
D. 库存现金盘点报告表是明确经济责任的依据，也是调整账实不符的原始凭证
32. 关于债权、债务的清查，采用的常见方法包括（　　）。
A. 查询法　　B. 核对法
C. 查询法与核对法相结合　　D. 全查法
33. 债权、债务的清查可分为以下步骤，分别是（　　）。
A. 首先，检查、核对账簿记录
B. 其次，编制债权、债务款项对账单
C. 此外，组织债权、债务清查通知大会
D. 最后，编制债权、债务清查结果报告表

34. 财产清查的结果包括（　　）。
A. 实存数等于账存数，账实相符
B. 实存数大于账存数，盘盈
C. 实存数小于账存数，盘亏
D. 实存数不等于账存数，账实不符
35. 造成盘亏的原因较多，其中包括（　　）。
A. 保管中的自然损耗
B. 记录中发生错记、重记
C. 管理不善或工作人员失职而造成的财产损失、变质、霉烂或短缺
D. 不法分子贪污盗窃、营私舞弊
36.下列有关存货会计处理的表述中，正确的是（　　）。
A. 管理不善造成的存货净损失计入管理费用
B. 地震造成的存货净损失计入营业外支出
C. 一般纳税人进口原材料缴纳的增值税，计入相关原材料成本
D. 通过提供劳务取得的存货，其成本按从事劳务提供人员的直接人工、其他直接费用及可归属于该存货的间接费用确定
37.下列有关固定资产初始计量的表述中，正确的是（　　）。
A. 以一笔款项购入多项没有单独标价的固定资产，应该按照各项固定资产的账面价值比例对总成本进行分配，分别确认各单项固定资产成本
B. 固定资产按照取得成本进行初始计量
C. 投资者投入的固定资产的成本只能按照投资合同或协议约定的价值确认
D. 以分期付款方式购买的固定资产，实质上具有融资性质，其成本按照已购买价款的现值为基础确定
38. 下列固定资产中，企业不应计提折旧的是（　　）。
A. 以经营租赁方式租入的固定资产
B. 处于更新改造中的固定资产
C. 闲置的厂房
D. 单独计价入账的土地
39. 关于固定资产，下列说法正确的是（　　）。
A. 固定资产后续支出计入固定资产成本的，应当终止确认被替换部分的账面价值，被替换部分的变价收入计入当期损益
B. 固定资产盘亏造成的损失，应当计入管理费用
C. 固定资产盘盈应作为前期差错处理
D. 与固定资产有关的后续支出，符合准则规定固定资产的确认条件的，应当计入固定资产成本

三、判断题

1. 财产管理和会计核算工作较好的单位可以不进行财产清查。（　　）

2. 账实核对实际上就是财产清查。（　）
3. 单位撤销时，应进行局部清查。（　）
4. 在一般情况下，全面清查既可以是定期清查，也可以是不定期清查。（　）
5. 局部清查一般适用于对流动性较大的财产物资和货币资金的清查。（　）
6. 不定期清查从其清查的对象和范围来看，只能是局部清查。（　）
7. 某企业仓库意外失火，为查明损失，决定立即进行盘点，按照财产清查的范围，它应属于局部清查，按照清查的时间应属于不定期清查。（　）
8. 实物清查和现金清查均应背对背进行，因此实物保管人员和出纳人员不能在场。（　）
9. 账实不符是财产管理不善或会计人员水平不高的结果。（　）
10. 在进行财产清查前，会计部门应将所有账目全部登记入账，结出余额，核对清楚，做到账簿记录完整、计算准确、账证相符、账账相符。（　）
11. 进行财产清查时，如发现账存数大于实存数，即为盘盈。（　）
12. 采用永续盘存制的企业，对财产物资一般不需要进行实地盘点。（　）
13. 实地盘存制就是通过逐一点数、过磅或技术推算方法对各项实物进行清查的制度。（　）
14. 未达账项是由企、事业单位的财会人员不及时登账所造成的。（　）
15. 对财产清查结果进行账务处理时，都必须通过“待处理财产损溢”账户。
16. 转销盘盈、盘亏的固定资产，一律作为营业外收支处理。（　）
17. 对于未达账项应编制银行存款余额调节表进行调节，同时将未达账项编制记账凭证调整入账。（　）
18. 对财产清查结果进行账务处理时，一律调整账存数。（　）
19. 盘亏的材料一般作为营业外支出处理。（　）
20. 盘盈的材料可以冲减管理费用。（　）
21. 银行存款调节表的编制方法一般是在双方账面余额的基础上，分别补记对方已记而本方尚未记账的金额。（　）
22. 财产清查是指对各项财产、物资进行实地盘点和核对，查明财产物资、货币资金和结算款项的实有数额，确定其账面结存数额和实际结存数额是否一致，以保证账实相符的一种会计专门方法。（　）
23. 财产清查是独立于内部控制制度的一个版块，它的功能在于定期确定内部控制制度执行是否有效。（　）
24. 局部清查的概念与全面清查相对应，指仅对部分财产进行盘点和核对。（　）
25. 全面清查是指根据实际需要，事前不规定清查时间临时实施的财产清查。（　）
26. 不定期清查可以是全部财产物资，也可以是局部财产清查。（　）
27. 通过财产清查，可以达到的目的包括保证会计资料的真实性，为可靠地编制会计报表提供保证。（　）
28. 通过财产清查，可以达到的目的包括反映企业内部控制制度是否完善，并促使企业加强管理、提高效率。（　）

29. 一般在正式清查之前，应先检查本单位银行存款日记账的正确性和完整性，然后，以每个银行账户为单位，核对银行与企业账目是否相符。（　　）

30. 如银行与企业账目金额不符，先查看双方是否有未达账项，如有则编制银行存款余额调节表，再核对双方账目是否相符。（　　）

31. 需注意的是，未达账项可能是错账、漏账，因此，不能根据银行存款余额调节表做任何账务处理。（　　）

32. 债权、债务清查是指对单位应收、应付项目及其他应收、应付项目等结算和往来款项所实施的清查。（　　）

33. 单位将编制的对账单送债权人或债务人进行核对，确认债权、债务。对账单一般可采用二连形式，其中一联为回单，由债权人确认并签章，如果债权人核对后发现不一致，则须注明原因，邮寄回本单位。（　　）

34. 在债权、债务的清查中，首先要考虑直接派人去对方单位面询，其次可利用电话、电报、传真、国际互联网等网络手段进行核实。（　　）

35. 在企业中，存货占流动资产的比重较大，易于流动，是企业日常管理的重点。（　　）

36. 存货清查常用的方法是盘点法。原则上，在盘点时，存货的保管人应在场，但不能参与协助盘点工作。（　　）

37. 在存货盘点时，必须以各项存货目录规定的名称规格为标准，查明各项存货的名称、规格，盘点各类存货的数量，暂时无须检查存货的质量。（　　）

38. 盘点结束，根据盘点结果如实填制“盘存单”，存货验收人员、盘点人员共同签章后，根据“盘存单”和有关账簿记录编制“盘点盈亏报告单”。（　　）

四、练习题

1. 某工业企业2010年1月银行存款日记账20日至月末所记的经济业务如下。

（1）20日开出支票#09478，支付购入材料的货款1 400元。

（2）21日存入销货款转账支票2 400元。

（3）24日开出支票#09479，支付购料运杂费700元。

（4）26日开出支票#09480，支付下季度的房租1 600元。

（5）27日收到销货款转账支票9 700元。

（6）30日开出支票#09481，支付日常零星费用200元。

（7）31日银行存款日记账余额33 736元。

银行对账单所列20日至月末的经济业务如下。

（1）20日结算银行存款利息792元。

（2）22日收到企业开出支票#09478，金额为1 400元。

（3）24日收到销售款转账支票2 400元。

（4）26日银行为企业代付水电费1 320元。

（5）27日收到企业开出支票#09479，金额为700元。

（6）30日代收外地企业汇来货款1 400元。

（7）31日银行对账单余额26 708元。

要求：根据以上材料，编制银行存款余额调节表，调节未达账项，并计算出调节后的银行存款余额。

2. 某工业企业12月进行财产清查后，实存账存对比表反映如下。

（1）甲材料盘亏350千克，每千克20元，计价7 000元。经查，属于定额内损耗，报批审定核销，计入管理费用。

（2）乙材料200千克因长期储存变质，降级使用，共损失25 000元。经查，系管库人员未贯彻材料“先进先出”的原则所致，决定罚库管人员王顺达100元，其余核销由营业外支出列支。

（3）丙材料盘盈1 600千克，每千克20元，计价32 000元。经查，系材料收发过程中计量误差所致，经批准冲减管理费用。

（4）发现账外小推车一辆，估价2 500元，有三成新，经批准入账。

（5）盘亏设备一台，账面原价4 000元，已提折旧2 500元，经批准核销。

要求：根据上述各项资料编制财产清查后及经批准处理的各项会计分录。

3. 某企业2018年8月31日的银行存款日记账账面余额为691 600元，而银行对账单上企业存款余额为681 600元，经逐笔核对，发现有以下未达账项。

（1）26日，企业开出转账支票3 000元，持票人尚未到银行办理转账。

（2）28日企业委托银行代收款项4 000元，银行已收款入账，但企业未接到银行的收款通知，因而未登记入账。

（3）29日，企业送存购货单位签发的转账支票15 000元，企业已登记入账，银行尚未登记入账。

（4）30日，银行代企业支付水电费2 000元，企业未接到银行的付款通知，故未登记入账。

要求：根据以上内容，编制“银行存款余额调节表”，并分析调节后是否需要编制有关会计分录。

4. 材料一：X 企业2019年经财产清查，发现盘盈 A 材料3 200吨。经查明，是由计量上的错误造成的，按计划成本每吨2元入账。

材料二：Y 企业2019年经财产清查，发现盘亏 B 材料100吨，单价200元/吨。经查明，属于定额内合理损耗的共计1 000元；属于由过失责任人赔偿的共计8 000元；其余的属于自然灾害造成的损失，保险公司赔偿6 000元。

材料三：W 企业在2019年的财产清查中，发现盘盈机器设备一台，估计原值为300 000元，估计已提折旧额为50 000元。

请问：

（1）对 X 企业盘盈 A 材料做出批准前和批准后的账务处理。

（2）对 Y 企业盘亏 B 材料进行批准前和批准后的账务处理。

（3）对 W 企业盘盈固定资产进行账务处理。

5. 目的：练习财产清查结果的会计处理。

材料：曙光工厂2018年12月末进行财产清查。材料清查结果如下所示。

材料盘点盈亏报告表

2018年12月15日

材料名称	计量单位	单价/元	实际盘存		账面盘存		盘盈		盘亏		备注
			数量	金额/元	数量	金额/元	数量	金额/元	数量	金额/元	
甲	千克	0.60	1 000	600	1 100	660			100	60	定额内自然损耗
乙	吨	40.00	3	120	2	80	1	40			计量不准溢余
丙	只	6.00	245	1 470	250	1 500			5	30	管理不善丢失
合计				2 190		2 240		40		90	

2018年12月31日，上述各项盘盈、盘亏，报请有关领导审核批准后做如下处理。

（1）材料收发计量上的差错（不论盘盈、盘亏）和定额内自然损耗，均在“管理费用”账户内列支或冲减。

（2）管理人员失职造成材料短缺的损失，责成过失人王海赔偿。

要求：

（1）根据上述清查结果，编制审批前的会计分录。

（2）根据批准处理的意见，编制审批后的会计分录。

（3）登记“待处理财产损溢”账户。

五、案例分析题

1. 达成公司出纳员张某由于刚参加工作不久，对于货币资金业务管理和核算的相关规定不甚了解，所以出现了一些错误，有两件事情让他印象深刻，至今记忆犹新。第一件事是在2011年6月8日和10日两天的库存现金业务结束后例行的库存现金清查中，分别发现库存现金短缺50元和库存现金溢余20元的情况，对此他经过反复思考也弄不明白原因。为了保全自己的面子和息事宁人，同时又考虑到两次账实不符的金额又很小，他决定采取下列办法进行处理：库存现金短缺50元。自掏腰包补齐；库存现金溢余20元，暂时收起。第二件事是达成公司经常对其银行存款的实有额心中无数，甚至有时会影响到公司日常业务的结算，公司经理因此指派有关人员检查一下张某的工作，结果发现，他每次编制银行存款余额调节表时，只根据公司银行存款日记账的余额加或减对账单中企业的未入账款项来确定公司银行存款的实有数，而且每次做完此项工作以后，张某就立即将这些未入账的款项登记入账。

请问：张某对上述两项业务的处理是否正确？为什么？你能给出正确答案吗？

2. 甲公司是一家制造行业的上市公司，尚未采用计算机进行事务管理和记账。按照上级主管部门的要求，决定开展一次内部控制有效性自我评价。评价工作底稿中的部分记录如下。

（1）甲公司产成品发出时，由销售部填制一式四联的出库单。仓库发出产成品后，将第一联出库单留存登记产成品卡片，第二联交存销售部留存，第三、第四联交由会计部会计人员A登记产成品总账和明细账。

（2）会计人员 B 负责开具销售发票。在开具销售发票之前，先核对装运凭证和相应的经批准的销售单，并根据已授权批准的商品价目表填写销售发票的价格，根据装运凭证上的数量填写销售发票的数量。

（3）甲公司的材料采购需要经授权批准后方可进行。采购部根据经批准的请购单发出订购单。货物运达后，验收部根据订购单的要求验收货物，并编制一式多联的未连续编号的验收单。仓库根据验收单验收货物，在验收单上签字后，将货物移入仓库加以保管。验收单上有数量、品名、单价等要素。验收单一联交由采购部登记采购明细账和编制付款凭单，付款凭单批准后，月末交会计部；一联交由会计部登记材料明细账；一联由仓库保留并登记材料明细账。会计部根据附有验收单的付款凭单登记相关账簿。

（4）会计部审核付款凭单后，支付采购款项。甲公司授权会计部的经理签署支票，经理将其授权给会计人员 C 负责，但保留了支票印章。C 根据批准的凭单，在确认支票收款人名字与凭单内容一致后签署支票，并在凭单上加盖“已支付”的印章。

（5）计划部根据批准，签发预先编号的生产通知单。生产部根据生产通知单填写一式四联的领料单。仓库发料后，其中一联留存，一联连同材料交还领料部门，其余两联经仓库登记材料明细账后送会计部门进行材料收发核算和成本核算。

（6）甲公司股东大会批准董事会的投资权限为1亿元以下。董事会决定由总经理负责实施。总经理决定由证券部负责总额在1亿元以下的股票买卖。甲公司规定：公司划入营业部的款项由证券部申请，由会计部审核，总经理批准后划转入公司在营业部开立的资金账户。经总经理批准，证券部直接从营业部资金账户支付款项。证券买卖、资金存取的会计记录由会计部处理。检查人员了解和测试投资的内部控制后发现：证券部在某营业部开户的有关协议及补充协议未经过会计部或其他部门审核。根据总经理的批准，会计部已将8 000万元汇入账户。证券部处理证券买卖的会计记录，月底将证券买卖清单交给会计部，会计部据此汇总登记。

（7）甲公司设立现金出纳员和银行出纳员。银行出纳员负责到银行取送支票等票据，并登记银行存款日记账。月底银行出纳员取得银行对账单并编制银行存款余额调节表。

要求：根据上述摘录，假定未描述的其他内容不存在内部控制缺陷，请指出甲公司内部控制在设计与运行方面的缺陷，并提出改进建议。

六、思考题

1. 为什么需要财产清查？它与内部控制的关系如何？
2. 思考全面清查与局部清查、定期清查与不定期清查各适用于什么情况？
3. 什么是银行未达账项？未达账项有几种情况？
4. 你能说说为什么流动资产盘盈时贷记“管理费用”等账户而固定资产盘盈时贷记“营业外收入——固定资产盘盈”账户吗？
5. 请思考并举例说明固定资产盘盈可能有哪些情况。

第十章 参考答案

一、解释重要名词

（略）

二、选择题

1. AC 2. ABCD 3. BCD 4. A 5. BC 6. AC 7. D 8. ABCDE 9. ABCD
10. A 11. B 12. A 13. ABCD 14. C 15. AB 16. C 17. BC 18. C
19. B 20. D 21. A 22. C 23. D 24. D 25. A 26. B 27. D 28. C
29. D 30. B 31. ABD 32. ABC 33. ABD 34. ABCD 35. ABCD 36. ABD
37. BD 38. ABD 39. ACD

三、判断题

1. × 2. √ 3. × 4. √ 5. √ 6. × 7. √ 8. × 9. × 10. √ 11. ×
12. × 13. × 14. × 15. × 16. √ 17. × 18. √ 19. × 20. √ 21.×
22. √ 23 .× 24. √ 25. × 26. √ 27. √ 28. √ 29. √ 30. √
31. × 32. √ 33. √ 34. × 35. √ 36. × 37. × 38. ×

四、练习题

1.

银行存款余额调节表　　　　单位：元

项目	金额	项目	金额
企业的银行存款账面余额	33 736	银行对账单余额	26 708
加：银行已收入账，企业尚未入账		加：企业已收入账，银行尚未入账	
（1）存款利息	792	（1）存入转账支票	9 700
（2）银行代收款	1 400		
减：银行已付入账企业尚未入账		减：企业已付入账银行尚未入账	
（1）银行为企业代付水电费	1 320	（1）企业开出支票	1 600
		（2）企业开出支票	200
调节后的存款余额	34 608	调节后的存款余额	34 608

2. 财产清查后，报批处理前的分录如下：

（1）借：待处理财产损溢　　7 000
　　　　贷：原材料——甲材料　　7 000

（2）借：待处理财产损溢　　25 000
　　　　贷：原材料——乙材料　　25 000

（3）借：原材料——丙材料　　32 000
　　　　贷：待处理财产损溢　　32 000

（4）借：固定资产　　2 500
　　贷：累计折旧　　1 750
　　　　待处理财产损溢　　750
（5）借：待处理财产损溢　　1 500
　　　　累计折旧　　2 500
　　贷：固定资产　　4 000

经批准处理后的分录如下：

（1）借：管理费用　　7 000
　　贷：待处理财产损溢　　7 000
（2）借：营业外支出　　24 900
　　　　其他应收款　　100
　　贷：待处理财产损溢　　25 000
（3）借：待处理财产损溢　　32 000
　　贷：管理费用　　32 000
（4）借：待处理财产损溢　　750
　　贷：以前年度损益调整　　750
　　借：以前年度损益调整　　187.5
　　贷：应交税费——应交所得税　　187.5
（5）借：营业外支出　　1 500
　　贷：待处理财产损溢　　1 500

3.

银行存款余额调节表

2018 年 8 月 31 日　　单位：元

项目	金额	项目	金额
企业银行存款日记账余额	691 600	银行对账单余额	681 600
加：银行已收，企业未收	4 000	加：企业已收，银行未收	15 000
减：银行已付，企业未付	2 000	减：企业已付，银行未付	3 000
调节后的存款余额	693 600	调节后的存款余额	693 600

调节后无须编制有关会计分录。因为银行存款余额调节表的作用只是为了核对账目，不能作为企业调整银行存款余额调节表账目余额的原始凭证。

4.

（1）报经批准前的账务处理如下：

借：原材料　　6 400
　　贷：待处理财产损溢　　6 400

报经批准后的账务处理如下：

借：待处理财产损溢　　6 400
　　贷：管理费用　　6 400

（2）经批准前的会计处理如下：

借：待处理财产损溢 20000
　　贷：原材料 20 000

报经批准后的会计处理如下：

对于定额内合理损耗的处理如下：

借：管理费用 1000
　　贷：待处理财产损溢 1 000

对于属于由责任人赔偿的处理如下：

借：其他应收款 9040
　　贷：待处理财产损溢 8 000
　　　　应交税费——应交增值税（进项税额转出） 1040

对于自然灾害造成的损失的处理如下：

借：营业外支出 5000
　　其他应收款——保险公司 6000
　　贷：待处理财产损溢 11000

（3）借：固定资产 300000
　　　　贷：累计折旧 50000
　　　　　　以前年度损益调整 250000

5.

（1）

借：待处理财产损溢——待处理流动资产损溢 60
　　贷：原材料——甲材料 60

借：原材料——乙材料 40
　　贷：待处理财产损溢——待处理流动资产损溢 40

借：待处理财产损溢——待处理流动资产损溢 30
　　贷：原材料——丙材料 30

（2）

借：管理费用 60
　　贷：待处理财产损溢——待处理流动资产损溢 60

借：待处理财产损溢——待处理流动资产损溢 40
　　贷：管理费用 40

借：其他应收款——王海 30
　　贷：待处理财产损溢——待处理流动资产损溢 30

（3）

待处理财产损溢

（1）	60		
		（1）	40
（1）	30		
		（2）	60
（2）	40		
		（2）	30
本期合计	130	本期合计	130

五、案例分析题

1. 达成公司出纳员张某对其在2011年6月8日和10日两天的库存现金清查结果的处理方法都是错误的。他的处理方法的直接后果可能会掩盖公司在库存现金管理和核算中存在的诸多问题，有时可能会是重大的经济问题。因此，凡是出现账实不符的情况时，必须按照有关的会计规定进行处理。按照规定，现金清查中发现短缺的现金，应按短缺的金额，借记“其他应收款——库存现金短款”科目，贷记“库存现金”科目；在库存现金清查中发现溢余的库存现金，应按溢余的金额，借记“库存现金”科目，贷记“其他应付款——库存现金长款”科目，待查明原因后再进行处理。银行存款实有数与企业银行存款日记账余额或银行对账单余额并不总是一致，原因一般有两个方面：第一存在未达账项；第二企业或银行双方可能存在记账错误。张某在确定企业银行存款实有数时，只考虑了第一个方面的因素，而忽略了第二个方面的因素。如果企业或银行没有记账错误的话，张某的方法可能会确定出银行存款的实有数，但如果未达账项确定不全面或错误的话，也不会确定出银行存款实有数。银行存款实有数的确定方法一般有三种：第一种是根据错记金额和未达账项同时将银行存款日记账余额和对账单余额调整到银行存款实有数；第二种是根据错记余额和未达账项，以银行存款日记账余额为准，将对账单余额调整到银行存款日记账余额；第三种是根据错记金额和未达账项，以对账单余额为准，将银行存款日记账余额调整到对账单余额。另外，张某以对账单为依据将企业未入账的未达账项记入账内也是错误的。这是因为银行的对账单并不能作为记账的原始凭证，企业收款或付款必须取得收款或付款的原始凭证才能记账。这是记账的基本要求。

2.

（1）会计人员 A 同时登记产成品总账和明细账，不相容职务未进行分离。应建议由不同的会计人员登记总账和明细账。

（2）健全。

（3）第一，验收单未连续编号，不能保证所有的采购都已记录或不被重复记录，应建议甲公司对验收单进行连续编号。第二，材料入库应办理入库手续。仓库根据验收单验收货物，在验收单上签字后，将货物移入仓库加以保管，未办理入库手续。第三，付款凭单未附订购单、订购合同及供应商的发票等，会计部无法核对采购事项是否真实可靠，登记有关账簿时金额或数量就可能出现差错。应建议甲公司将订购单和发票等与付款凭单一起交会计部。第四，会计部月末审核付款凭单后才付款，未能及时记录材料采购和债务事项，不能保证按约定时间付款，容易引发债务纠纷。

（4）健全。

（5）健全。

（6）第一，由证券部直接支取款项使授权与执行职务未得到分离，使款项安全得不到保障。应建议甲公司从资金账户支取款项时，由会计部审核和记录、由证券部办理。第二，与证券投资有关的活动应由两个部门控制，有关的协议未经独立的部门审查，会使有关的条款未全部在协议中载明，可能存在协议外的约定。甲公司与营业部的协议应经会计部或法律部审查。第三，证券部自己处理证券买卖的会计处理，业务的执行与记录的不相容职务未得到分离，并且未得到适当的授权和批准。第四，月末会计部汇总登记证券投资记录，未及时按每一种证券分别设立明细账，详细核算，可能会造成投资收益核算发生差错或者舞弊。

（7）银行出纳员编制银行存款余额调节表，不相容职务未能分离，凭证和记录未得到控制。应建议甲公司的银行存款余额调节表由出纳外的会计人员编制。

六、思考题

（略）

第十一章

账务处理程序与会计信息化

一、解释重要名词

账务处理程序　记账凭证账务处理程序　汇总记账凭证账务处理程序　汇总收款凭证　汇总付款凭证　汇总转账凭证　科目汇总表账务处理程序　日记总账账务处理程序　多栏式日记账账务处理程序　会计电算化　会计信息化

二、选择题（包括单选和多选）

1. 会计凭证、账簿组织、记账程序等以不同的组合方式生成会计报表，其不同的方法和步骤称为（　　）。
   A. 会计循环　B. 账务处理程序
   C. 会计工作组织　D. 账簿体系
2. 各种账务处理程序之间的主要区别在于（　　）不同。
   A. 企业的会计制度　B. 反映经济业务的内容
   C. 登记总账的依据和方法　D. 所采用的会计核算方法
3. 各种账务处理程序的基本相同点有（　　）。
   A. 登记总分类账的依据和方法相同
   B. 登记明细账的依据和方法相同
   C. 填制记账凭证的依据相同
   D. 编制会计报表的依据和方法相同
4. 科目汇总表账务处理程序和汇总记账凭证账务处理程序的主要相同点是（　　）。
   A. 登记总账的依据相同
   B. 记账凭证都需要汇总并且记账步骤相同
   C. 会计凭证的种类相同
   D. 记账凭证汇总的方法相同
5. 直接根据记账凭证逐笔登记总分类账的账务处理程序是（　　）。
   A. 记账凭证账务处理程序
   B. 汇总记账凭证账务处理程序
   C. 科目汇总表账务处理程序
   D. 日记总账账务处理程序

6. 如果一家企业的会计账务处理程序中使用到了汇总付款凭证，那么对于该公司而言以下哪种凭证很可能没有被使用（ ）。
   A. 通用记账凭证
   B. 专用记账凭证
   C. 转账凭证
   D. 原始凭证
7. 会计核算基本模式包括（ ）三个主要环节。
   A. 会计凭证 B. 账户账簿
   C. 凭证汇总表 D. 试算平衡表
   E. 科目汇总表 F. 会计报表
8. 在下列账务处理程序中，最基本的账务处理程序是（ ）。
   A. 日记总账账务处理程序 B. 记账凭证账务处理程序
   C. 科目汇总表账务处理程序 D. 汇总记账凭证账务处理程序
9. 在汇总记账凭证账务处理程序下，应设置（ ）等。
   A. 总分类账
   B. 收款凭证、付款凭证和转账凭证
   C. 库存现金和银行存款日记账
   D. 汇总收款凭证、汇总付款凭证和汇总转账凭证
10. 采用科目汇总表账务处理程序时，月末应将（ ）与总分类账进行核对。
   A. 银行存款日记账 B. 汇总记账凭证
   C. 明细分类账 D. 现金日记账
11. 汇总记账凭证账务处理程序适用于（ ）的单位。
   A. 规模较小，业务量较少 B. 规模较小，业务量较多
   C. 规模较大，业务量较少 D. 规模较大，业务量较多
12. 日记总账账务处理程序是在（ ）的基础上进一步发展而来的。
   A. 多栏式日记账账务处理程序
   B. 记账凭证账务处理程序
   C. 科目汇总表账务处理程序
   D. 汇总记账凭证账务处理程序
13. 企业选择账务处理程序时应考虑（ ）等因素。
   A. 企业的规模 B. 会计准则的特点
   C. 经济业务的特点 D. 经营管理的需要
   E. 简化核算手续的要求
14. 在不同账务处理程序下，下列可以作为登记总分类账依据的有（ ）。
   A. 记账凭证 B. 汇总记账凭证
   C. 科目汇总表 D. 多栏式日记账
15. 在记账凭证账务处理程序下，记账凭证可以采用的格式有（ ）。
   A. 通用格式 B. 单式凭证
   C. 复式凭证 D. 收付转格式

E. 三栏式

16. 企业编制科目汇总表时，汇总的范围是（　　）。

A. 全部科目的借方余额　　B. 全部科目的贷方余额

C. 全部科目的借贷方发生额　　D. 部分科目的借贷方发生额

17. 下列账户处理程序能够简化登记总分类账工作的是（　　）。

A. 记账凭证账务处理程序

B. 汇总记账凭证账务处理程序

C. 科目汇总表账务处理程序

D. 日记总账账务处理程序

18. 多栏式日记账账务处理程序的优点有（　　）。

A. 简化总分类账核算过程　　B. 效率较高

C. 能反映经济业务的来龙去脉　　D. 适用业务较多的单位

19. 日记总账账务处理程序的特点在于（　　）。

A. 汇总每一账户的借贷方发生额　　B. 所有科目集中在一张账页

C. 根据日记账登记总账　　D. 日记账和总账合一

20. 日记总账账务处理程序适用于（　　）。

A. 规模较大、经济业务较多的企业

B. 规模较小、经济业务较多的企业

C. 规模较小、经济业务不多、所用科目不多的企业

D. 规模较大、经济业务不多、所用科目不多的企业

21. 下列有关记账凭证账务处理程序的说法，正确的有（　　）。

A. 缺点是登记总分类账的工作量较大

B. 优点是简单明了，易于理解

C. 适用于规模较小、经济业务量较少的单位使用

D. 能进行试算平衡

22. 采用多栏式日记账账务处理程序时，月末对账的内容是（　　）。

A. 总账与多栏式现金日记账核对

B. 总账与多栏式银行存款日记账核对

C. 总账与明细账核对

D. 总账与总账核对

23. 在各账务处理程序中，以记账凭证为依据，按有关科目的贷方设置，并按借方科目归类的有（　　）。

A. 汇总收款凭证　　B. 汇总付款凭证

C. 科目汇总表　　D. 汇总转账凭证

24. 汇总记账凭证账务处理程序下，记账凭证可以采用的形式有（　　）。

A. 一借一贷　　B. 一借多贷

C. 一贷多借　　D. 多借多贷

25. 在汇总记账凭证账务处理程序下，（　　）的转账凭证方便登记。

A. 一借多贷　　B. 多借多贷

C. 一借一贷　　D. 多借一贷

26. 在科目汇总表账务处理程序下，为了方便登记，一般采用（　　）记账凭证。

A. 一借一贷　　B. 一贷多借

C. 一借多贷　　D. 多借多贷

27. 会计操作技术经历了（　　）发展阶段。

A. 手工操作　　B. 机械作业

C. 电算化　　D. 信息化

28. 采用汇总记账凭证账务处理程序时，“银行存款”总账的登记依据有（　　）。

A. 汇总现金付款凭证的合计数

B. 汇总现金收款凭证的合计数

C. 汇总银行存款、付款凭证的合计数

D. 汇总银行存款、收款凭证的合计数

E. 汇总转账凭证

29. 日记总账账务处理程序下，明细分类账的登记依据有（　　）。

A. 原始凭证　　B. 日记总账

C. 汇总原始凭证　　D. 记账凭证

30. 在科目汇总表账务处理程序下，期末对账的内容包括（　　）。

A. 现金日记账与总分类账

B. 银行存款日记账与总分类账

C. 备查账与总分类账

D. 汇总记账凭证与总分类账

31. 在各种账务处理程序中，会计报表可以是根据（　　）资料编制的。

A. 日记账、总分类账和明细分类账

B. 日记总账和明细分类账

C. 总分类账和明细分类账

D. 日记账和总分类账

32. 会计信息化主要为（　　）提供服务。

A. 财务部门　　B. 信息管理层

C. 决策支持层　　D. 决策层

33. 会计信息化与会计电算化的主要差异体现在（　　）。

A. 目标不同　　B. 信息输出的区别

C. 数据处理的区别　　D. 信息输入的区别

E. 系统地位层次不同

34. 会计核算工作要求（　　）时，需要会计信息化以提高会计核算工作效率。

A. 数据量大

B. 准确度高

C. 会计信息提供时间性强

D. 数据安全

35. 关于会计电算化和会计信息化在信息输入、输出方面的异同点说法正确的有（　　）。
A. 会计电算化下数据仍需要财务部门自己输入，而实现会计信息化可以从企业内外其他系统直接获取信息
B. 会计电算化和会计信息化在信息输入方面没有什么不同点
C. 会计信息化下会计信息可以使企业内部各个机构、部门从信息系统上直接获取
D. 会计电算化和会计信息化都以将会计信息通过显示、打印输出

三、判断题

1. 编制会计报表是企业账务处理程序的组成部分。（　　）
2. 科目汇总表账务处理程序，是以科目汇总表作为登记总账和明细账的依据。（　　）
3. 为了减轻登记总分类账的工作量，便于了解账户之间的对应关系，规模较大、经济业务较多的企业应该采用汇总记账凭证账务处理程序。（　　）
4. 库存现金日记账和银行存款日记账不论在何种账务处理程序下，都是根据收款凭证和付款凭证逐日逐笔按顺序登记的。（　　）
5. 科目汇总表不仅可以起到试算平衡的作用，还可以反映账户之间的对应关系。（　　）
6. 各种账务处理程序下登记明细账的直接依据基本相同。（　　）
7. 在日记总账账务处理程序中，日记总账也是一种总分类账，其会计报表也是根据总分类账和有关明细分类账编制的。（　　）
8. 在多栏式日记账账务处理程序中，仅根据多栏式现金日记账和银行存款日记账登记总分类账。（　　）
9. 会计电算化就可以真正发挥会计的核算功能和会计的监督管理功能。（　　）
10. 实现会计信息化可以提高会计工作效率和质量。（　　）
11. 会计信息化和会计电算化都可以在一定程度上增强会计处理的正确性。（　　）
12. 会计信息化以实现会计业务全面信息化为目标。（　　）
13. 多栏式日记账账务处理程序是将所有的明细账都设为多栏式的日记账格式。（　　）
14. 会计信息化是信息技术与会计相结合的更高阶段，我国目前已全面普及会计信息化。（　　）
15. 在记账凭证账务处理程序下，记账凭证可以采用单一通用格式。（　　）
16. 会计凭证、账簿和会计报表是记录、储存和反映会计核算资料的三个主要环节。（　　）
17. 在所有账务处理程序中，账簿组织是核心，会计凭证的种类、格式和填制方法都要与之相适应。（　　）
18. 同一个企业可以同时采用几种不同的账务处理程序。（　　）
19. 在汇总记账凭证账务处理程序下，记账凭证必须使用收、付、转三种格式，以便于进行汇总。（　　）

20. 采用汇总记账凭证账务处理程序时，“银行存款”总账是根据汇总银行存款收款凭证和汇总银行存款付款凭证的合计数登记的。（　）

21. 在记账凭证账务处理程序下，需要设置银行存款日记账，一般采用三栏式、多栏式和数量金额式的账页格式。（　）

22. 汇总转账凭证是按贷方科目设置，按借方科目归类，定期汇总，按月编制的。（　）

23. 各企业的业务性质、规模大小、业务繁简各有不同，所以它们所采用的账务处理程序也就有所不同。（　）

24. 多栏式日记账账务处理程序一般适用于收付款业务较多，转账业务较多的单位。（　）

25. 汇总记账凭证账务处理程序的优点在于可以及时了解资金运动状况。（　）

26. 汇总收款凭证是按贷方科目设置，按借方科目归类，定期汇总，按月编制的。（　）

27. 在汇总记账凭证账务处理程序下，若某一贷方科目的转账凭证数量不多，可以根据转账凭证登记总分类账。（　）

28. 日记总账是根据记账凭证逐日逐笔进行登记的。（　）

29. 会计信息化处于信息技术与会计相结合的最高发展阶段，以实现会计业务全面信息化为目标。（　）

四、练习题

1. 连一连（一一对应）。

（1）汀娜刚学习了不同的账务处理程序，皮特给出了如下5个不同规模和业务量的公司，请她在有限的已知条件下为这5个不同类型的公司选择一项适合的账务处理程序，并且希望她能把这5种账务处理程序都用上，汀娜很快就进行了一一连线，那么她的连线会是怎样的呢？

经济业务较多、大量使用专用记账凭证	记账凭证账务处理程序
规模小、会计凭证不多	汇总记账凭证账务处理程序
规模小、业务量少、使用科目也较少	科目汇总表账务处理程序
规模、业务量未知	日记总账账务处理程序
规模不大、以收付款业务为主	多栏式日记账账务处理程序

（2）皮特表扬了汀娜，并且希望汀娜能够指出这5种账务处理程序各自的一些小缺点。你能对应指出这5种账务处理程序的缺点吗？

记账凭证账务处理程序	总分类账工作量大
汇总记账凭证账务处理程序	不能反映各账户之间的对应关系
科目汇总表账务处理程序	业务较多时可能致使账页过长
日记总账账务处理程序	对汇总过程中可能存在的错误难以发现
多栏式日记账账务处理程序	不便于记账分工和查阅

2. 回忆课堂所学知识，判断图1和图2分别采用的账务处理程序，并且完成这两个账务处理程序的流程图。

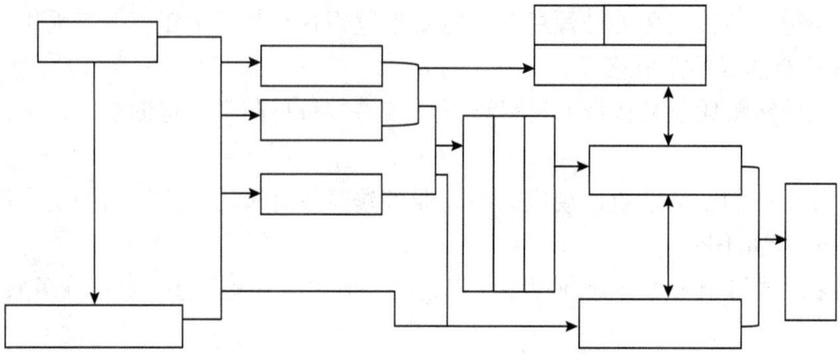

图 1

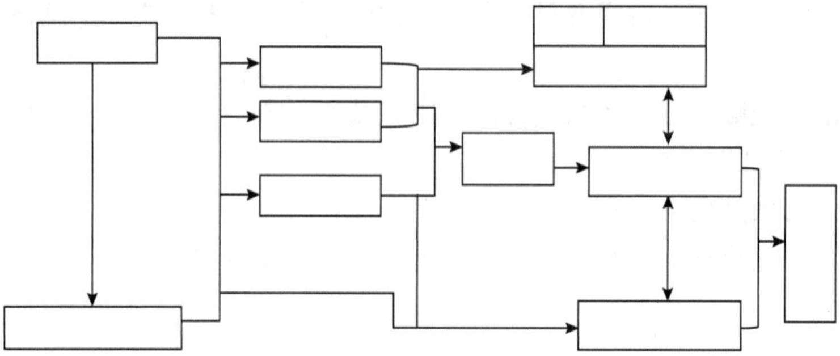

图 2

3. 目的：练习编制汇总付款凭证、汇总收款凭证和汇总转账凭证（不考虑增值税）。

材料：假定某企业201×年5月发生了以下经济业务。

① 1日，采购甲材料1吨，计3 000元，货款未付。

② 7日，从银行提取现金2 000元备用。

③ 8日，以银行存款支付广告费用2 500元。

④ 10日，本月1日采购的甲材料验收入库。

⑤ 12日，收到 A 公司偿还原欠货款8 000元。

⑥ 15日，用银行存款支付前欠货款2 800元。

⑦ 16日，购办公用品一批，用银行存款支付250元。

⑧ 19日，生产部门领用甲材料，计1 000元。

⑨ 23日，销售产品一批，计30 000元，存入银行。

⑩ 24日，用现金支付管理部门人员交通费150元。

⑪ 26日，销售产品一批，货款40 000元尚未收到。

⑫ 28日，管理部门领用甲材料，计400元。

要求：

（1）根据以上业务编制会计分录。

（2）根据会计分录编制“银行存款”科目的汇总付款凭证和汇总收款凭证，以及贷方科目为“原材料”的汇总转账凭证。

汇总付款凭证

贷方科目：银行存款　　201×年5月　　汇付字　第　号

借方科目	金额				总账页数	
	1～10日	11～20日	21～31日	合计	借方	贷方
合计						

会计主管：　　记账：　　复核：　　制证：

汇总收款凭证

借方科目：银行存款　　201×年5月　　汇收字　第　号

贷方科目	金额				总账页数	
	1～10日	11～20日	21～31日	合计	借方	贷方
合计						

会计主管：　　记账：　　复核：　　制证：

汇总转账凭证

贷方科目：原材料　　201×年5月　　汇转字　第　号

借方科目	金额				总账页数	
	1～10日	11～20日	21～31日	合计	借方	贷方
合计						

会计主管：　　记账：　　复核：　　制证：

4. 目的：练习编制科目汇总表。

材料：上题中的业务。

要求：根据上述材料编制一张科目汇总表。

五、案例分析题

1. 王总在2000年创办了一家股份有限公司，主要从事商品批发与零售业务，注册资本为25万元，规模较小，采用的是记账凭证账务处理程序。随着公司业务的不断发展，规模的不断扩大，近年来，公司每年销售额已达到上亿元，因此，会计人员提出要改变账务处理程序，改用汇总记账凭证账务处理程序。

请问：你认为这样做是否合理？

2. 材料一：犯罪嫌疑人王某在担任某厂会计期间，其单位实行了电算化。王某利用其担任厂成本会计期间，在电脑自动生成会计记账凭证后，输出打印，此凭证与其附件（原始单据）是对应的，王某用此账应对审计、税务；之后，采用虚增材料成本或费用的手段篡改电脑上的会计记录，形成新的记账凭证和账簿，再盗用出纳口令篡改相应的银行记录，使之与其贪污的款项相对应，并输出出纳银行日记账，用预先截留或盗取的现金支票从银行提取虚增材料成本或费用金额，这部分修改后的记录是为应对单位财务主管每日对账目平衡的审查。

王某利用职务之便，采取篡改电脑会计账簿，虚增材料成本或费用，盗用出纳口令篡改相应的银行存款日记账记录的手段，先后数次擅自用预先截留或盗取的现金支票从银行领取现金，侵吞公款近400万元，给企业造成了巨大损失。

材料二：财政部从1999年开始连续8年开展了全国范围内的会计信息质量情况检查，并先后12次公布了会计信息质量检查报告。随着监管力度的加大和会计人员素质的提高，企业会计信息质量和会计师事务所的工作质量总体有所提高，但会计造假现象仍然存在，会计信息质量堪忧。

材料三：2018年9月6日，中国信息通信研究院和可信区块链推进计划联合发布了《区块链白皮书》（2018年），其中写道："区块链（Blockchain）是一种由多方共同维护，使用密码学保证传输和访问安全，能够实现数据一致存储、难以篡改、防止抵赖的记账技术，也称为分布式账本技术（Distributed Ledger Technology）。"该文件中进一步写道："区块链打破了原有的复式记账，变成'全网共享'的分布式账本，参与记账的各方之间通过同步协调机制，保证数据的防篡改和一致性，规避了复杂的多方对账过程。"

要求：

根据所学内容并结合以上三段材料，谈谈会计电算化和会计信息化的异同点，以及会计信息化发展对于会计信息质量、会计造假现象等造成的影响。

六、思考题

1. 什么是账务处理程序？
2. 简述几种主要账务处理程序的优缺点及适用范围。
3. 简述会计信息化与会计电算化的差异。

第十一章　参考答案

一、解释重要名词

（略）

二、选择题

1. B　2. C　3. BCD　4. B　5. A　6. A　7. ABF　8. B　9. ABCD　10. ACD
11. D　12. B　13. ACDE　14. ABCD　15. AD　16. C　17. BC　18. ABC
19. BD　20. C　21. ABC　22. C　23. BD　24. ABCD　25. CD　26. A　27. ABCD
28. ACD　29. ACD　30. AB　31. BC　32. ABCD　33. ABCDE　34. ABC　35. ACD

三、判断题

1. √ 2. × 3. √ 4. √ 5. × 6. √ 7. √ 8. × 9. × 10. √ 11. √
12. √ 13. × 14. × 15. √ 16. √ 17. √ 18. × 19. √ 20. × 21. ×
22. √ 23. √ 24. × 25. × 26. × 27. √ 28. √ 29 ×

四、练习题

1.

（1）

经济业务较多、大量使用专用记账凭证 —— 汇总记账凭证账务处理程序
规模小、会计凭证不多 —— 记账凭证账务处理程序
规模小、业务量少、使用科目也较少 —— 日记总账账务处理程序
规模、业务量未知 —— 科目汇总表账务处理程序
规模不大、以收付款业务为主 —— 多栏式日记帐账务处理程序

（2）

记账凭证账务处理程序 —— 总分类账工作量大
汇总记账凭证账务处理程序 —— 对汇总过程中可能存在的错误难以发现
科目汇总表账务处理程序 —— 不能反映各账户之间的对应关系
日记总账账务处理程序 —— 不便于记账分工和查阅
多栏式日记帐账务处理程序 —— 业务较多时可能致使账页过长

2. 图1为汇总记账凭证账务处理流程图，图2为科目汇总表账务处理流程图。流程图参照课本。

3.

（1）会计分录如下。

① 借：材料采购 3 000
　　贷：应付账款 3 000
② 借：库存现金 2 000
　　贷：银行存款 2 000
③ 借：销售费用 2 500
　　贷：银行存款 2 500
④ 借：原材料 3 000
　　贷：材料采购 3 000
⑤ 借：银行存款 8 000
　　贷：应收账款——A 公司 8 000
⑥ 借：应付账款 2 800
　　贷：银行存款 2 800
⑦ 借：管理费用 250
　　贷：银行存款 250

⑧ 借：生产成本 1 000
　　贷：原材料 1 000
⑨ 借：银行存款 30 000
　　贷：主营业务收入 30 000
⑩ 借：管理费用 150
　　贷：库存现金 150
⑪ 借：应收账款 40 000
　　贷：主营业务收入 40 000
⑫ 借：管理费用 400
　　贷：原材料 400

（2）

汇总付款凭证

贷方科目：银行存款　　201×年 5 月　　汇付字　第 001 号

借方科目	金额				总账页数	
	1～10 日	11～20 日	21～31 日	合计	借方	贷方
库存现金	2000			2 000	（略）	（略）
销售费用	2500			2500	（略）	（略）
应付账款		2800		2800	（略）	（略）
管理费用		250		250	（略）	（略）
合计	4500	3050		7550		

会计主管：林×　　记账：王×　　复核：张×　　制证：李×

汇总收款凭证

借方科目：银行存款　　201×年 5 月　　汇收字　第 001 号

贷方科目	金额				总账页数	
	1～10 日	11～20 日	21～31 日	合计	借方	贷方
应收账款		8000		8000	（略）	（略）
主营业务收入			30000	30000	（略）	（略）
合计		8000	30000	38000		

会计主管：林×　　记账：王×　　复核：张×　　制证：李×

汇总转账凭证

贷方科目：原材料　　201×年 5 月　　汇转字　第 001 号

借方科目	金额				总账页数	
	1～10 日	11～20 日	21～31 日	合计	借方	贷方
生产成本		1000		1000	（略）	（略）
管理费用			400	400	（略）	（略）
合计		1000	400	1400		

会计主管：林×　　记账：王×　　复核：张×　　制证：李×

4.

科目汇总表

201×年 5 月　　单位：元

会计科目	账页	本期发生额		记账凭证起讫号数
		借方	贷方	
材料采购		3000	3000	（略）
应付账款		2800	3000	（略）
现金		2000	150	（略）
银行存款		38000	7550	（略）
销售费用		2500	0	（略）
原材料		3000	1400	（略）
应收账款		40000	8000	（略）
管理费用		800	0	（略）
生产成本		1000	0	（略）
主营业务收入		0	70000	（略）
合计		93100	93100	

五、案例分析题

1. 提示：结合汇总记账凭证账务处理程序的优缺点及适用范围进行分析，同时考虑公司现在的规模、业务量，是否有其他适合的账务处理程序。

2. 提示：根据书本中会计操作技术的电算化阶段的发展与意义、信息化阶段的发展、两者之间的主要差异，结合材料回答，言之有理即可。

六、思考题

（略）

第十二章

会 计 循 环

一、解释重要名词

会计循环　经济业务　会计分录　过账（登记账簿）试算平衡表　权责发生制　收付实现制　调账　实账户　虚账户　结账　账结法　表结法　财务报表　实收资本　资本公积　短期负债　长期负债　固定资产

二、选择题（包括单选和多选）

1. 对于每一笔经济业务，需要分析的具体问题包括（　　）。
   A. 被影响的要素通过什么会计账户反映
   B. 影响的方向是增加还是减少
   C. 该业务影响哪些会计要素
   D. 判断该经济业务是属于交易还是事项
2. 会计账户借贷两方，哪一方登记增加数，哪一方登记减少数，取决于（　　）。
   A. 记账方法　　B. 账户的级次
   C. 账户的类型　　D. 所记录的经济业务内容
3. 账户的借方表示（　　）。
   A. 资产增加　　B. 负债减少
   C. 收入减少　　D. 费用增加
4. 下列记账错误可以通过试算平衡发现的有（　　）。
   A. 漏记经济业务　　B. 借贷方向颠倒
   C. 重记经济业务　　D. 借贷金额不等
5. 企业在会计期间终了时所需调整的账项一般有以下几类（　　）。
   A. 应计费用的调整　　B. 预付费用的调整
   C. 预收收入的调整　　D. 应计收入的调整
6. 下列属于虚账户的有（　　）。
   A. 销售费用　　B. 营业外支出
   C. 生产成本　　D. 主营业务成本

7. 下列属于实账户的有（　　）。
A. 本年利润　　B. 预收账款
C. 预付费用　　D. 未分配利润
8. 现金流量表是从以下（　　）方面来说明企业现金的变化。
A. 经营活动　　B. 投资活动
C. 筹资活动　　D. 经营成果
9. 购买的原材料，当其验收入库后，其实际成本在（　　）账户核算。
A. 材料采购　　B. 原材料
C. 库存商品　　D. 产成品
10. 车间管理人员福利费应该计入（　　）账户。
A. 管理费用　　B. 制造费用
C. 生产成本　　D. 销售费用
11. 与“本年利润”账户的贷方对应的账户是（　　）。
A. 管理费用　　B. 应交税费
C. 应付职工薪酬　　D. 主营业务收入
12. 下列项目中，不属于管理费用的是（　　）。
A. 厂部耗用材料　　B. 厂部管理人员工资
C. 车间管理人员工资　　D. 厂部办公用房的租金
13. 年末结转后，“利润分配”账户的贷方余额表示（　　）。
A. 利润实现额　　B. 利润分配额
C. 未分配利润　　D. 未弥补亏损
14. 下列各项目中，应计入“制造费用”账户的是（　　）。
A. 生产产品耗用的材料　　B. 生产用机器设备的折旧费
C. 专门生产 A 产品工人的工资　　D. 行政管理人员的工资
15. “期间费用”账户期末应（　　）。
A. 有借方余额
B. 有贷方余额
C. 有时在借方、有时在贷方出现余额
D. 无余额
16. 企业计算应交所得税时，应借记的科目是（　　）。
A. 利润分配　　B. 所得税费用
C. 应交税费　　D. 税金及附加
17. 下列支出应当在“营业外支出”账户中核算的有（　　）。
A. 固定资产盘亏　　B. 销售材料的成本
C. 处理固定资产净损失　　D. 支付的包装物押金
18. 计提固定资产折旧时，与“累计折旧”账户相对应的账户为（　　）。
A. 生产成本　　B. 制造费用
C. 管理费用　　D. 应付账款

19. 根据权责发生制原则，下列各项属于本年度收入的有（　　）。
   A. 收到上年度所销售产品的货款
   B. 本年度出租厂房，租金已于上年预收
   C. 上年度已预收货款，本年度发出产品
   D. 本年度销售产品一批，货款下年初结算
20. 下列项目中不属于产品直接生产费用的是（　　）。
   A. 支付给生产工人的工资
   B. 车间设备发生的修理费
   C. 为生产产品耗用的原材料
   D. 为生产工人计提的福利费
21. 不应计入产品成本的费用是（　　）。
   A. 制造费用　　B. 管理费用
   C. 直接材料费用　　D. 直接人工费用
22. “税金及附加”账户借方登记的内容有（　　）。
   A. 增值税　　B. 所得税
   C. 消费税　　D. 资源税
23. 影响企业存货入账价值的因素主要有（　　）。
   A. 购货价格　　B. 购货费用
   C. 制造费用　　D. 管理费用
24. 对于工业企业来说，下列属于其他业务收入的是（　　）。
   A. 主营业务收入　　B. 材料销售收入
   C. 技术转让收入　　D. 罚款收入
25. 判断企业的一项业务是属于经济业务还是非经济业务主要看（　　）。
   A. 是否构成交易
   B. 是否发生在不同会计主体之间
   C. 是否引起会计要素增减变化
   D. 业务是否涉及收付款
26. 企业使用现金购买办公用品，对影响的会计要素类型、方向、会计账户三个方面分析都正确的有（　　）。
   A. 资产、增加、银行存款
   B. 资产、减少、库存现金
   C. 利润、增加、管理费用
   D. 费用、增加、管理费用
27. 关于“有借必有贷，借贷必相等”，下列说法正确的是（　　）。
   A. 是试算平衡的依据
   B. 是借贷复试记账法的记账规则
   C. 导致交易引起两个会计账户的变化必为一增一减
   D. 依托于会计恒等式

28. 调账的目的包括（　　）。

A. 确定在某一会计期间已实现的收入是否入账

B. 已入账的费用和收入是否都属于本期

C. 正确确定会计期间的经营成果

D. 为会计信息使用者提供有用的会计信息

29. 企业为调账所作的会计分录称为（　　）。

A. 抵消分录

B. 调账分录

C. 调整分录

D. 重分类分录

30. 下列属于本期需要进行期末账项调整内容的有（　　）。

A. 本期销售商品一批，货款存入银行

B. 本期预收货款，商品下期发出

C. 本期预收货款，商品本期部分发出

D. 本期预收货款，商品本期全部发出

31. 在期末调整账项中，先收到或支付款项，后确认收入或费用的有（　　）。

A. 应计收入

B. 预收收入

C. 预付费用

D. 折旧

32. A 公司在2018年11月与 C 公司签订了销货合同，以每件300元的价格向其提供 L 产品80件，截止到年底，A 公司共向 C 公司提供了50件产品，每件成本价为200元，货款尚未收到。该调整计入本期的收入和应结转的相关成本分别为（　　）。

A. 24 000元和16 000元

B. 15 000元和10 000元

C. 24 000元和10 000元

D. 0元和10 000元

33. 会计循环包括以下哪些步骤（　　）。

A. 发货　　B. 付款　　C. 过账　　D. 调整　　E. 结账

34. 会计循环的环节主要包括（　　）。

A. 会计确认、会计计量、会计记录和会计报告

B. 会计确认、会计计量、会计分析、会计记录和会计报告

C. 会计确认、会计记录和会计报告

D. 会计估计、会计确认、会计计量、会计分析、会计记录和会计报告

35. 下列说法正确的有（　　）。

A. 编制试算平衡表可以检查账户记录是否正确

B. 试算平衡是检查账户记录是否正确的唯一方法

C. 余额试算平衡表的理论依据是会计恒等式

D. 科目汇总表不仅可以起到试算平衡的作用，还可以反映账户之间的对应关系

36. 如果一笔费用应调整入账而未调整，必将（　　）。
A. 使资产负债表和利润表都不正确　B. 仅使资产负债表不正确
C. 仅使利润表不正确　D. 对利润表无影响

37. 关于结账的说法正确的有（　　）。
A. 结账是指把一定时期内应记入账簿的经济业务全部登记入账后，计算记录本期发生额及期末余额，并将余额结转下期或新的账簿
B. 公司可以根据自己的实际情况，对现金、银行存款日记账选择按月或者按日结账。
C. 12月末结出全年累计发生额后，结账应当划通栏双红线
D. 企业会计期末结账时，应将本期发生的各类支出转入“本年利润”科目贷方

38. 期末调整项目的种类有（　　）。
A. 应计项目　B. 递延项目
C. 结账项目　D. 估计项目

39. 期末调整项目的种类有（　　）。
A. 应计收入的调整　B. 预收收入的调整
C. 应计费用的调整　D. 预付费用的调整
E. 其他账项的调整

三、判断题

1. 一个企业对在一定会计期间内发生的经济业务进行记录时，必须经过分析经济业务、编制会计分录、过账、试算、调整、结账和编表等一系列会计程序。（　　）

2. 经济业务是指发生在主体与主体之间，导致企业资产、负债、所有者权益、收入、费用、利润等会计要素发生增减变化的企业各类经济活动。（　　）

3. 试算平衡表借贷余额相等，就说明不存在任何会计处理错误。（　　）

4. 用借贷记账法记录任何一笔经济业务都必须在两个或两个以上的账户中一个记增项另一个记减项。（　　）

5. 在借贷记账法的账户余额平衡中，借方和贷方分别表示两类性质的账户。（　　）

6. 权责发生制与收付实现制是因为会计分期而产生的。（　　）

7. 权责发生制是以权利或义务的发生与否为标准来确认收入与费用的，而本期现金的收支又是判断权利或义务发生与否的基本前提。（　　）

8. 虚账户又称“临时性账户”，在每个会计期末要将这些账户金额全部予以结清。设置虚账户的目的是计算一个期间的损益结果。（　　）

9. 从长期观点看，权责发生制与收付实现制下所计算的会计净利润是相等的。（　　）

10. 期末结账时，对虚账户，要求结出期末余额，并将其转入下一个会计期间。（　　）

11. 损益类账户月末结账后，借方与贷方发生额一定相等。（　　）

12. 财务成果的汇总是通过设置“本年利润”账户来核算的。（　　）

13. 最基本的财务报表包括资产负债表、利润表和现金流量表。（　　）

14. 企业材料采购的买价和费用，在期末应全部转入“本年利润”账户的借方。（　　）

15. 车间领用一般性消耗的材料，在会计处理上应属于增加管理费用。（　　）

16. 产品售出、货款未收，在会计处理上应借记“其他应收款”账户；贷记“主营业务收入”账户。（ ）

17. 固定资产因磨损而减少的价值称为损耗。（ ）

18. 财务费用是一种期间费用，按期归集，期末全部转入“本年利润”账户。（ ）

19. 成本是以产品为对象进行归集的资金耗费。（ ）

20. 为了核算企业销售产品过程中所发生的各种费用，应设置“差旅费”账户。（ ）

21. 企业的筹集资金业务包括接受外单位或个人捐赠资产。（ ）

22. “管理费用”账户的借方发生额，应于期末采用一定的方法计入产品成本。（ ）

23. 若投资者投入旧的设备，则应以现行市价和税金作为原价，借记“固定资产”账户，贷记“实收资本”账户。（ ）

24. 固定资产的安装成本属于在建工程，不应计入固定资产的原始价值。（ ）

25. “应付账款”与“预付账款”账户都应按供应单位名称分别设置明细账。（ ）

26. 如果在会计循环的某个步骤中存在错误，那么试算平衡表借贷余额也可能会相等。（ ）

27. 如果在会计循环的任一步骤中都不存在错误，那么试算平衡表借贷余额一定相等。（ ）

28. 调账时，应确认的收入和应结转的相关成本都应是本期已经发生了的。（ ）

29. “实账户”和“虚账户”的最大区别在于期末是否有余额。（ ）

30. 会计小李记账后发现记账凭证中应借、应贷会计科目有错误且已经过入相关账簿。他应采用划线更正法进行更正。（ ）

31. 会计在记账中只能使用黑色水笔。（ ）

32. 结账是指会计期末将各实账户余额结清或转至下期，使各实账户记录暂告段落的过程。（ ）

33. 递延项目的预收收入和预付费用，随着营业的继续会逐渐转为已实现收入或已发生费用。（ ）

34. 如果试算平衡表借贷平衡，那么记账一定是正确的。（ ）

35. 过账是指在会计核算中，为保证账簿记录正确可靠，对账簿中的有关数据进行检查和核对的工作。（ ）

36. 填制会计凭证是编制会计报表的前提和直接依据。（ ）

37. 企业编制的会计报表，有年报、季报、月报和旬报之分，后三者统称为中期报表。（ ）

四、练习题

1. 某商贸公司2010年末各分类账的余额如下。

单位：元

账户名称	借方金额	贷方金额
现金	1 550	
银行存款	386 920	

续表

账户名称	借方金额	贷方金额
应收账款	30 000	
库存商品	50 000	
待摊费用	60 000	
固定资产	28 500	
应付账款		35 000
实收资本		500 000
未分配利润		21 970
合计	556 970	556 970

2011年1月该公司发生如下业务。

① 向银行借入一笔两年期归还的贷款300 000元。

② 购买一库房作为仓库使用，首付500 000元已通过银行转账，另外450 000元分5年还清。

③ 本月购买各类商品150 000元，其中100 000元以银行存款支付，余款暂欠。

④ 借入一笔短期借款50 000元，其中30 000元用于支付上月所欠贷款。

⑤ 订购某型号打印机3台，商店暂无此型号打印机，预收4 500元现金。

⑥ 本月共销售各类商品300 000元，其中50 000元货款预计下月收回。

⑦ 收回上月货款30 000元。

⑧ 以现金支付本月零星办公费用500元。

⑨ 本月销售商品成本为180 000元。

⑩ 登记本月应支付的工资费用6 000元，其中销售人员工资2 000元。

⑪ 以银行存款支付本月应付工资4 500元。

⑫ 以银行存款支付本月保险、水电费2 120元。

要求：

（1）根据上述经济业务编制会计分录。

（2）开设“T”形账户，将会计分录过入各相应账户并计算各账户的本期发生额和实账户的期末余额。

（3）编制试算平衡表。

2. 某公司20××年12月发生如下经济业务。

（1）2日，销售甲产品59件给 A 公司，每件售价为1 900元，增值税为14 573元，代垫运费为3 000元，货款与代垫运费尚未收到（假定运输费不考虑增值税进项税额抵扣问题）。

（2）3日，销售乙产品120件给 B 公司，每件售价为340元，增值税销项税额为5 304元，货款已通过银行收讫。

（3）4日，预收 C 公司货款100 000元。

（4）5日，销售 A 材料600千克，每千克70元，增值税为5 460元，款项已通过银行收讫。

（5）8日，收到2日销售给A公司的甲产品货款与运费。

（6）10日，根据合同，向C公司发出乙产品220件，每件售价为340元，增值税为9 724元，货款冲减4日的预收款后余额退回。

（7）15日，以银行存款向当地的养老院捐赠10 000元。

（8）21日，收到包装公司的账单，本月销售产品共发生了包装费6 000元，以银行存款支付。

（9）22日，以银行存款支付给报社广告费7 000元。

（10）30日，结转销售产品的成本，其中甲产品每件成本为1 100元，乙产品每件成本为140元。

（11）30日，结转销售A材料成本，每千克A材料成本35元。

（12）计算应缴城市维护建设税2 120元，其中产品销售应缴纳的城建税为1 800元，材料销售应缴纳的城建税为320元。

（13）结转本月所有的收入、成本与费用至"本年利润"账户。

（14）按利润总额的25%计算应缴所得税。

（15）按税后利润的10%计提盈余公积。

（16）将缴纳所得税费用及提取盈余公积后的利润的30%作为应付给投资者的利润。

要求：根据上述材料编制会计分录。

3. 某企业生产A、B两种产品，本期有关经济业务如下。

（1）本月发生领料业务260 000元，其中：A产品生产领用150 000元，B产品生产领用90 000元，车间管理部门耗用15 000元，行政管理部门领用5 000元。

（2）分配本月应付工资总额90 000元，其中：生产工人工资60 000元，车间管理人员工资20 000元，行政管理人员工资10 000元。另外，A、B两种产品生产工人工资按生产工时进行分配，其中：A产品耗用6 000小时，B产品耗用4 000小时。

（3）按本月应付工资总额的14%提取职工福利费。

（4）从银行提取现金90 000元准备发放工资。

（5）以现金90 000元发放工资。

（6）以银行存款支付本月电费13 000元，其中，产品生产负担10 000元（按生产工时在A、B两种产品之间进行分配），车间管理部门和行政管理部门各负担1 500元。

（7）计提本月固定资产折旧费20 000元，其中，生产车间提取14 000元，行政管理部门提取6 000元。

（8）结转本月制造费用，并按生产工时在A、B两种产品之间进行分配。

（9）本月底A产品生产全部完工并验收入库，结转A产品成本。

要求：根据上述经济业务编制会计分录。

4. 新风厂为增值税一般纳税人，其增值税税率为13%。2019年6月发生下列经济业务。

（1）从银行提取现金800元备用。

（2）向大达厂购入甲材料1 000千克，单位买价为10元。货款及税款均未支付。

（3）采购员林芳暂借差旅费 500 元，以现金付讫。

（4）从华民厂购入乙材料 1 000 千克，单位买价为 30 元。货款及税款以银行存款付讫。

（5）上项甲、乙两种材料验收入库，结转其采购成本。

（6）向中信厂购入丙材料 100 千克，单位买价为 5 元。货款及税款以银行存款支付。材料当即验收入库。

（7）以银行存款偿还前欠大达厂货款 11 300 元。

（8）采购员林芳出差回厂报销差旅费，实际报销差旅费 520 元，以现金补付差额。

要求：根据上述经济业务编制会计分录。

5. 目的：练习材料采购成本的计算。

材料：前锋厂 2019 年 10 月从外地新兴厂购入下列材料。

品种	数量/千克	单价/（元/千克）	买价/元
甲种材料	4 000	29	116 000
乙种材料	1 000	8	8 000

为购买上述材料，共支付运杂费如下。

费用项目	金额/元
水、陆运输费	3 500
装卸、搬运费	1 500

要求：

（1）以材料重量为标准，分配材料的采购费用。

项目	水、陆运输费			装卸、搬运费		
	分配标准/千克	分配率	分配金额/元	分配标准/千克	分配率	分配金额/元
甲材料						
乙材料						
合计						

（2）编制材料采购成本计算表。

支出项目	甲材料（4 000 千克）		乙材料（1 000 千克）	
	总成本/元	单位成本/（元/千克）	总成本/元	单位成本/（元/千克）
买价				
水、陆运输费				
装卸、搬运费				
材料采购成本合计				

6. 目的：练习生产阶段的总分类核算。

材料：新兴厂为增值税一般纳税人，其增值税税率为13%。2019年6月发生下列经济业务。

（1）从利华厂购入乙材料2 000千克，单位买价为39.5元。对方厂代垫运输费1 000元（假定运输费不考虑增值税进项税额抵扣问题）。货款、税款及代垫运费均未支付。

（2）以现金发放本月职工工资12 000元。

（3）从利华厂购入的乙材料运达企业并验收入库。

（4）生产 A 产品领用甲材料800千克，每千克50元；生产 B 产品领用甲材料100千克，每千克50元。

（5）预提本月应负担的短期借款利息700元。

（6）向银行借入6个月期借款50 000元，存入银行。

（7）结转本月应付职工工资。其用途和金额如下。

项目	金额/元
制造 A 产品工人工资	4 000
制造 B 产品工人工资	6 000
车间管理人员工资	1 000
厂部管理人员工资	1 000
合计	12 000

（8）按规定计提本月固定资产折旧12 000元，其中生产车间提取9 000元，企业管理部门提取3 000元。

（9）摊销应由本月管理费用负担的仓库租金2 000元。

（10）将已经预提的短期借款利息1 400元付给银行。

（11）以银行存款归还利华厂货款90 270元。

（12）将本月发生的制造费用按职工工资比例分配计入各产品成本。

（13）A 产品100件和 B 产品200件全部完工验收入库。B 产品期初有在产品成本3 000元。

要求：根据以上经济业务编制会计分录。

7. 目的：练习产品生产成本的计算。

材料：天华厂2018年10月生产丙产品2 000件，丁产品1 000件，该厂丙产品和丁产品月初、月末均无在产品。10月发生生产费用如下。

（1）原材料消耗费用如下。

用途	金额/元
丙产品	50 000
丁产品	10 000
车间	5 000
厂部	1 000

（2）工资支出费用如下。

用途	金额/元
丙产品生产工人工资	10 000
丁产品生产工人工资	5 000
车间管理人员工资	8 000
厂部管理人员工资	3 000

（3）生产丙、丁产品耗用电费7 000元。本月丙产品定额耗电量为60 000度，丁产品定额耗电量为10 000度。

（4）生产车间固定资产应计提折旧5 000元，厂部固定资产应计提折旧2 000元。

要求：

（1）以产品定额耗电量为标准分配电费，并编制电费分配表（格式如下）。

电费分配表

2018 年 10 月

产品名称	分配标准（定额耗电量）/度	分配率	分配额/元
合计			

（2）以生产工人工资为标准，分配制造费用，并编制制造费用分配表（格式如下）。

制造费用分配表

2018 年 10 月

产品名称	分配标准（工人工资）/元	分配率	分配额/元
合计			

（3）编制产品生产成本计算表（格式如下）。

产品生产成本计算表

2018 年 10 月　　单位：元

成本项目	丙产品（2 000 件）		丁产品（1 000 件）	
	总成本	单位成本	总成本	单位成本
原材料				
直接人工				
燃料和动力				
制造费用				
合计				

8. 目的：练习销售阶段的总分类核算。

材料：新利厂为增值税一般纳税人，其增值税税率为13%。2019年6月发生下列经济业务。

（1）向金华厂出售 A 产品100件，单位售价为1 000元，货款及税款尚未收到。

（2）以银行存款1 000元支付上述销售产品运输费。

（3）收到金华厂货款113 000元，存入银行。

（4）向南山厂出售 B 产品100件，单位售价为500元，货款及税款当即收存银行。

（5）以银行存款支付上述销售产品发生的包装费计900元。

（6）结转本月出售产品的生产成本。其中 A 产品60 000元，B 产品30 000元。

（7）以银行存款交纳增值税10 000元。

要求：根据上述经济业务编制有关会计分录。

9. 目的：练习财务成果及其分配的核算。

材料：

（1）宏利工厂2019年12月1～30日有关损益类账户总分类账的累计发生额见下表。

账户累计发生额　　　　单位：元

账户名称	借方累计额	贷方累计额
主营业务收入		500 000
主营业务成本	350 000	
其他业务收入		6 000
其他业务成本	3 000	
销售费用	25 000	
管理费用	30 000	
财务费用	2 000	
营业外收入		4 000
营业外支出	1 000	

（2）12月31日发生下列经济业务。

① 出售产品一批，售价50 000元，增值税税率为13%，收到对方开来的商业汇票一张。

② 按出售产品的实际成本30 000元结转销售成本。

③ 以银行存款支付产品销售过程中的运费1 000元。

④ 以银行存款支付厂部办公费2 000元。

⑤ 计提应由本月负担的银行借款利息2 000元。

⑥ 以银行存款支付违约金1 000元。

⑦ 收到 XX 支付给宏利厂违约金2 000元，收到现金。

⑧ 销售多余材料一批，售价4 000元，增值税税率为13%，货款收存银行。

⑨ 结转上述对外销售材料成本2 600元。

⑩ 用现金支付上述材料运费400元。

⑪ 收到被投资单位宣告并分来的股利30 000元，存入银行。

要求：

（1）根据上述经济业务编制会计分录。

（2）将收入类和费用类账户转入“本年利润”账户（即结转各种损益类账户）。

（3）按12月利润总额的25%计算应交所得税，并作计提所得税费用的账务处理；之后将“所得税费用”账户转入“本年利润”账户（即结转“所得税费用”账户）。

（4）将全年净利润109 500元转入“利润分配”账户。

（5）按全年净利润的10%提取法定盈余公积，并做账务处理。

（6）按全年净利润的20%提取任意盈余公积，并做账务处理。

（7）按全年净利润的50%计算分配应付投资者利润，并做账务处理。

10. 目的：练习工业企业主要经营过程的核算。

材料一：永新厂为增值税一般纳税人，其增值税税率为13%。2019年11月1日，总分类账户的余额如下。

账户	借方余额/元	账户	贷方余额/元
库存现金	700	短期借款	40 000
银行存款	40 000	应付利息	200
原材料	127 300	实收资本	1 000 000
预付账款	800	盈余公积	73 600
固定资产	1 455 000	本年利润	370 000
库存商品	60 000	累计折旧	200 000
合计	1 683 800	合计	1 683 800

材料二：该厂2019年11月发生下列经济业务。

① 2日，向星光厂采购甲材料4吨，每吨1 000元；乙材料6吨，每吨1 500元。以银行存款支付货款及税款。

② 5日，上项向星光厂采购的甲、乙材料已到达本厂并验收入库，结转甲、乙材料的实际采购成本转账。

③ 11日，向新华厂购入乙材料2吨，每吨1 500元，货款及增值税尚未支付。该材料已验收入库，按其实际采购成本入账。

④ 13日，以银行存款归还新华厂货款3 480元。

⑤ 14日，从银行提取现金1 100元，备用。

⑥ 15日，收到银行代发职工工资11 100元的付款凭证。

⑦ 18日，以银行存款预付下年度财产保险费4 800元。

⑧ 20日，向光明厂出售A产品200件，每件售价800元，货款及税款存入银行。

⑨ 27日，以银行存款支付A产品广告费4 000元。

⑩ 30日，本月职工工资11 100元，其用途如下。

项目	金额/元
制造A产品工人工资	5 550
制造B产品工人工资	3 330
车间管理人员工资	1 110
厂部管理人员工资	1 110
合计	11 100

⑪ 30日，本月应提固定资产折旧如下：基本生产车间固定资产折旧3 000元；企业管理部门固定资产折旧1 000元。

⑫ 30日，预提本月应负担的短期借款利息200元。

⑬ 30日，摊销本月应负担的财产保险费400元，其中，制造费用负担300元，管理费用负担100元。

⑭ 30日，汇总本月材料发出情况如下（甲材料30 000元，乙材料14 300元）。

项目	金额/元
A产品生产领用	28 450
B产品生产领用	13 670
车间一般耗用	1 590
企业管理部门耗用	590
合计	44 300

⑮ 30日，按本月A、B产品的生产工时比例分配结转制造费用（A、B产品本月生产工时数分别为8 000小时和4 000小时）。

⑯ 30日，投产的A产品100件已全部完工并验收入库，结转完工产品的生产成本。B产品尚未完工。

⑰ 30日，结转已售产品的生产成本80 000元。

⑱ 30日，以银行存款交纳增值税16 000元。

⑲ 30日，按规定结转本月实现利润应交的所得税33 000元。

⑳ 将本月产品销售收入、销售成本、销售费用、管理费用、财务费用和所得税费用转入“本年利润”账户。

要求：

（1）根据材料一，开设有关总分类账户，登记期初余额。

（2）根据材料二，编制有关会计分录，并根据会计分录登记总账。

（3）结出各总分类账户的本期借方发生额合计和贷方发生额合计，计算期末余额，并编制试算平衡表。

五、案例分析题

1. 现有4家投资者决定合股投资500万元经营一家商店，主要经营家用电器、服装和百货商品，并开一家快餐店，已租入一栋四层楼房：一楼经营家用电器，二楼经营服装，三楼经营百货，四楼经营快餐。现已办妥一切开业手续。

要求：根据以下资料对该公司进行初步的会计制度设计，即设计其会计科目。

（1）除4家合股投资者外，还准备向银行贷款和吸收他人的投资，但他人投资不作为股份，只作为长期应付账款，按高于同期银行存款利率的15%付息。

（2）商场和快餐店均需要重新装修才能营业。

（3）需要购入货架、柜台、音箱设备、桌椅、收银机等设备，还需要购入运输汽车一辆。

（4）房屋按月交租金。

（5）快餐店业务作为其他业务处理。

（6）商场购销活动中，库存商品按售价记账，可以赊购、赊销。

（7）公司要求管理费用等共同费用应在商场和快餐店之间进行分摊。

（8）雇用店员若干人，每月按计时工资发放报酬，奖金视销售情况而定。

（9）公司按规定缴纳企业所得税、营业税，税率按国家规定执行。

（10）利润按商场和快餐店分别计算，税后利润按规定提取公积金。

（11）购进商品的包装物卖给废品公司。

2. 材料一：银基烯碳新材料集团股份有限公司（以下简称ST烯碳）成立于1989年，于1993年在深圳证券交易所上市（股票代码：000511），是东北地区在深圳证券交易所上市的第一家公司。2000年，公司战略转型房地产，成为东北地区最大的房地产开发商之一。2013年公司开始进军石墨烯暨先进碳产业，打造石墨烯产业化的枢纽型服务平台。2016年战略性进军新能源汽车行业，推动了新能源汽车对传统燃油汽车的全面替代，实施了以动力电池为核心，以电机电控为补充，布局新能源汽车全产业链的发展方针。

材料二：2016年年报数据显示，ST烯碳实现主营业务收入14.16亿元，同比上年增长26.84%；实现净利润–4.74亿元，同比下降1 045.28%；经营活动产生的现金流量净额为–28 194.13万元，流动资金大量流失。此外，主审中介机构中兴华会计师事务所针对ST烯碳2016年报出具了保留意见的审计报告，并针对其内部控制审计报告也出具了否定意见。

ST烯碳紧接着被爆出财务造假事件，它将应计入当期损益的费用（主要是利息费用），计入了“其他应收款”中。一件件负面新闻接踵而至，最终压垮了ST烯碳。

（1）根据材料，回答ST烯碳涉嫌造假的具体业务内容。

（2）将应计入当期损益的费用（主要是利息费用），计入了“其他应收款”，这对企业的财务成果有何影响？

六、思考题

1. 什么是试算平衡表？为什么要编制试算平衡表？
2. 权责发生制和收付实现制在对收入和费用进行确认时各采用什么标准？
3. 制造业企业的主要经济业务内容包括哪些？
4. 材料采购成本由哪些项目组成？

5. 资本公积的主要用途是什么？来源有哪些？
6. 企业的利润总额由哪些项目组成？如何计算企业的净利润？
7. 通过本章的学习，你认为制造业企业主要经济业务核算的重点和难点在哪里？

第十二章　参 考 答 案

一、解释重要名词

（略）

二、选择题

1. ABC　2. C　3. ABCD　4. D　5. ABCD　6. ABD　7. BCD　8. ABC　9. B
10. B　11. D　12. C　13. C　14. B　15. D　16. B　17. AC　18. BC　19. BCD
20. B　21. B　22. CD　23. ABC　24. BC　25. C　26. BD　27. ABD
28. ABCD　29. C　30. CD　31. BCD　32. B　33. CDE　34. A　35. AC　36. A
37. AC　38. ABD　39. ABCDE

三、判断题

1. √　2. ×　3. ×　4. ×　5. ×　6. √　7. ×　8. √　9. √　10. ×　11. √
12. √　13. √　14. ×　15. ×　16. ×　17. ×　18. √　19. √　20. ×　21. ×　22. ×
23. ×　24. ×　25. √　26. √　27. √　28. √　29. √　30. ×　31. ×　32. ×
33. √　34. ×　35. ×　36. ×　37. ×

四、练习题

1.

（1）会计分录如下：

① 借：银行存款	300 000	
贷：长期借款		300 000
② 借：固定资产	950 000	
贷：银行存款		500 000
长期应付款		450 000
③ 借：库存商品	150 000	
贷：银行存款		100 000
应付账款		50 000
④ 借：银行存款	20 000	
应付账款	30 000	
贷：短期借款		50 000

⑤ 借：库存现金 4 500
　　贷：预收账款 4 500
⑥ 借：银行存款 250 000
　　应收账款 50 000
　　贷：主营业务收入 300 000
⑦ 借：银行存款 30 000
　　贷：应收账款 30 000
⑧ 借：管理费用 500
　　贷：库存现金 500
⑨ 借：主营业务成本 180 000
　　贷：库存商品 180 000
⑩ 借：管理费用 4 000
　　销售费用 2 000
　　贷：应付职工薪酬 6 000
⑪ 借：应付职工薪酬 4 500
　　贷：银行存款 4 500
⑫ 借：管理费用 2 120
　　贷：银行存款 2 120

（2）登记账户如下：

银行存款

期初余额	386 920		
①	300 000	②	500 000
④	20 000	③	100 000
⑥	250 000	⑪	4 500
⑦	30 000	⑫	2 120
本期发生额	600 000	本期发生额	606 620
期末余额	380 300		

应付账款

		期初余额	35 000
④	30 000	③	50 000
本期发生额	30 000	本期发生额	50 000
		期末余额	55 000

库存商品

期初余额	50 000		
③	150 000	⑨	180 000
本期发生额	150 000	本期发生额	180 000
期末余额	20 000		

主营业务成本

⑨	180 000		
本期发生额	180 000		

管理费用

⑧	500		
⑩	4 000		
⑫	2 120		
本期发生额	6 620		

库存现金

期初余额	1 550		
⑤	4 500	⑧	500
本期发生额	4 550	本期发生额	500
期末余额	5 550		

销售费用

⑩	2 000		
本期发生额	2 000		

主营业务收入

		⑥	300 000
		本期发生额	300 000

固定资产

期初余额	28 500		
②	950 000		
本期发生额	950 000		
期末余额	978 500		

预收账款

		期初余额	0
		⑤	4 500
		本期发生额	4 500
		期末余额	4 500

长期应付款

		期初余额	0
		②	450 000
		本期发生额	450 000
		期末余额	450 000

应收账款

期初余额	30 000		
⑥	50 000	⑦	30 000
本期发生额	50 000	本期发生额	30 000
期末余额	50 000		

应付职工薪酬

		期初余额	0
⑪	4 500	⑩	6 000
本期发生额	4 500	本期发生额	6 000
		期末余额	1 500

短期借款

		期初余额	0
		④	50 000
		本期发生额	50 000
		期末余额	50 000

长期借款

		期初余额	0
		①	300 000
		本期发生额	300 000
		期末余额	300 000

（3）

总分类账户本期发生额及余额试算平衡表 单位：元

账户名称	期初余额		本期发生额		期末余额	
	借方	贷方	借方	贷方	借方	贷方
现金	1 550		4 500	500	5 550	
银行存款	386 920		600 000	606 620	380 300	
应收账款	30 000		50 000	30 000	50 000	
库存商品	50 000		150 000	180 000	20 000	
待摊费用	60 000				60 000	
固定资产	28 500		950 000		978 500	
短期借款				50 000		50 000
应付账款		35 000	30 000	50 000		55 000
预收账款				4 500		4 500
应付职工薪酬			4 500	6 000		1 500
长期应付款				450 000		450 000
长期借款				300 000		300 000
实收资本		500 000				500 000

续表

账户名称	期初余额		本期发生额		期末余额	
	借方	贷方	借方	贷方	借方	贷方
主营业务收入				300 000		
主营业务成本			180 000			
销售费用			2 000			
管理费用			6 620			
未分配利润		21 970				133 350
合计	556 970	556 970	1 977 620	1 977 620	1 494 350	1 494 350

2.

（1）借：应收账款——A 公司　129 673
　　贷：主营业务收入　112 100
　　　　应交税费——应交增值税（销项税额）　14 573
　　　　银行存款　3 000

（2）借：银行存款　46 104
　　贷：主营业务收入　40 800
　　　　应交税费——应交增值税（销项税额）　5 304

（3）借：银行存款　100 000
　　贷：预收账款——C 公司　100 000

（4）借：银行存款　47 460
　　贷：其他业务收入　42 000
　　　　应交税费——应交增值税（销项税额）　5 460

（5）借：银行存款　129 673
　　贷：应收账款——A 公司　129 673

（6）借：预收账款　100 000
　　贷：主营业务收入　74 800
　　　　应交税费——应交增值税（销项税额）　9 724
　　　　银行存款　15 476

（7）借：营业外支出　10 000
　　贷：银行存款　10 000

（8）借：销售费用　6 000
　　贷：银行存款　6 000

（9）借：销售费用　7 000
　　贷：银行存款　7 000

（10）借：主营业务成本　112 500
　　贷：库存商品　112 500

（11）借：其他业务成本　21 000
　　贷：原材料　21 000

（12）借：税金及附加　　2 120
　　贷：应交税费　　2 120
（13）借：本年利润　　158 620
　　贷：主营业务成本　　112 500
　　　　其他业务成本　　21 000
　　　　销售费用　　13 000
　　　　税金及附加　　2 120
　　　　营业外支出　　10 000
　借：主营业务收入　　227 700
　　　其他业务收入　　42 000
　　贷：本年利润　　269 700
（14）借：所得税费用　　27 770
　　贷：应交税费——应交所得税　　27 770
　借：本年利润　　27 770
　　贷：所得税费用　　27 770
（15）借：利润分配——提取盈余公积　　8 331
　　贷：盈余公积　　8 331
（16）借：利润分配——应付利润　　22 493.7
　　贷：应付股利　　22 493.7

3.

（1）本月发生领料业务260 000元，其中，A 产品生产领用150 000元，B 产品生产领用90 000元，车间管理部门耗用15 000元，行政管理部门领用5 000元。

借：生产成本——A 产品　　150 000
　　　　　——B 产品　　90 000
　制造费用　　15 000
　管理费用　　5 000
　贷：原材料　　260 000

（2）分配本月应付工资总额90 000元，其中，生产工人工资60 000元，车间管理人员工资20 000元，行政管理人员工资10 000元。另外，A、B 两种产品生产工人工资按生产工时进行分配，其中，A 产品耗用6 000小时，B 产品耗用4 000小时。

A 产品：60 000×6 000/（6 000+4 000）=36 000元

B 产品：60 000×4 000/（6 000+4 000）=24 000元

借：生产成本——A 产品　　36 000
　　　　　——B 产品　　24 000
　制造费用　　20 000
　管理费用　　10 000
　贷：应付职工薪酬　　90 000

（3）按本月应付工资总额的14%提取职工福利费。

A 产品：36 000×14%=5 040元

B 产品：24 000×14%=3 360元

制造费用：20 000×14%=2 800元

管理费用：10 000×14%=1 400元

借：生产成本——A 产品　　5 040

　　　　　　——B 产品　　3 360

　　制造费用　　2 800

　　管理费用　　1 400

　　贷：应付职工薪酬　　12 600

（4）从银行提取现金90 000元准备发放工资。

借：库存现金　　90 000

　　贷：银行存款　　90 000

（5）以现金90 000元发放工资。

借：应付职工薪酬　　90 000

　　贷：库存现金　　90 000

（6）以银行存款支付本月电费13 000元，其中，产品生产负担10 000元（按生产工时在 A、B 两种产品之间进行分配），车间管理部门和行政管理部门各负担1 500元。

A 产品：10 000×6 000/（6 000+4 000）=6 000元

B 产品：10 000×4 000/（6 000+4 000）=4 000元

借：生产成本——A 产品　　6 000

　　　　　　——B 产品　　4 000

　　制造费用　　1 500

　　管理费用　　1 500

　　贷：银行存款　　13 000

（7）计提本月固定资产折旧费20 000元，其中，生产车间提取14 000元，行政管理部门提取6 000元。

借：制造费用　　14 000

　　管理费用　　6 000

　　贷：累计折旧　　20 000

（8）结转本月制造费用，并按生产工时在 A、B 两种产品之间进行分配。

A 产品：（15 000+20 000+2 800+1 500+14 000）×6 000/（6 000+4 000）=31 980元

B 产品：（15 000+20 000+2 800+1 500+14 000）×4 000/（6 000+4 000）=21 320元

借：生产成本——A 产品　　31 980

　　　　　　——B 产品　　21 320

　　贷：制造费用　　53 300

（9）本月底 A 产品生产全部完工并验收入库，结转 A 产品成本。

A 产品：150 000+36 000+5 040+6 000+31 980=229 020元

借：库存商品——A 产品　　　　229 020
　　贷：生产成本——A 产品　　　　229 020

4.

（1）从银行提取现金800元备用。

借：库存现金　　　　800
　　贷：银行存款　　　　800

（2）向大达厂购入甲材料1 000千克，单位买价为10元。货款及税款均未支付。

借：材料采购——甲材料　　　　10 000
　　应交税费——应交增值税（进项税额）　　1 300
　　贷：应付账款——大达厂　　　　11 300

（3）采购员林芳暂借差旅费500元，以现金付讫。

借：其他应收款——林芳　　　　500
　　贷：库存现金　　　　500

（4）从华民厂购入乙材料1 000千克，单位买价为30元。货款及税款以银行存款付讫。

借：材料采购——乙材料　　　　30 000
　　应交税费——应交增值税（进项税额）　　3 900
　　贷：银行存款　　　　33 900

（5）上项甲、乙两种材料验收入库，结转其采购成本。

借：原材料——甲材料　　　　10 000
　　　　　——乙材料　　　　30 000
　　贷：材料采购——甲材料　　　　10 000
　　　　　　　　——乙材料　　　　30 000

（6）向中信厂购入丙材料100千克，单位买价为5元。货款及税款以银行存款支付。材料当即验收入库。

借：材料采购——丙材料　　　　500
　　应交税费——应交增值税（进项税额）　　65
　　贷：银行存款　　　　565

借：原材料——丙材料　　　　500
　　贷：材料采购——丙材料　　　　500

或者：

借：原材料——丙材料　　　　500
　　应交税费——应交增值税（进项税额）　　65
　　贷：银行存款　　　　565

（7）以银行存款偿还前欠大达厂货款11 300元。

借：应付账款——大达厂　　　　11 300
　　贷：银行存款　　　　11 300

（8）采购员林芳出差回厂报销差旅费，实际报销差旅费520元，以现金补付差额。

借：管理费用　　520
　　贷：其他应收款——林芳　　500
　　　　库存现金　　20

5.

（1）以材料重量为标准分配材料采购的采购费用。材料的采购费用分配表如下。

项目	水、陆运输费			装卸、搬运费		
	分配标准/千克	分配率	分配金额/元	分配标准/千克	分配率	分配金额/元
甲材料	4 000	0.70	2 800	4 000	0.30	1 200
乙材料	1 000		700	1 000		300
合计	5 000	0.70	3 500	5 000	0.30	1 500

（2）材料采购成本计算表如下。

支出项目	甲材料（4 000 千克）		乙材料（1 000 千克）	
	总成本/元	单位成本/（元/千克）	总成本/元	单位成本/（元/千克）
买价	116 000	29.00	8 000	8.00
水、陆运输费	2 800	0.70	700	0.70
装卸、搬运费	1 200	0.30	300	0.30
材料采购成本合计	120 000	30.00	9 000	9.00

6.

（1）借：材料采购——乙材料　　80 000
　　　　应交税费——应交增值税（进项税额）　　10 270
　　　　贷：应付账款——利华厂　　90 270

（2）借：应付职工薪酬——职工工资　　12 000
　　　　贷：库存现金　　12 000

（3）借：原材料——乙材料　　80 000
　　　　贷：材料采购——乙材料　　80 000

（4）借：生产成本——A 产品　　40 000
　　　　　　　　——B 产品　　5 000
　　　　贷：原材料——甲材料　　45 000

（5）借：财务费用　　700
　　　　贷：应付利息　　700

（6）借：银行存款　　50 000
　　　　贷：短期借款　　50 000

（7）借：生产成本——A 产品　　4 000
　　　　　　　　——B 产品　　6 000
　　　　制造费用　　1 000
　　　　管理费用　　1 000
　　　　贷：应付职工薪酬——职工工资　　12 000

（8）借：制造费用 9 000
管理费用 3 000
贷：累计折旧 12 000
（9）借：管理费用 2 000
贷：预付账款 2 000
（10）借：应付利息 1 400
贷：银行存款 1 400
（11）借：应付账款——利华厂 90 270
贷：银行存款 90 270
（12）

制造费用

（7）	1 000	
（8）	9 000	
本期合计	10 000	

制造费用分配表

2019 年 6 月

产品名称	分配标准（工人工资）/元	分配率	分配额/元
A 产品	4 000	1.00	4 000
B 产品	6 000		6 000
合计	10 000	1.00	10 000

借：生产成本——A 产品 4 000
——B 产品 6 000
贷：制造费用 10 000
（13）

生产成本——A 产品

（4）	40 000	
（7）	4 000	
（12）	4 000	
本期合计	48 000	

生产成本——B 产品

期初余额	3 000	
（4）	5 000	
（7）	6 000	
（12）	6 000	
本期发生额	17 000	
期末余额	20 000	

借：库存商品——A 产品　　　　　　48 000
　　　　　　——B 产品　　　　　　20 000
　贷：生产成本——A 产品　　　　　　48 000
　　　　　　　——B 产品　　　　　　20 000

7.

（1）

电费分配表

2018 年 10 月

产品名称	分配标准（定额耗电量）/度	分配率	分配额/元
丙产品	60 000	0.10	6 000
丁产品	10 000		1 000
合计	70 000	0.10	7 000

（2）

制造费用

车间耗用材料	5 000	
车间管理人员工资	8 000	
车间固定资产折旧	5 000	
本期合计	18 000	

制造费用分配表

2018 年 10 月

产品名称	分配标准（工人工资）/元	分配率	分配额/元
丙产品	10 000	1.20	12 000
丁产品	5 000		6 000
合计	15 000	1.20	18 000

（3）

产品生产成本计算表

2018 年 10 月　　　　　　　　单位：元

成本项目	丙产品（2 000 件）		丁产品（1 000 件）	
	总成本	单位成本	总成本	单位成本
原材料	50 000	25.00	10 000	10.00
直接人工	10 000	5.00	5 000	5.00
燃料和动力	6 000	3.00	1 000	1.00
制造费用	12 000	6.00	6 000	6.00
合计	78 000	39.00	22 000	22.00

8.

（1）借：应收账款——金华厂　113 000
　　贷：主营业务收入——A 产品　100 000
　　　　应交税费——应交增值税（销项税额）　13 000

（2）借：销售费用——广告费用　1 000
　　贷：银行存款　1 000

（3）借：银行存款　113 000
　　贷：应收账款——金华厂　113 000

（4）借：银行存款　56 500
　　贷：主营业务收入——B 产品　50 000
　　　　应交税费——应交增值税（销项税额）　6 500

（5）借：销售费用——包装费用　900
　　贷：银行存款　900

（6）借：主营业务成本　90 000
　　贷：库存商品——A 产品　60 000
　　　　　　　　——B 产品　30 000

（7）借：应交税费——应交增值税（已交税金）　10 000
　　贷：银行存款　10 000

9.

（1）

① 借：应收票据　56 500
　　贷：主营业务收入　50 000
　　　　应交税费——应交增值税（销项税额）　6 500

② 借：主营业务成本　30 000
　　贷：库存商品　30 000

③ 借：销售费用　1 000
　　贷：银行存款　1 000

④ 借：管理费用　2 000
　　贷：银行存款　2 000

⑤ 借：财务费用　2 000
　　贷：应付利息　2 000

⑥ 借：营业外支出　1 000
　　贷：银行存款　1 000

⑦ 借：库存现金　2 000
　　贷：营业外收入　2 000

⑧ 借：银行存款　4 520
　　贷：其他业务收入　4 000
　　　　应交税费——应交增值税（销项税额）　520

⑨ 借：其他业务成本	2 600	
贷：原材料		2 600
⑩ 借：其他业务成本	400	
贷：库存现金		400
⑪ 借：应收股利	30 000	
贷：投资收益		30 000
借：银行存款	30 000	
贷：应收股利		30 000

或者：

借：银行存款	30 000	
贷：投资收益		30 000

（2）

结清收入类账户：

借：主营业务收入	550 000	
其他业务收入	10 000	
营业外收入	6 000	
投资收益	30 000	
贷：本年利润		596 000

结清费用类账户：

借：本年利润	450 000	
贷：主营业务成本		380 000
其他业务成本		6 000
销售费用		26 000
管理费用		32 000
财务费用		4 000
营业外支出		2 000

（3）

利润总额=596 000–450 000=146 000元

应提所得税=146 000×25%=36 500元

借：所得税费用	36 500	
贷：应交税费——应交所得税		36 500
借：本年利润	36 500	
贷：所得税费用		36 500

（4）

借：本年利润	109 500	
贷：利润分配——未分配利润		109 500

（5）

应提法定盈余公积=109 500×10%=10 950元

借：利润分配——提取法定盈余公积　　　　10 950

　贷：盈余公积——法定盈余公积　　　　　　10 950

（6）

应提任意盈余公积=109 500×20%=21 900元

借：利润分配——提取任意盈余公积　　　　21 900

　贷：盈余公积——任意盈余公积　　　　　　21 900

（7）

应付利润=109 500×50%=54 750元

借：利润分配——应付投资者利润　　　　54 750

　贷：应付利润（或：应付股利）　　　　　　54 750

10.（1）有关总分类账户记录如下[包括第（2）题根据会计分录登记总账的答案]。

库存现金

期初余额	700		
⑤	1 100		
本期发生额	1 100	本期发生额	0
期末余额	1 800		

银行存款

期初余额	40 000		
		①	14 690
		④	3 390
		⑤	1 100
		⑥	11 100
		⑦	4 800
⑧	180 800		
		⑨	4 000
		⑱	16 000
本期发生额	180 800	本期发生额	55 080
期末余额	165 720		

原材料

期初余额	127 300		
②	13 000	⑭	44 300
③	3 000		
本期发生额	16 000	本期发生额	44 300
期末余额	99 000		

预付账款

期初余额	800	⑬	400
⑦	4 800		
本期发生额	4 800	本期发生额	400
期末余额	5 200		

固定资产

期初余额	1 455 000		
本期发生额		本期发生额	
期末余额	1 455 000		

库存商品

期初余额	60 000		
⑯	38 000	⑰	80 000
本期发生额	38 000	本期发生额	80 000
期末余额	18 000		

应付利息

		期初余额	200
		⑫	200
本期发生额		本期发生额	200
		期末余额	400

盈余公积

		期初余额	73 600
本期发生额		本期发生额	
		期末余额	73 600

材料采购

①	13 000	②	13 000
③	3 000	③	3 000
本期合计	16 000	本期合计	16 000

累计折旧

		期初余额	200 000
		⑪	4 000
本期发生额		本期发生额	4 000
		期末余额	204 000

短期借款

		期初余额	40 000
本期发生额		本期发生额	
		期末余额	40 000

实收资本

		期初余额	1 000 000
本期发生额		本期发生额	
		期末余额	1 000 000

本年利润

		期初余额	370 000
⑳	120 000	⑳	160 000
本期发生额	120 000	本期发生额	160 000
		期末余额	410 000

应交税费

①	1 690	⑧	20 800
③	390	⑲	33 000
⑱	16 000		
本期发生额	18 080	本期发生额	53 800
		期末余额	35 720

应付账款

④	3 390	③	3 390
本期合计	3 390	本期合计	3 390

主营业务收入

⑳	160 000	⑧	160 000
本期合计	160 000	本期合计	160 000

应付职工薪酬

⑥	11 100	⑩	11 100
本期合计	11 100	本期合计	11 100

销售费用

⑨	4 000	⑳	4 000
本期合计	4 000	本期合计	4 000

生产成本

⑩	8 880	⑯	38 000
⑭	42 120		
⑮	6 000		
本期发生额	57 000	本期发生额	38 000
期末余额	19 000		

生产成本——A 产品

⑩	5 550	⑯	38 000
⑭	28 450		
⑮	4 000		
本期合计	38 000	本期合计	38 000

生产成本——B 产品

⑩	3 330		
⑭	13 670		
⑮	2 000		
本期发生额	19 000	本期发生额	
期末余额	19 000		

制造费用

⑩	1 110	⑮	6 000
⑪	3 000		
⑬	300		
⑭	1 590		
本期合计	6 000	本期合计	6 000

管理费用

⑩	1 110	⑳	2 800
⑪	1 000		
⑬	100		
⑭	590		
本期合计	2 800	本期合计	2 800

财务费用

⑫	200	⑳	200
本期合计	200	本期合计	200

所得税费用

⑲	33 000	⑳	33 000
本期合计	33 000	本期合计	33 000

主营业务成本

⑰	80 000	⑳	80 000
本期合计	80 000	本期合计	80 000

（2）有关会计分录如下。

① 借：材料采购——甲材料　4 000
　　　　　　——乙材料　9 000
　　应交税费——应交增值税（进项税额）　1 690
　　贷：银行存款　14 690

② 借：原材料——甲材料　4 000
　　　　　——乙材料　9 000
　　贷：材料采购——甲材料　4 000
　　　　　　　——乙材料　9 000

③ 借：材料采购——乙材料　3 000
　　应交税费——应交增值税（进项税额）　390
　　贷：应付账款——新华厂　3 390
　借：原材料——乙材料　3 000
　　贷：材料采购——乙材料　3 000

④ 借：应付账款——新华厂　3 390
　　贷：银行存款　3 390

⑤ 借：库存现金　1 100
　　贷：银行存款　1 100

⑥ 借：应付职工薪酬　11 100
　　贷：银行存款　11 100

⑦ 借：预付账款　4 800
　　贷：银行存款　4 800

⑧ 借：银行存款　180 800
　　贷：主营业务收入　160 000
　　　应交税费——应交增值税（销项税额）　20 800

⑨ 借：销售费用　4 000
　　贷：银行存款　4 000

⑩ 借：生产成本——A 产品　5 550
　　　　　——B 产品　3 330
　　制造费用　1 110
　　管理费用　1 110
　　贷：应付职工薪酬　11 100

⑪ 借：制造费用　3 000
　　管理费用　1 000
　　贷：累计折旧　4 000

⑫ 借：财务费用　　200
　　贷：应付利息　　200
⑬ 借：制造费用　　300
　　管理费用　　100
　　贷：预付账款　　400
⑭ 借：生产成本——A 产品　　28 450
　　——B 产品　　13 670
　　制造费用　　1 590
　　管理费用　　590
　　贷：原材料——甲材料　　30 000
　　——乙材料　　14 300
⑮ 制造费用总额=6 000元（见制造费用账户）。

制造费用分配表

2018 年 11 月

产品名称	分配标准（生产工时）/小时	分配率	分配额/元
A 产品	8 000	0.50	4 000
B 产品	4 000		2 000
合计	12 000	0.50	6 000

借：生产成本——A 产品　　4 000
　　——B 产品　　2 000
　　贷：制造费用　　6 000
⑯ A 产品总成本=38 000（见生产成本——A 产品明细账）。
借：库存商品——A 产品　　38 000
　　贷：生产成本——A 产品　　38 000
⑰ 借：主营业务成本　　80 000
　　贷：库存商品　　80 000
⑱ 借：应交税费——应交增值税（已交税金）　　16 000
　　贷：银行存款　　16 000
⑲ 借：所得税费用　　33 000
　　贷：应交税费——应交所得税　　33 000
⑳ 结转收入：
借：主营业务收入　　160 000
　　贷：本年利润　　160 000

结转费用：

借：本年利润　　120 000

　贷：销售费用　　4 000

　　管理费用　　2 800

　　财务费用　　200

　　主营业务成本　　80 000

　　所得税费用　　33 000

[总账登记见第（1）题]

（3）

试算平衡表

单位：元

账户	期初余额		本期发生额		期末余额	
	借方	贷方	借方	贷方	借方	贷方
库存现金	700		1 100		1 800	
银行存款	40 000		180 800	55 080	165 720	
原材料	127 300		16 000	44 300	99 000	
预付账款	800		4 800	400	5 200	
固定资产	1 455 000				1 455 000	
累计折旧		200 000		4 000		204 000
库存商品	60 000		38 000	80 000	18 000	
短期借款		40 000				40 000
应付利息		200		200		400
实收资本		1 000 000				1 000 000
盈余公积		73 600				73 600
本年利润		370 000	120 000	160 000		410 000
材料采购			16 000	16 000		
应交税费			18 080	53 800		40 040
应付账款			3 390	3 390		
应付职工薪酬			11 100	11 100		
主营业务收入			160 000	160 000		
销售费用			4 000	4 000		
生产成本			57 000	38 000	19 000	
制造费用			6 000	6 000		
管理费用			2 800	2 800		

续表

账户	期初余额		本期发生额		期末余额	
	借方	贷方	借方	贷方	借方	贷方
财务费用			200	200		
主营业务成本			80 000	80 000		
所得税费用			33 000	33 000		
合计	1 683 800	1 683 800	752 270	752 270	1 763 720	1 763 720

五、案例分析题

1.

（1）资本公积、银行存款、长期应付款。

（2）在建工程、银行存款。

（3）固定资产、银行存款。

（4）销售费用、银行存款。

（5）其他业务收入、应交税费、银行存款。

（6）主营业务收入、主营业务成本、库存商品、商品进销差价、应交税费、银行存款、应收账款。

（7）制造费用、银行存款、管理费用、销售费用等。

（8）应付职工薪酬、银行存款。

（9）所得税费用、应交税费、银行存款。

（10）盈余公积、利润分配。

（11）包装物、其他业务收入、其他业务成本、应交税费、银行存款。

2.（结合材料查阅相关资料回答）

六、思考题

（略）

第十三章

财务报告

一、解释重要名词

财务报告　财务报表　资产负债表　利润表　现金流量表　所有者权益变动表　附注　正常营业周期　单步式利润表　多步式利润表　现金　现金等价物　经营活动　投资活动　筹资活动　综合收益

二、选择题（包括单选和多选）

1. 根据我国会计准则的规定，下列属于年度财务会计报告组成部分的有（　　）。
   A. 资产负债表　　B. 利润表
   C. 所有者权益变动表　　D. 会计报表附注
2. 年度财务会计报告应于年度终了后（　　）内对外提供。
   A. 15日　　B. 30日
   C. 2个月　　D. 4个月
3. 下列关于财务报告的论述中，不正确的是（　　）。
   A. 财务报告能综合、清晰明了地反映会计主体的经营状况
   B. 为加快会计报表的编制和报送进度，可以先编制会计报表，然后再对账证
   C. 财务报告的信息使用者包括上级主管机关、投资者、债权人和内部经营管理者等
   D. 会计报表可以按不同标准进行分类
4. 财务会计报告可以提供关于企业（　　）的信息。
   A. 劳动状况　　B. 经营成果
   C. 财务状况　　D. 现金流量
5. （　　）统称为中期报表。
   A. 月度报表　　B. 季度报表
   C. 半年度报表　　D. 年度报表
6. 编制静态报表的主要依据是（　　）。
   A. 账户的期初余额　　B. 账户的贷方发生额
   C. 账户的借方发生额　　D. 账户的期末余额

7. 会计报表按其编报主体的不同，可分为（　　）。

A. 对内报表和对外报表　　B. 个别报表和合并报表

C. 财务报表和费用、成本报表　　D. 单位报表和汇总报表

8. 编制动态报表的主要依据是（　　）。

A. 账户的本期发生额　　B. 账户的期末余额

C. 账户的期初余额　　D. 账户的期初和期末余额

9. 会计报表的表头部分包括以下几个要素（　　）。

A. 表名　　B. 编表单位

C. 编表时间　　D. 制表人

E. 货币计量单位

10. 资产负债表中的资产项目应按其（　　）程度的强弱顺序进行排列。

A. 变动性　　B. 重要性

C. 流动性　　D. 盈利性

11. 资产负债表是根据（　　）这一会计等式编制的。

A. 资产=负债+所有者权益　　B. 收入−成本=利润

C. 资金占用=资金来源　　D. 资金占用+费用成本=资金来源+收入

12. 可以根据期末余额填制资产负债表的账户有（　　）。

A. 应收票据　　B. 货币资金

C. 坏账准备　　D. 存货

E. 短期借款　　F. 实收资本

13. 某企业期末“应收账款”账户借方余额为90 000元，其所属明细账户的借方余额合计为150 000元，所属明细账户贷方余额合计为60 000元，“坏账准备”账户贷方余额为1 000元，其中针对应收账款的坏账准备为700元。则该企业资产负债表中“应收账款”项目的期末数应为（　　）。

A. 143 000元　　B. 89 300元

C. 89 000元　　D. 149 300元

14. 下列项目中，属于“存货”范围的有（　　）。

A. 无形资产　　B. 长期待摊费用

C. 原材料　　D. 在途物资

E. 库存商品　　F. 工程物资

15. 下列各项税金中，应在利润表中“营业税金及附加”项目中反映的是（　　）。

A. 耕地占用税　　B. 土地增值税

C. 印花税　　D. 城市维护建设税

16. 全部损益账户的本月发生额如下：营业收入900万元，营业成本450万元，营业税金及附加75万元，销售费用63万元，管理费用42万元，财务费用20万元，营业外收入7万元，营业外支出6万元，所得税费用33万元。则利润表中“营业利润”项目的本月数为（　　）万元。

A. 244　　B. 218

C. 250　　D. 251

17. 现金流量表中的现金等价物应同时具备下列（　　）条件。

A. 流动性强　　B. 期限短

C. 易于转变为现金　　D. 价值变动风险小

18. 下列各项中，属于现金流量表中现金及现金等价物的有（　　）。

A. 其他货币资金

B. 随时用于支付的银行存款

C. 3个月内到期的可交易债券投资

D. 应收账款

E. 库存现金

F. 应收利息

19. 下列属于现金流量表中的现金项目有（　　）。

A. 持有的3年期，且将在3个月内到期的国库券

B. 银行汇票

C. 银行承兑汇票

D. 已从市场购进的将在3个月内到期的国库券

20. 下列属于“投资活动现金流量”的是（　　）。

A. 向股东分配现金股利1 200元

B. 取得短期借款5 800元并存入银行

C. 销售商品10 530元，款项存入银行

D. 用存款4 500元购买机器一台

21. 下列属于经营活动项目的有（　　）。

A. 支付借款利息　　B. 销售收到的增值税销项税

C. 支付所得税　　D. 收回前期应收账款

22. 下列关于所有者权益变动表说法正确的是（　　）。

A. 以矩阵的形式列报

B. 全面反映了一定时期所有者权益变动的情况

C. 一定程度上体现了企业的净利润、直接计入所有者权益的利得和损失

D. 表内“上年金额”应根据上年度所有者权益变动表“本年金额”填列

23. 下列属于筹资活动的项目有（　　）。

A. 归还借款　　B. 在建工程中的利息支出

C. 支付现金股利　　D. 国债利息收入

24. 下列各项中包含在会计报表附注中的有（　　）。

A. 所采用的主要会计处理方法

B. 会计处理方法的变更情况、变更原因及对财务状况和经营成果的影响

C. 非经常性项目的说明

D. 会计报表中有关项目的明细资料

25. 在企业与关联方发生交易的情况下，企业应当在会计报表附注中披露（　　）。

A. 关联方关系的性质　　B. 交易的类型

C. 交易金额　　D. 未结算项目的金额或相应比例

26. 企业购买股票时，实际支付的价款中包含的已宣告但尚未领取的现金股利，应在（　　）项目中反映。
   A. 投资所支付的现金
   B. 收到的其他与投资活动有关的现金
   C. 支付的其他与投资活动有关的现金
   D. 收回投资所收到的现金
27. 反映企业在某一特定日期的财务状况的财务报表的是（　　）。
   A. 资产负债表　　B. 利润表
   C. 现金流量表　　D. 所有者权益表
28. 资产负债表列报方法中，“交易性金融负债”的填列方法是（　　）。
   A. 直接根据总账科目余额填列
   B. 根据几个总账科目的期末余额之和计算填列
   C. 根据明细账科目余额计算填列
   D. 根据总账科目和明细科目余额分析计算填列
29. 资产负债表列报方法中，“货币资金”的填列方法是（　　）。
   A. 直接根据总账科目余额填列
   B. 根据几个总账科目的期末余额之和计算填列
   C. 根据明细账科目余额计算填列
   D. 根据总账科目和明细科目余额分析计算填列
30. 资产负债表的列报方法中，“预付款项”的填列方法是（　　）。
   A. 直接根据总账科目余额填列
   B. 根据几个总账科目的期末余额之和计算填列
   C. 根据明细账科目余额计算填列
   D. 根据总账科目和明细科目余额分析计算填列
31. 资产负债表的列报方法中，“长期借款”的填列方法是（　　）。
   A. 直接根据总账科目余额填列
   B. 根据几个总账科目的期末余额之和计算填列
   C. 根据明细账科目余额计算填列
   D. 根据总账科目和明细科目余额分析计算填列
32. 资产负债表的列报方法中，“应付利息”的填列方法是（　　）。
   A. 直接根据总账科目余额填列
   B. 根据几个总账科目的期末余额之和计算填列
   C. 根据明细账科目余额计算填列
   D. 根据总账科目和明细科目余额分析计算填列
33. 资产负债表的列报方法中，存货应根据“材料采购”“原材料”“材料成本差异”“生产成本”“委托加工物资”“周转材料”“库存商品”等总账科目期末余额的分析汇总数，再减去“存货跌价准备”科目后的净额填列。以上的填列方法属于（　　）。
   A. 直接根据总账科目余额填列
   B. 根据几个总账科目的期末余额之和计算填列
   C. 根据明细账科目余额计算填列
   D. 根据总账科目和明细科目余额分析计算填列

34. 在资产负债表的列报中，“应收账款”项目应当根据“应收账款”和“预收账款”两个科目所属的明细科目的期末借方余额之和减去“坏账准备”科目余额后的净额填列。以上方法属于（　　）。

A. 直接根据总账科目余额填列

B. 根据几个总账科目的期末余额之和计算填列

C. 根据明细账科目余额计算填列

D. 根据有关科目余额减去其备抵科目余额后的净额填列

35. 根据我国《企业会计准则第30号——财务报表列报》的规定，企业应当采用（　　）列报利润表。

A. 单步式　　B. 两步式

C. 四步式　　D. 多步式

36. 现金流量表的编制方法中，（　　）是指按现金收入和现金支出的主要类别反映企业经营活动产生的现金流量。

A. 直接法　　B. 间接法

C. 旁推法　　D. 正推法

37. 现金流量表的编制方法中，以净利润为起算点，调整不涉及现金的收入、费用、营业外收支等有关项目，剔除投资活动、筹资活动对现金流量的影响，据此计算出经营活动产生的现金流量指的是（　　）。

A. 直接法　　B. 间接法

C. 旁推法　　D. 正推法

38. 在现金流量的编制中，企业销售材料和代购代销业务收到的现金，反映在（　　）项目中。

A. 销售商品、提供劳务收到的现金

B. 收到的税费返还

C. 收到的其他与经营活动有关的现金

D. 购买商品、接受劳务支付的现金

39. 在现金流量表的编制中，收到的增值税、所得税、消费税等返还款，反映在（　　）项目中。

A. 销售商品、提供劳务收到的现金

B. 收到的税费返还

C. 收到的其他与经营活动有关的现金

D. 取得投资收益收到的现金

40. 在现金流量表的编制中，为购置存货而发生的借款利息资本化部分，应在（　　）项目中反映。

A. 购买商品、接受劳务支付的现金

B. 分配股利、利润或偿付利息支付的现金

C. 支付给职工及为职工支付的现金

D. 支付的各项税费

41. 在现金流量表的编制中，支付的在建工程人员的工资，在（　　）项目中反映。
A. 支付给职工及为职工支付的现金
B. 构建固定资产、无形资产和其他长期资产支付的现金
C. 支付的其他与经营活动有关的现金
D. 购买商品、接受劳务支付的现金
42. 在现金流量表的编制中，债券性投资收回的利息在（　　）项目中反映。
A. 收回投资收到的现金
B. 取得投资收益收到的现金
C. 处置固定资产、无形资产和其他长期资产收回的现金净额
D. 处置子公司及其他营业单位收到的现金净额
43. 关于现金流量表的编制，融资租入固定资产所支付的租赁费，在（　　）项目中反映。
A. 构建固定资产、无形资产和其他长期资产支付的现金
B. 分配股利、利润或偿付利息支付的现金
C. 支付其他与筹资活动有关的现金
D. 收到其他与投资活动有关的现金
44. 一套完整的财务报表至少应当包括“四表一注”，即资产负债表、利润表、现金流量表、所有者权益变动表及附注。其中，属于基础报表的是（　　）。
A. 资产负债表
B. 利润表
C. 现金流量表
D. 所有者权益表
45. 一套完整的财务报表至少应当包括“四表一注”，即资产负债表、利润表、现金流量表、所有者权益变动表及附注。其中，属于辅助报表的是（　　）。
A. 资产负债表
B. 利润表
C. 现金流量表
D. 所有者权益表
46. 资产负债表是一种静态的报表，它的作用包括（　　）。
A. 提供某一日期资产的总额及其结构，表明企业拥有或控制的资源及其分布情况
B. 提供某一日期的负债总额及其结构，表明企业未来需要用多少资产或劳务清偿债务及清偿时间
C. 反映所有者拥有的权益，借以判断资本保值增值的情况及对负债的保障程度
D. 为财务分析提供基本资料
47. 判定流动资产的标准包括（　　）。
A. 预计在一个正常营业周期中变现、出售或耗用
B. 主要为交易目的而持有
C. 预计在资产负债表日起一年内变现
D. 自资产负债表日起一年内，交换其他资产或清偿负债的能力不受限制的现金或现金等价物

48. 流动负债的判定标准包括（　　）。
   A. 预计在一个正常营业周期中清偿
   B. 主要为交易目的而持有
   C. 自资产负债表日起一年内到期应予以清偿
   D. 企业有权自主地将清偿推迟至资产负债表日后一年以上
49. 利润表的作用包括（　　）。
   A. 反映企业一定会计期间收入的实现情况
   B. 反映一定会计期间的费用耗费情况
   C. 反映企业生产经营活动的成果
   D. 提供进行财务分析的基本资料
50. 在利润表的列报中，根据两个总账科目的本期发生额之和填列的是（　　）。
   A. 营业收入　　B. 营业成本
   C. 营业税金及附加　　D. 营业利润
51. 在利润表的列报中，直接根据总账科目的本期发生额填列的是（　　）。
   A. 销售费用　　B. 营业税金及附加
   C. 资产减值损失　　D. 投资收益
52. 在利润表的列报中，根据利润表中有关项目数据计算填列的有（　　）。
   A. 营业利润　　B. 利润总额
   C. 净利润　　D. 营业收入
53. 现金流量表的作用包括（　　）。
   A. 有助于评价企业支付能力、偿债能力和周转能力
   B. 有助于预测企业未来现金流量
   C. 有助于分析企业收益质量及影响现金净流量的因素
   D. 反映企业资产结构
54. 采用现金流量表直接法编制的优点是（　　）。
   A. 分析企业经营活动产生的现金流量的来源和用途
   B. 预测企业现金流量的未来前景
   C. 将净利润与经营活动产生的现金流量净额进行比较，了解净利润与经营活动产生现金流量差异的原因
   D. 从现金流量的角度分析净利润的质量
55. 在现金流量表的编制中，列入“收到的其他与经营活动有关的现金”项目包括（　　）。
   A. 罚款收入
   B. 经营租赁资产收到的现金
   C. 流动资产损失中由个人赔偿的现金收入
   D. 包含税费返还在内的所有政府补助收入
56. 在现金流量表的编制中，列入“支付的其他与经营活动有关的现金”项目包括（　　）。
   A. 罚款支出　　B. 支付的差旅费
   C. 业务招待费　　D. 保险费

57. 附注披露的基本要求包括（　　）。
   A. 附注披露的信息应是定量、定性信息的结合，从而能从量和质两个角度对企业经济业务进行完整的反映
   B. 附注应当按照一定的结构进行系统合理的排列和分类，有顺序地披露信息
   C. 附注应当按照时间的先后顺序进行排列和分类
   D. 附注相关信息应当与资产负债表、利润表、现金流量表和所有者权益变动表等报表中列示的项目相互参照

三、判断题

1. 半年度财务会计报告应于半年度终了后的2个月内报出。（　　）
2. 在我国，对外会计报表的种类、格式、指标内容和编报时间等，都是由国家统一的会计制度予以规定的。（　　）
3. 资产负债表是反映企业某一段时间的财务状况的会计报表。（　　）
4. “预付账款”科目所属各明细科目期末有贷方余额的，应在资产负债表“应收账款”项目内填列。（　　）
5. 应付账款等有些流动负债虽然属于企业正常营业周期中使用的营运资金的一部分，但是如果这些项目在资产负债表日后超过一年才到期清偿，则它们不应该划入流动负债。（　　）
6. 经营活动、投资活动、筹资活动所产生的现金流量，既可以通过直线法，也可以通过间接法编制。（　　）
7. 一个正常营业周期都是短于一年的。（　　）
8. 在任何情况下，“预收账款”项目都是根据“应收账款”“预收账款”账户的明细账计算填列的。（　　）
9. 利润表也是依据“资产=负债+所有者权益”恒等式来设计的。（　　）
10. 现金流量表中的“现金”即为货币资金。（　　）
11. 通常，利润表的各项目只需填列“本年累计数”即可。（　　）
12. “债务转为资本”项目应在现金流量表的补充资料中填列。（　　）
13. 偿付应付账款属于筹资活动中的现金流出。（　　）
14. 中期资产负债表、利润表和现金流量表相对于年度财务报表来说，可以适当简略。（　　）
15. 在一年内到期的长期负债应属于流动负债项目。（　　）
16. 报告式资产负债表是左右结构。（　　）
17. 企业往往通过编制与提供现金流量表来弥补权责发生制的不足。（　　）
18. 所有者权益变动表在一定程度上体现了企业综合收益。这里，综合收益指的是企业在某一期间进行交易所引起的净资产的变动。（　　）
19. 披露会计政策是会计报表附注的主要内容之一。（　　）
20. 企业应在会计报表附注中详细说明企业的盈亏情况和利润分配情况。（　　）
21. 中期财务报表是以短于半个完整会计年度的报告期间为基础编制的财务报表，

如月报、季报。（ ）

22. 合并财务报表是以母公司和子公司组成的企业集团为会计主体，根据母公司和所属子公司的财务报表，由董事会编制的综合反映企业集团财务状况、经营成果及现金流量的财务报表。（ ）

23. 一个正常营业周期，是指企业从购买用于加工的资产起至实现现金或现金等价物的期间。正常营业周期一般长于一年。（ ）

24. 当正常经营周期不能确定时，应当以24个月作为正常营业周期。（ ）

25. 利润表是反映企业在一定会计期间的经营成果的会计报表，是静态的。（ ）

26. 银行存款是指企业存入金融机构的存款，不论这笔金额是否可以被随时支取。（ ）

27. 其他货币资金是指存放在金融机构的外埠存款、银行汇票存款、银行本票存款、信用卡存款、信用证保证金存款和存出投资款。（ ）

28. 现金等价物，是指企业持有的期限短、流动性强、易于转换为未知金额现金、价值变动风险很小的投资。（ ）

29. 经营活动是指企业投资活动和筹资活动以内的所有交易和事项。（ ）

30. 企业的投资活动，是指企业短期资产的构建和不包括在现金等价物范围内的投资和处置活动。（ ）

31. 筹资活动，是指导致企业资本及债务规模和构成发生变化的活动。（ ）

32. 通常情况下，应付账款、应付票据等属于筹资活动，不属于经营活动。（ ）

33. 编制现金流量表时，无须将企业外币现金流量及境外子公司的现金流量折算成记账本位币。（ ）

34. 外币现金流量及境外子公司的现金流量，应当采用现金流量发生日的当月末或按照系统合理方法确定的、与现金流量发生日月末即期汇率近似的汇率折算。（ ）

35. 现金流量表“现金及现金等价物净增加额”项目中外币现金净增加额是按照资产负债表日的即期汇率折算的。（ ）

36. 在现金流量表的编制中，“取得投资收益收到的现金”包括企业因股权性投资而分得的现金股利和股票股利。（ ）

37. 综合收益的构成包括两部分：净利润和直接计入所有者权益的利得和损失。其中，前者是企业即将实现但未确认的收益，后者是企业未实现但根据会计准则的规定已确认的收益。（ ）

38. 附注是财务报表中可选择提供部分，是对在资产负债表、利润表、现金流量表和所有者权益变动表等报表中列示项目的文字描述或明细资料，以及对未能在这些报表中列示项目的说明。（ ）

39. 财务报表的编制基础主要说明公司是否以持续经营为基础，是否根据实际发生的交易和事项，依据企业会计准则的规定进行确认和计量。（ ）

40. 企业取得子公司及其他营业单位购买出价中以现金支付的部分，减去子公司或其他单位持有的现金和现金等价物后的净额，不论正负，都应在“取得子公司及其他营业单位支付的现金净额”中列示。（ ）

41. 由金融企业直接支付的手续费、宣传费、咨询费、印刷费等费用，从发行股票、债券取得的现金收入中扣除，以净额列示在“吸收投资收到的现金”项目中。（ ）

四、练习题

1. 目的：练习编制资产负债表。

材料：某企业201×年12月31日各账户余额如下表所示。

单位：元

账户名称	借方金额	账户名称	贷方金额
库存现金	1 500	短期借款	650 000
银行存款	234 000	应付账款	130 000
其他货币资金	5 000	其他应付款	35 000
交易性金融资产	102 000	应付职工薪酬	60 000
应收账款	260 000	应交税费	121 710
其他应收款	8 500	累计折旧	85 000
库存商品	2 011 000	应付股利	120 000
原材料	250 000	长期借款	110 000
包装物	50 000	实收资本	2 000 000
长期待摊费用	7 500	资本公积	45 000
长期投资	210 000	盈余公积	320 000
固定资产	550 000	未分配利润	12 790
合计	3 689 500	合计	3 689 500

要求：根据上述材料编制资产负债表（只需填制期末余额）。

2. 目的：练习编制利润表。

材料：某企业201×年各损益类账户累计余额有：“主营业务收入”1 220 000元，“主营业务成本”850 000元，“其他业务收入”42 000元，“其他业务成本”32 000元，“营业税金及附加”65 000元，“销售费用”15 000元，“管理费用”20 300元，“财务费用”6 500元，“营业外收入”900元，“营业外支出”5 300元，“投资收益”30 000元。

要求：根据上述资料编制利润表（所得税率为25%）。

3. 目的：练习编制现金流量表。

材料：某公司201×年期末有关账户的收支和结存情况如下。

（1）本期收到主营业务收入现金2 200 000元，支付客户退回的现金50 000元。

（2）收到返还的增值税、消费税共80 000元。

（3）本期购入材料，支付现金250 000元。

（4）本期支付给职工的工资、奖金共80 000元。

（5）本期向税务部门缴纳所得税200 000元，增值税260 000元。

（6）本期经营租赁资产收到的现金共120 000元。

（7）支付与经营活动有关的业务招待费100 000元，罚款支出50 000元。

（8）本期收到某项债权到期本金250 000元，债券利息70 000元，存入银行。

（9）本期出售一台旧设备，收到现金280 000元（设备原值500 000元，已提折旧300 000元）。

（10）本期购买两台新的设备，支付现金230 000元（含增值税）。

（11）本期向银行借入长期借款，收到现金300 000元。

（12）本期偿还企业到期的债券本金90 000元，同时支付利息14 000元。

（13）本期融资租赁支付现金100 000元。

要求：根据上述材料编制现金流量表。

4. S 公司201×年12月末有关总账科目余额如下。

（1）“库存现金”科目借方余额980元。

（2）“银行存款”科目借方余额10 258元。

（3）“原材料”科目借方余额18 695元。

（4）“生产成本”科目借方余额489元。

（5）“库存商品”科目借方余额6 589元。

（6）“长期借款”科目贷方余额153 000元。其中，将在1年内到期的为35 000元。

（7）“本年利润”科目贷方余额30 015元。

（8）“利润分配”科目借方余额4 856元。

要求：

（1）计算资产负债表中货币资金、存货、长期借款和未分配利润四个项目的金额。

（2）判断上述四个项目在资产负债表中属于资产类、负债类还是所有者权益类。

5. 201×年，甲公司发生的部分业务如下。

甲公司发生一项固定资产售后回租形成经营租赁业务。该项固定资产的售价与公允价值一致，甲公司将其售价与账面价值的差额100万元计入了递延收益。甲公司已将该固定资产通过“固定资产清理”账户进行结转。

要求：判断甲公司的会计处理是否正确，如果不正确，请说明理由，并编制更正分录。

6. 目的：练习资产负债表的编制。

材料：海昌工厂201×年7月各账户期末余额如下。

单位：元

账户名称	借方余额	账户名称	贷方余额
库存现金	1 400	累计折旧	1 650 000
银行存款	266 000	累计摊销	2 400
交易性金融资产	32 000	短期借款	40 000
应收账款*	144 000	应付账款**	37 262

续表

账户名称	借方余额	账户名称	贷方余额
其他应收款	1 700	其他应付款	1 800
原材料	255 000	应交税费	4 000
生产成本	85 000	应付利润	7 200
库存商品	123 000	应付利息	14 200
预付账款***	43 200	长期借款	164 000
应收股利	89 800	实收资本	4 040 000
固定资产	4 960 000	盈余公积	61 149
无形资产	45 000	本年利润	185 300
利润分配	161 211		
合计	6 207 311	合计	6 207 311

*应收账款明细账余额为

应收账款——明光厂借方余额204 000元。

应收账款——先捷厂贷方余额60 000元。

**应付账款明细账余额为

应付账款——八一公司贷方余额56 200元。

应付账款——五一工厂借方余额18 938元。

***预付账款明细账余额为

预付账款——财产保险费43 200元。

要求：根据以上材料编制海昌工厂201×年7月的资产负债表。

资产负债表

会企 01 表

编制单位：　　　　　　年　月　日　　　　　　单位：元

资产	期末余额	年初余额	负债和所有者权益（或股东权益）	期末余额	年初余额
流动资产：			流动负债：		
货币资金			短期借款		
交易性金融资产			交易性金融负债		
衍生金融资产			衍生金融负债		
应收票据及应收账款			应付票据及应付账款		
预付款项			预收款项		
其他应收款			合同负债		
存货			应付职工薪酬		
合同资产			应交税费		
持有待售资产			其他应付款		
一年内到期的非流动资产			持有待售负债		
其他流动资产			一年内到期的非流动负债		

续表

资产	期末余额	年初余额	负债和所有者权益（或股东权益）	期末余额	年初余额
流动资产合计			其他流动负债		
非流动资产：			流动负债合计		
债权投资			非流动负债：		
其他债权投资			长期借款		
长期应收款			应付债券		
长期股权投资			其中：优先股		
其他权益工具投资			永续债		
其他非流动金融资产			长期应付款		
投资性房地产			预计负债		
固定资产			递延收益		
在建工程			递延所得税负债		
生产性生物资产			其他非流动负债		
油气资产			非流动负债合计		
无形资产			负债合计		
开发支出			所有者权益（或股东权益）：		
商誉			实收资本（或股本）		
长期待摊费用			其他权益工具		
递延所得税资产			其中：优先股		
其他非流动资产			永续债		
非流动资产合计			资本公积		
			减：库存股		
			其他综合收益		
			盈余公积		
			未分配利润		
			所有者权益（或股东权益）合计		
资产总计			负债和所有者权益（或股东权益）总计		

7. 目的：练习资产负债表的编制。

材料一：

资产负债表

编制单位：ABC 公司　　　　201×年 12 月 31 日　　　　单位：元

资产	行次	年初余额	期末余额	负债和所有者权益	行次	年初余额	期末余额
流动资产：				流动负债：			
货币资金	1	1 081 500	1 381 200	短期借款	51	100 000	
应收票据及应收账款	2	300 000	⑦	应付票据及应付账款	52	③	⑪

续表

资产	行次	年初余额	期末余额	负债和所有者权益	行次	年初余额	期末余额
预付账款	5	120 000	⑧	预收账款	53	40 000	⑫
存货	6	①	⑨	应交税费	54	20 000	30 000
流动资产合计	7	25 000 000	3 500 000	其他应付款	55	30 000	
非流动资产：				流动负债合计	56	540 000	⑬
固定资产	8	3 050 000	2 600 000	长期负债：			
无形资产	12	20 000	16 000	长期借款	57	500 000	500 000
长期待摊费用	13	30 000	24 000	应付债券	58	200 000	200 000
非流动资产合计	15	3 100 000	2 640 000	长期应付款	59	300 000	100 000
				长期负债合计	60	1 000 000	800 000
				所有者权益：			
				实收资本	61	④	4 500 000
				资本公积	62	10 000	10 000
				盈余公积	63	20 000	80 000
				未分配利润	64	30 000	⑭
				所有者权益合计	65	⑤	⑮
资产总计	30	②	⑩	负债和所有者权益总计	80	⑥	⑯

材料二：

（1）期末应收账款总账余额280 000元。其中天成公司借方余额300 000元；可可公司贷方余额20 000元。

（2）期末应付账款总账余额230 000元。其中大地公司贷方余额250 000元；云百公司借方余额20 000元。

（3）期末预付账款总账余额150 000元。其中加盟公司借方余额200 000元；明星公司贷方余额50 000元。

（4）期末预收账款总账余额200 000元。其中四方公司贷方余额300 000元；飞龙公司借方余额100 000元。

要求：根据以上材料填写上表中列明圈码序号的空格。

8. 目的：练习利润表的编制。

材料：根据申佳工厂201×年损益类账户记录分析得到以下各项数据。

项目	金额/元	备注
主营业务收入	1 801 200	
主营业务成本	1 290 760	
销售费用	76 000	
其他业务收入	50 000	

续表

项目	金额/元	备注
管理费用	140200	其中：研发支出 40200 元
其他业务成本	17600	
财务费用	18460	其中：利息支出 20000 元，利息收入 1540 元
营业外收入	14200	
营业外支出	6700	
所得税费用	104174.40	

要求：根据以上材料编制申佳工厂201×年利润表。

利润表

会企 02 表

编制单位：申佳工厂　　　　201×年 12 月　　　　单位：元

项目	本期金额	上期金额
一、营业收入		
减：营业成本		
税金及附加		
销售费用		
管理费用		
研发费用		
财务费用		
其中：利息费用		
利息收入		
资产减值损失		
信用减值损失		
加：其他收益		
投资收益（损失以“－”号填列）		
其中：对联营企业和合营企业的投资收益		
净敞口套期收益（（损失以“－”号填列））		
公允价值变动收益（损失以“－”号填列）		
资产处置收益（损失以“－”号填列）		
二、营业利润（损失以“－”号填列）		
加：营业外收入		
减：营业外支出		
三、利润总额（亏损总额以“－”号填列）		
减：所得税费用		

续表

项目	本期金额	上期金额
四、净利润（净亏损以“－”号填列）		
（一）持续经营净利润（净亏损以“－”号填列）		
（二）终止经营净利润（净亏损以“－”号填列）		
五、其他综合收益的税后净额		
（一）不能重分类进损益的其他综合收益		
1. 重新计量设定受益计划净变动额		
2. 权益法下不能转损益的其他综合收益		
…		
（二）将重分类进损益的其他综合收益		
1. 权益法下可转损益的其他综合收益		
2. 其他债权投资公允价值变动		
…		
六、综合收益总额（第四项加第五项）		
七、每股收益		
（一）基本每股收益		
（二）稀释每股收益		

9. 目的：从填制记账凭证，登记账簿到编制会计报表进行一次系统练习。

材料一：佳灵厂201×年12月初各分类账户余额如下。

账户	借方余额/元	账户	贷方余额/元
库存现金	105	短期借款	90000
银行存款	187485	应付账款	69000
应收账款	140000	应交税费	58200
其他应收款	120	应付利息	900
原材料	158000	长期借款	130740
生产成本	23000	累计折旧	1379000
预付账款	3750	实收资本	3301000
库存商品	165000	盈余公积	450000
固定资产	4680000	本年利润	104000
无形资产	130740		
利润分配	94640		
合计	5582840	合计	5582840

材料二：该厂201×年12月初有关明细分类账户余额如下。

项目	金额/元	备注
原材料		
——甲材料（借方余额）	108 000	10 元/千克×10 800 千克
——乙材料（借方余额）	50 000	2 元/千克×25 000 千克
生产成本		
——B 产品（借方余额）	23 000	
其中：直接材料	19 100	
直接人工	1 110	
制造费用	2 790	
应收账款		
——光明厂（借方余额）	140 000	
预付账款		
——预付保险费（借方余额）	3 750	
库存商品		
——A 产品（借方余额）	165 000	75 元/件×2 200 件
其他应收款		
——徐丽（借方余额）	120	上月 18 日预支差旅费
应付账款		
——爱建厂（贷方余额）	70 000	
——供电公司（借方余额）	1 000	
应付利息		
——银行借款利息（贷方余额）	900	
应交税费		
——应交增值税（贷方余额）	26 000	
——应交所得税（贷方余额）	32 200	

材料三：假定采购运费、修理费用均不考虑增值税问题。该厂201×年12月发生下列经济业务。

① 1日，从银行提取现金300元。

② 1日，采购员李俊暂借差旅费100元，财务科以现金付讫。

③ 2日，向爱民厂购入甲材料4 000千克，发票价格为每千克10元，材料未验收入库，买价为40 000元，另加增值税5 200元，共计45 200元，尚未支付。

④ 2日，以银行存款支付上项甲材料的运输费200元。

⑤ 2日，结转验收入库的上项甲材料实际采购成本。

⑥ 4日，以银行存款偿还爱建厂货款70 000元和爱民厂货款40 000元。

⑦ 6日，向爱建厂购入下列材料，材料已经收到，但尚未验收入库，货款尚未支付。

项目	数量/千克	单价/（元/千克）	买价/元	增值税/元
甲材料	2 500	9.90	24 750	3 217.5
乙材料	25 000	1.98	49 500	6 435.0
合计			74 250	9 652.5

⑧ 6日，以银行存款支付从爱建厂购入材料的运输费 440 元（按购入甲材料、乙材料的重量比例分摊）。

采购费用分配表

年　月

材料名称	分配标准（材料重量）/千克	分配率	分配额/元
合计			

⑨ 6日，以现金支付从爱建厂购入材料的装卸费110元（也按购入甲材料、乙材料的重量比例分摊）。

采购费用分配表

年　月

材料名称	分配标准（材料重量）/千克	分配率	分配额/元
合计			

⑩ 6日，结转从爱建厂购入材料的实际成本。

⑪ 6日，收到光明厂还来货款140 000元，存入银行。

⑫ 6日，以银行存款缴纳上月未缴增值税26 000元和所得税32 200元。

⑬ 7日，生产车间职工徐丽报销上月去外地开会学习差旅费100元，原来预支120元，交回多余现金20元。

⑭ 7日，以银行存款支付供电公司本月电费10 000元。

⑮ 8日，仓库发出材料如下。

用途	甲材料		乙材料		金额合计/元
	数量/千克	金额/元	数量/千克	金额/元	
生产A产品	8000	80000	30000	60000	140000
生产B产品	1000	10000	2400	4800	14800
合计	9000	90000	32400	64800	154800

⑯ 9日，从银行提取现金13 875元。

⑰ 10日，以现金发放本月应付职工工资13 875元。

⑱ 12日，以现金支付管理部门职工市内交通费20元。

⑲ 12日，以银行存款支付厂交通车修理费80元，预付下年第一季度报刊订阅费150元。

⑳ 13日，采购员李俊回厂报销差旅费105元，1日预支100元，财务科以现金补付差额5元。

㉑ 13日，售给光明厂A产品2 200件，每件售价为100元，增值税率为13%，当即收到货款及增值税并存入银行。

㉒ 14日，以银行存款支付本月广告费700元。

㉓ 18日，以银行存款预缴本月所得税15 000元。

㉔ 20日，从银行提取现金530元。

㉕ 20日，以现金支付厂部办公用品购置费530元。

㉖ 21日，仓库发出材料如下。

用途	甲材料		乙材料		金额合计/元
	数量/千克	金额/元	数量/千克	金额/元	
生产A产品	3 000	30 000	9 800	19 600	49 600
车间一般消耗			950	1 900	1 900
厂部管理部门耗用			250	500	500
合计	3 000	30 000	11 000	22 000	52 000

㉗ 28日，摊销无形资产2 100元。

㉘ 28日，本月生产A产品工人工资为8 880元，生产B产品工人工资为2 220元，车间管理人员工资为555元，厂部管理人员工资为2 220元。按工资支出用途记入有关费用账户。

㉙ 28日，结转本月应付电费11 020元。其中动力用电费10 200元（A产品负担60%，B产品负担40%），车间照明用电费400元，厂部照明用电费420元。

㉚ 28日，计提本月固定资产折旧19 400元。其中，车间固定资产折旧17 845元，厂固定资产折旧1 555元。

㉛ 28日，预提短期借款利息550元，摊销预付的财产保险费750元。

㉜ 28日，本月发生的制造费用按A产品、B产品的生产工人工资比例分摊。

制造费用分配表

201×年 12 月

产品名称	分配标准（工人工资）/元	分配率	分配额/元
A产品	8 880	1.873 9	16 640
B产品	2 220		4 160
合计	11 100	1.873 9	20 800

㉝ 28日，投产的2 934件 A 产品和97台 B 产品全部完工验收入库，分别结转其实际生产成本。

产品生产成本计算表

201×年 12 月　　　　单位：元

成本项目	A 产品（2 934 件）		B 产品（97 台）	
	总成本	单位成本	总成本	单位成本
原材料				
直接人工				
燃料和动力				
制造费用				
合计				

㉞ 28日，售给益民厂 A 产品800件，每件售价为100元；B 产品80台，每台售价为625元。另加增值税16 900元。货款未收。

㉟ 28日，以银行存款支付两项销售产品发生的运输费350元。

㊱ 28日，结转本月售出产品的实际生产成本。

	销售数量	单位生产成本	生产总成本/元
A 产品	2 200 件	75 元/件（上月生产）	165 000
A 产品	800 件	75.40 元/件（本月生产）	60 320
B 产品	80 台	497.5 元/台	39 800
合计			265 120

㊲ 28日，以银行存款支付管理部门设备修理费1 000元。

㊳ 31日，将本月的收入、费用结转"本年利润"账户。

㊴ 31日，按本月利润总额的25%计算应交所得税。

㊵ 31日，按税后利润的10%提取法定盈余公积金。

㊶ 31日，分配投资者利润20 000元。

㊷ 31日，将本年利润账户的余额转入利润分配账户。

要求：

（1）设置库存现金日记账、银行存款日记账；设置有关的总分类账和明细分类账，并登入各账户的期初余额。

（2）根据本月发生的经济业务填制收款凭证、付款凭证和转账凭证。

（3）根据记账凭证登记库存现金、银行存款日记账。

（4）根据记账凭证登记各有关明细分类账。

（5）月终，根据记账凭证编制科目汇总表（全月汇总一次）。

（6）月终，根据科目汇总表登记各总分类账户。

（7）根据对账要求，将总分类账与有关明细分类账、总账与日记账相互核对。

（8）编制资产负债表和利润表。

五、案例分析题

1. 张老板有一家私营小型工厂，有员工100多人，专门为汽车生产厂家生产零配件，生意红火。不过，工厂没有设置会计机构，也没有配备会计人员，因为张老板认为工厂的经营状况都在自己的脑子里。最近，有朋友建议张老板建立规范的账务体系，以便完整地了解工厂的财务状况和经营成果。张老板很不以为然，他认为，每年赚多少钱自己很清楚，工厂的经营状况自己心里也有数，没有必要请会计来做账。张老板是怎么计算每年赚取的利润的呢？他的计算方法是：（自己的银行存折年末数–年初数）+（别人欠我货款的年末数–年初数）–（我欠别人货款的年末数–年初数）。你认为张老板有必要采纳朋友关于聘请会计人员的建议吗？如有必要，你会如何说服张老板建立起规范的账务核算体系？

2. 以下是某公司财务报表中变动幅度较大的项目摘录。

变动科目	本期数值/万元	上期数值/万元	变动幅度	变动原因
销售费用	840 600	598 900	40.37%	本期新开门店费用增加
长期股权投资	539 300	365 900	47.40%	本期新增对某某连锁、某某水产、某某实业等投资
其他应付款	353 300	204 400	72.84%	本期为员工已认缴未解售的股权激励款项、应付设备工程款及预提房租、水电等费用增加
预收款项	257 800	183 700	40.35%	本期为预收购物卡的增加
预付款项	251 500	190 400	32.08%	本期为预付供应商、品牌代理商的采购款及新开门店预付租金的增加
管理费用	223 500	126 800	76.20%	本期职工薪酬（含股权激励）费用增加
筹资活动产生的现金流量净额	222 000	–67 400	429.51%	本期借款增加、收到员工股权激励认缴款及取得少数股东投资
在建工程	92 400	42 300	118.45%	本期新增门店装修与物流配送中心建设投入
少数股东权益	82 200	41 300	98.91%	本期为某某投资云创的投资款增加
递延所得税资产	28 300	16 500	71.37%	本期计提的股权激励确认的递延所得税资产
投资收益	22 000	7 748.39	183.93%	本期联营企业投资收益增加
公允价值变动收益	6 576.33	–3 535.85	285.99%	本期理财产品公允价值变动
财务费用	5 891.86	–12 000	149.27%	本期开店及对外投资减少存款利息及增加贷款利息
资产减值损失	3 951.13	216.50	1725.00%	本期应收账款坏账准备增加，其中对单项应收款 1 697 万元全额计提坏账准备
营业外支出	3 474.67	2 483.61	39.90%	本期资产处置损失增加
预计负债	1 601.34	940.84	70.20%	本期计提的未决诉讼预计负债
发放贷款及垫款	1 103.20	3 299.75	66.57%	本期小贷公司长期贷款收回

续表

变动科目	本期数值/万元	上期数值/万元	变动幅度	变动原因
其他综合收益	146.98	37.02	297.03%	联营企业其他综合收益变动
投资活动产生的现金流量净额	−318 900	−476 800	33.11%	本期理财产品赎回

要求：根据以上材料判断该企业属于哪类企业（工业类或商业类），并说明原因。请判断上述变动因素中，哪些属于资产负债表中的项目，哪些属于利润表中的项目，哪些属于现金流量表中的项目。

六、思考题

1. 通过资产负债表你能获取什么信息？对你的决策有何帮助？
2. 你认为利润表与现金流量表哪一个更有用？为什么？
3. 请自行上网搜索一家上市公司的年报，阅读报表和报表附注的内容，指出哪些你能看懂，哪些看不懂。
4. 你认为要看懂整份年报，还需要掌握哪些知识。

第十三章 参考答案

一、解释重要名词

（略）

二、选择题

1. ABCD　2. D　3. B　4. BCD　5. ABC　6. D　7. B　8. A　9. ABCE　10. C
11. A　12. AEF　13. D　14. CDE　15. D　16. C　17. ABCD　18. ABCE　19. BD
20. D　21. BCD　22. ABCD　23. ABC　24. ABCD　25. ABCD　26. C　27. A
28. A　29. B　30. C　31. D　32. A　33. B　34. D　35. D　36. A　37. B
38. A　39. B　40. B　41. B　42. B　43. C　44. AB　45. CD　46. ABCD
47. ABCD　48. ABC　49. ABCD　50. AB　51. ABCD　52. ABC　53. ABC
54. AB　55. ABC　56. ABCD　57. ABD

三、判断题

1. √　2. √　3. ×　4. ×　5. ×　6. ×　7. ×　8. ×　9. ×　10. ×　11. ×　12. √
13. ×　14. ×　15. √　16. ×　17. √　18. ×　19. √　20. ×　21. ×　22. ×　23. ×
24. ×　25. ×　26. ×　27. √　28. ×　29. ×　30. ×　31. √　32. ×　33. ×　34. ×
35. √　36. ×　37. ×　38. ×　39. √　40. ×　41. √

四、练习题

1.

资产负债表（简表）

201×年 12 月 31 日　　单位：元

资产	期末余额	负债和所有者权益	期末余额
流动资产：		流动负债：	
货币资金	240 500	短期借款	650 000
交易性金融资产	102 000	应付账款	130 000
应收账款	260 000	其他应付款	35 000
其他应收款	8 500	应付职工薪酬	60 000
存货	2 311 000	应交税费	121 710
流动资产合计	2 922 000	应付股利	120 000
非流动资产：		流动负债合计	1 116 710
长期股权投资	210 000	非流动负债：	
长期待摊费用	7 500	长期借款	110 000
固定资产	465 000	非流动负债合计	110 000
非流动资产合计	682 500	负债合计	1 226 710
		所有者权益：	
		实收资本	2 000 000
		资本公积	45 000
		盈余公积	320 000
		未分配利润	12 790
		所有者权益合计	2 377 790
资产总计	3 604 500	负债和所有者权益总计	3 604 500

2.

利润表（简表）

201×年　　单位：元

项目	本期金额	上期金额
一、营业收入	1 262 000	（略）
减：营业成本	882 000	
营业税金及附加	65 000	
销售费用	15 000	
管理费用	20 300	
财务费用	6 500	
加：投资收益	30 000	
二、营业利润	303 200	
加：营业外收入	900	

续表

项目	本期金额	上期金额
减：营业外支出	5 300	
三、利润总额	298 800	
减：所得税费用	74 700	
四、净利润	224 100	
五、每股收益		
（一）基本每股收益		
（二）稀释每股收益		

3.

现金流量表（简表）

201×年　　单位：元

项目	本期金额	上期金额
一、经营活动产生的现金流量：		（略）
销售商品、提供劳务收到的现金	2 150 000	
收到的税费返还	80 000	
收到的其他与经营活动有关的现金	120 000	
经营活动现金流入小计	2 350 000	
购买商品、接受劳务支付的现金	250 000	
支付给职工以及为职工支付的现金	80 000	
支付的各项税费	460 000	
支付的其他与经营活动有关的现金	150 000	
经营活动现金流出小计	940 000	
经营活动产生的现金流量净额	1 410 000	
二、投资活动产生的现金流量：		
收回投资收到的现金	250 000	
取得投资收益收到的现金	70 000	
处置固定资产、无形资产和其他长期资产收回的现金净额	280 000	
处置子公司及其他营业单位收到的现金净额	0	
收到的其他与投资活动有关的现金	0	
投资活动现金流入小计	600 000	
购建固定资产、无形资产和其他长期资产所支付的现金	230 000	
投资支付的现金	0	
取得子公司及其他营业单位支付的现金净额	0	
支付的其他与投资活动有关的现金	0	
投资活动现金流出小计	230 000	
投资活动产生的现金流量净额	370 000	

续表

项目	本期金额	上期金额
三、筹资活动产生的现金流量：		
吸收投资收到的现金	0	
取得借款收到的现金	300000	
收到其他与筹资活动有关的现金	0	
筹资活动现金流入小计	300000	
偿还债务支付的现金	90000	
分配股利、利润或偿付利息支付的现金	14000	
支付的其他与筹资活动有关的现金	100000	
筹资活动现金流出小计	204000	
筹资活动产生的现金流量净额	96000	
四、汇率变动对现金及现金等价物的影响		
五、现金及现金等价物净增加额	1876000	
补充资料（略）		

4.

（1）货币资金=980+10258=11238元

存货=18695+489+6589=25773元

长期借款=153000−35000=118000元

未分配利润=30015−4856=25159元

（2）货币资金与存货属于资产类，长期借款属于负债类，未分配利润属于所有者权益类。

5.

处理不正确。理由：售后回租形成经营租赁，且售价等于公允价值，售价与账面价值之差应计入当期损益。更正分录为

借：递延收益　　100

　贷：营业外收入　　100

6.

资产负债表

会企01表

编制单位：海昌工厂　　201×年7月31日　　单位：元

资产	期末余额	年初余额	负债和所有者权益（或股东权益）	期末余额	年初余额
流动资产：			流动负债：		
货币资金	267400		短期借款	40000	
交易性金融资产	32000		交易性金融负债		
衍生金融资产			衍生金融负债		

续表

资产	期末余额	年初余额	负债和所有者权益（或股东权益）	期末余额	年初余额
应收票据及应收账款	204 000		应付票据及应付账款	56 200	
预付款项	62 138		预收款项	60 000	
其他应收款	91 500		合同负债		
存货	463 000		应付职工薪酬	4	
合同资产			应交税费	4 000	
持有待售资产			其他应付款	23 200	
一年内到期的非流动资产			持有待售负债		
其他流动资产			一年内到期的非流动负债		
流动资产合计	1 120 038		其他流动负债		
非流动资产：			流动负债合计	183 400	
债权投资			非流动负债：		
其他债权投资			长期借款	164 000	
长期应收款			应付债券		
长期股权投资			其中：优先股		
其他权益工具投资			永续债		
其他非流动金融资产			长期应付款		
投资性房地产			预计负债		
固定资产	3 310 000		递延收益		
在建工程			递延所得税负债		
生产性生物资产			其他非流动负债		
油气资产			非流动负债合计	164 000	
无形资产	42 600		负债合计	347 400	
开发支出			所有者权益（或股东权益）：		
商誉			实收资本（或股本）	4 040 000	
长期待摊费用			其他权益工具		
递延所得税资产			其中：优先股		
其他非流动资产			永续债		
非流动资产合计	3 352 600		资本公积		
			减：库存股		
			其他综合收益		
			盈余公积	61 149	
			未分配利润	24 089	
			所有者权益（或股东权益）合计	4 125 238	
资产总计	4 472 638		负债和所有者权益（或股东权益）总计	4 472 638	

7.

资产负债表（简表）

编制单位：ABC 公司　　201×年 12 月 31 日　　单位：元

资产	行次	年初余额	期末余额	负债和所有者权益	行次	年初余额	期末余额
流动资产：				流动负债：			
货币资金	1	1 081 500	1 381 200	短期借款	51	100 000	
应收票据及应收账款	2	300 000	⑦400 000	应付票据及应付账款	52	③350 000	⑪300 000
预付款项	5	120 000	⑧220 000	预收款项	53	40 000	⑫320 000
存款	6	①998 500	⑨1 498 800	应交税费	54	20 000	30 000
流动资产合计	7	2 500 000	3 500 000	其他应付款	55	30 000	
非流动资产：				流动负债合计	56	540 000	⑬650 000
固定资产	8	3 050 000	2 600 000	长期负债：			
无形资产	12	20 000	16 000	长期借款	57	500 000	500 000
长期待摊费用	13	30 000	24 000	应付债券	58	200 000	200 000
非流动资产合计	15	3 100 000	2 640 000	长期应付款	59	300 000	100 000
				长期负债合计	60	1 000 000	800 000
				所有者权益：			
				实收资本	61	④4 000 000	4 500 000
				资本公积	62	10 000	10 000
				盈余公积	63	20 000	80 000
				未分配利润	64	30 000	⑭100 000
				所有者权益合计	65	⑤4 060 000	⑮4 690 000
资产总计	30	②5 600 000	⑩6 140 000	负债和所有者权益总计	80	⑥5 600 000	⑯6 140 000

① 存货=2 500 000–1 081 500–300 000–120 000=998 500元

② 资产总计=2 500 000+3 100 000=5 600 000元

③ 应付票据及应付账款=540 000–100 000–40 000–20 000–30 000=350 000元

④ 实收资本=4 060 000–10 000–20 000–30 000=4 000 000元

⑤ 所有者权益合计=5 600 000–540 000–1 000 000=4 060 000元

⑥ 负债和所有者权益合计=②=5 600 000元

⑦ 应收票据及应收账款=天成公司300 000+飞龙公司100 000=400 000元

⑧ 预付款项=加盟公司200 000+云百公司20 000=220 000元

⑨ 存货=3 500 000–1 381 200–400 000–220 000=1 498 800元

⑩ 资产总计=3 500 000+2 640 000=6 140 000元

⑪ 应付账款=大地公司250 000+明星公司50 000=300 000元

⑫ 预收账款=四方公司300 000+可可公司20 000=320 000元

⑬ 流动负债合计=300 000+320 000+30 000=650 000元

⑭ 未分配利润=4 690 000–4 500 000–10 000–80 000=100 000元

⑮ 所有者权益合计=6 140 000–650 000–800 000=4 690 000元

⑯ 负债和所有者权益总计=⑩=6 140 000元

8.

利润表

会企 02 表

编制单位：申佳工厂　　201×年 12 月　　单位：元

项目	本期金额	上期金额
一、营业收入	1 851 200	
减：营业成本	1 308 360	
税金及附加		
销售费用	76 000	
管理费用	100 000	
研发费用	40 200	
财务费用	18 460	
其中：利息费用	20 000	
利息收入	1 540	
资产减值损失		
信用减值损失		
加：其他收益		
投资收益（损失以“–”号填列）		
其中：对联营企业和合营企业的投资收益		
净敞口套期收益（损失以“–”号填列）		
公允价值变动收益（损失以“–”号填列）		
资产处置收益（损失以“–”号填列）		
二、营业利润（亏损以“–”号填列）	308 180	
加：营业外收入	14 200	
减：营业外支出	6 700	
三、利润总额（亏损总额以“–”号填列）	315 680	
减：所得税费用	104 174.40	
四、净利润（净亏损以“–”号填列）	211 505.60	
（一）持续经营净利润（净亏损以“–”号填列）		
（二）终止经营净利润（净亏损以“–”号填列）		
五、其他综合收益的税后净额		
（一）不能重分类进损益的其他综合收益		

续表

项目	本期金额	上期金额
1. 重新计量设定受益计划净变动额		
2. 权益法下不能转损益的其他综合收益		
…		
（二）将重分类进损益的其他综合收益		
1. 权益法下可转损益的其他综合收益		
2. 其他债权投资公允价值变动损益		
…		
六、综合收益总额（第四项加第五项）	211 505.60	
七、每股收益		
（一）基本每股收益		
（二）稀释每股收益		

9.

（1）有关总分类账户记录如下。

库存现金总账

期初余额	105		
汇总	14 725	汇总	14 640
本期合计	14 725	本期合计	14 640
期末余额	190		

库存现金日记账

期初余额	105		
①	300		
		②	100
		⑨	110
⑬	20		
⑯	13 875		
		⑰	13 875
		⑱	20
		⑳	5
㉔	530		
		㉕	530
本期合计	14 725	本期合计	14 640
期末余额	190		

银行存款总账

期初余额	187 485		
汇总	388 600	汇总	210 825
本期合计	388 600	本期合计	210 825
期末余额	365 260		

银行存款日记账

期初余额	187 485		
		①	300
		④	200
		⑥	110 000
		⑧	440
⑪	140 000		
		⑫	58 200
		⑭	10 000
		⑯	13 875
		⑲	230
㉑	248 600		
		㉒	700
		㉓	15 000
		㉔	530
		㉟	350
		㊲	1 000
本期合计	388 600	本期合计	210 825
期末余额	365 260		

应收账款总账

期初余额	140 000		
汇总	146 900	汇总	140 000
本期合计	146 900	本期合计	140 000
期末余额	146 900		

应收账款——光明厂

期初余额	140 000		
		⑪	140 000
本期合计	0	本期合计	140 000

应收账款——益民厂

㉞	146 900		
本期合计	146 900	本期合计	0
期末余额	146 900		

其他应收款总账

期初余额	120		
汇总	100	汇总	220
本期合计	100	本期合计	220

其他应收款——徐丽

期初余额	120		
		⑬	120
本期合计	0	本期合计	120

其他应收款——李俊

②	100		
		⑳	100
本期合计	100	本期合计	100

材料采购总账

汇总	115 000	汇总	115 000
本期合计	115 000	本期合计	115 000

材料采购——甲材料

③	40 000		
④	200		
		⑤	40 200
⑦	24 750		
⑧	40		
⑨	10		
		⑩	24 800
本期合计	65 000	本期合计	65 000

材料采购——乙材料

⑦	49 500		
⑧	400		
⑨	100		
		⑩	50 000
本期合计	50 000	本期合计	50 000

原材料总账

期初余额	158 000		
汇总	115 000	汇总	206 800
本期合计	115 000	本期合计	206 800
期末余额	66 200		

原材料——甲材料

期初余额	108 000		
⑤	40 200		
⑩	24 800		
		⑮	90 000
		㉖	30 000
本期合计	65 000	本期合计	120 000
期末余额	53 000		

原材料——乙材料

期初余额	50 000		
⑩	50 000		
		⑮	64 800
		㉖	22 000
本期合计	50 000	本期合计	86 800
期末余额	13 200		

生产成本总账

期初余额	23 000		
汇总	246 500	汇总	269 500
本期合计	246 500	本期合计	269 500

生产成本——B 产品

期初余额	23 000		
⑮	14 800		
㉘	2 220		
㉙	4 080		
㉜	4 160		
		㉝	48 260
本期合计	25 260	本期合计	48 260

生产成本——A 产品

⑮	140 000		
㉖	49 600		
㉘	8 880		
㉙	6 120		
㉜	16 640		
		㉝	221 240
本期合计	221 240	本期合计	221 240

制造费用总账

汇总	20 800	汇总	20 800
本期合计	20 800	本期合计	20 800

制造费用明细账

⑬	100		
㉖	1 900		
㉘	555		
㉙	400		
㉚	17 845		
		㉜	20 800
本期合计	20 800	本期合计	20 800

预付账款总账

期初余额	3 750		
汇总	150	汇总	750
本期合计	150	本期合计	750
期末余额	3 150		

预付账款——预付保险费

期初余额	3 750		
		㉛	750
本期合计	0	本期合计	750
期末余额	3 000		

预付账款——报刊订阅费

⑲	150		
本期合计	150	本期合计	0
期末余额	150		

库存商品总账

期初余额	165 000		
汇总	269 500	汇总	265 120
本期合计	269 500	本期合计	265 120
期末余额	169 380		

库存商品——A 产品

期初余额	165 000		
㉝	221 240		
		㊱	225 320
本期合计	221 240	本期合计	225 320
期末余额	160 920		

库存商品——B产品

㉝	48 260		
		㊱	39 800
本期合计	48 260	本期合计	39 800
期末余额	8 460		

固定资产总账

期初余额	4 680 000		

固定资产明细账

期初余额	4 680 000		

累计折旧总账

		期初余额	1 379 000
汇总		汇总	19 400
		期末余额	1 398 400

累计折旧明细账

		期初余额	1 379 000
		㉚	19 400
本期合计	0	本期合计	19 400
		期末余额	1 398 400

无形资产总账

期初余额	130 740		
期末余额	130 740		

无形资产明细账

期初余额	130 740		
期末余额	130 740		

累计摊销总账

		汇总	2 100
本期合计		本期合计	2 100
		期末余额	2 100

累计摊销明细账

		㉗	2 100
本期合计		本期合计	2 100
		期末余额	2 100

短期借款总账

		期初余额	90 000

短期借款明细账

		期初余额	90 000

应付职工薪酬总账

汇总	13 875	汇总	13 875
本期合计	13 875	本期合计	13 875

应付职工薪酬明细账

⑰	13 875		
		㉘	13 875
本期合计	13 875	本期合计	13 875

应付账款总账

		期初余额	69 000
汇总	120 000	汇总	140 122.5
		期末余额	89 122.5

应付账款——爱建厂

		期初余额	70 000
⑥	70 000		
		⑦	83 902.5
本期合计	70 000	本期合计	83 902.5
		期末余额	83 902.5

应付账款——供电公司

期初余额	1 000		
⑭	10 000		
		㉙	11 020
本期合计	10 000	本期合计	11 020
		期末余额	20

应付账款——爱民厂

		③	45 200
⑥	40 000		
本期合计	40 000	本期合计	45 200
		期末余额	5 200

应交税费总账

		期初余额	58 200
汇总	88 052.5	汇总	64 000
		期末余额	34 147.5

应交税费——应交增值税

		期初余额	26 000
③	5 200		
⑦	9 652.5		
⑫	26 000		
		㉑	28 600
		㉞	16 900
本期合计	40 852.5	本期合计	45 500
		期末余额	30 647.5

应交税费——应交所得税

		期初余额	32 200
⑫	32 200		
㉓	15 000		
		㊴	18 500
本期合计	47 200	本期合计	18 500
		期末余额	3 500

应付股利总账

汇总		汇总	20 000
本期合计	0	本期合计	20 000
		期末余额	20 000

应付股利明细账

		㊶	20 000
本期合计		本期合计	20 000
		期末余额	20 000

应付利息总账

		期初余额	900
汇总		汇总	550
		期末余额	1 450

应付利息——银行借款利息

		期初余额	900
		㉛	550
本期合计	0	本期合计	550
		期末余额	1 450

长期借款总账

		期初余额	130 740

长期借款明细账

		期初余额	130 740

实收资本总账

		期初余额	3 301 000

实收资本明细账

		期初余额	3 301 000

盈余公积总账

		期初余额	450 000
汇总		汇总	15 950
		期末余额	465 950

盈余公积明细账

		期初余额	450 000
		㊵	15 950
本期合计	0	本期合计	15 950
		期末余额	465 950

利润分配总账

期初余额	94 640		
汇总	35 950	汇总	159 500
本期合计	35 950	本期合计	159 500
		期末余额	28 910

利润分配明细账

期初余额	94 640		
㊵	15 950		
㊶	20 000		
		㊷	159 500
本期合计	35 950	本期合计	159 500
		期末余额	28 910

本年利润总账

		期初余额	104 000
汇总	454 000	汇总	350 000
本期合计	454 000	本期合计	350 000

本年利润明细账

		期初余额	104 000
		㊳	350 000
㊳	276 000		
㊴	18 550		
㊷	159 500		
本期合计	454 000	本期合计	350 000

主营业务收入总账

汇总	350 000	汇总	350 000
本期合计	350 000	本期合计	350 000

主营业务收入——A 产品

		㉑	220 000
		㉞	80 000
㊳	300 000		
本期合计	300 000	本期合计	300 000

主营业务收入——B 产品

		㉞	50 000
㊳	50 000		
本期合计	50 000	本期合计	50 000

主营业务成本总账

汇总	265 120	汇总	265 120
本期合计	265 120	本期合计	265 120

主营业务成本明细账

㊱	264 920		
		㊳	264 920
本期合计	264 920	本期合计	264 920

销售费用总账

汇总	1 050	汇总	1 050
本期合计	1 050	本期合计	1 050

销售费用明细账

㉒	700		
㉟	350		
		㊳	1 050
本期合计	1 050	本期合计	1 050

管理费用总账

汇总	9 280	汇总	9 280
本期合计	9 280	本期合计	9 280

管理费用明细账

⑱	20		
⑲	80		
⑳	105		
㉕	530		
㉖	500		
㉗	2 100		
㉘	2 220		
㉙	420		
㉚	1 555		
㉛	750		
㊲	1 000		
		㊳	9 280
本期合计	9 280	本期合计	9 280

财务费用总账

汇总	550	汇总	550
本期合计	550	本期合计	550

财务费用明细账

㉛	550		
		㊳	550
本期合计	550	本期合计	550

所得税费用总账

汇总	18 500	汇总	18 500
本期合计	18 500	本期合计	18 500

所得税费用明细账

㊴	18 500		
		㊴	18 500
本期合计	18 500	本期合计	18 500

① 1日，从银行提取现金300元。

借：库存现金　　300

　　贷：银行存款　　300

② 1日，采购员李俊暂借差旅费100元，财务科以现金付讫。

借：其他应收款——李俊　　100

　　贷：库存现金　　100

③ 2日，向爱民厂购入甲材料4 000千克，发票价格为每千克10元，材料未验收入库，买价为40 000元，另加增值税5 200元，共计45 200元，尚未支付。

借：材料采购——甲材料　　　　40 000
　　应交税费——应交增值税（进项税额）　　5 200
　　贷：应付账款——爱民厂　　　　45 200

④ 2日，以银行存款支付上项甲材料的运输费 200 元。

借：材料采购——甲材料　　　　200
　　贷：银行存款　　　　200

⑤ 2日，结转验收入库的上项甲材料实际采购成本。

借：原材料——甲材料　　　　40 200
　　贷：材料采购——甲材料　　　　40 200

⑥ 4日，以银行存款偿还爱建厂货款70 000元和爱民厂货款40 000元。

借：应付账款——爱建厂　　　　70 000
　　　　　　——爱民厂　　　　40 000
　　贷：银行存款　　　　110 000

⑦ 6日，向爱建厂购入下列材料，材料已经收到，但尚未验收入库，货款尚未支付。

项目	数量/千克	单价/（元/千克）	买价/元	增值税/元
甲材料	2 500	9.90	24 750	3 217.5
乙材料	25 000	1.98	49 500	6 435.0
合计			74 250	9 652.5

借：材料采购——甲材料　　　　24 750
　　　　　　——乙材料　　　　49 500
　　应交税费——应交增值税（进项税额）　　9 652.5
　　贷：应付账款——爱建厂　　　　83 902.5

⑧ 6日，以银行存款支付从爱建厂购入材料的运输费 440 元（按购入甲材料、乙材料的重量比例分摊）。

采购费用分配表

201×年 12 月

材料名称	分配标准（材料重量）/千克	分配率	分配额/元
甲材料	2 500	0.016	40
乙材料	25 000		400
合计	27 500	0.016	440

借：材料采购——甲材料　　　　40
　　　　　　——乙材料　　　　400
　　贷：银行存款　　　　440

⑨ 6日，以现金支付从爱建厂购入材料的装卸费110元（也按购入甲材料、乙材料的重量比例分摊）。

采购费用分配表

201×年 12 月

材料名称	分配标准（材料重量）/千克	分配率	分配额/元
甲材料	2 500	0.004	10
乙材料	25 000		100
合计	27 500	0.004	110

借：材料采购——甲材料　　10

　　　　　——乙材料　　100

　贷：库存现金　　110

⑩ 6日，结转从爱建厂购入材料的实际成本。

借：原材料——甲材料　　24 800

　　　　——乙材料　　50 000

　贷：材料采购——甲材料　　24 800

　　　　　　——乙材料　　50 000

⑪ 6日，收到光明厂还来货款 140 000 元，存入银行。

借：银行存款　　140 000

　贷：应收账款——光明厂　　140 000

⑫ 6日，以银行存款缴纳上月未缴增值税 26 000 元和所得税32 200元。

借：应交税费——应交增值税（已交税金）　　26 000

　　　　　——应交所得税　　32 200

　贷：银行存款　　58 200

⑬ 7日，生产车间职工徐丽报销上月去外地开会学习差旅费100元，原来预支120元，交回多余现金20元。

借：制造费用　　100

　　库存现金　　20

　贷：其他应收款——徐丽　　120

⑭ 7日，以银行存款支付供电公司本月电费10 000元。

借：应付账款——供电公司　　10 000

　贷：银行存款　　10 000

⑮ 8日，仓库发出材料如下。

用途	甲材料		乙材料		金额合计/元
	数量/千克	金额/元	数量/千克	金额/元	
生产 A 产品	8 000	80 000	30 000	60 000	140 000
生产 B 产品	1 000	10 000	2 400	4 800	14 800
合计	9 000	90 000	32 400	64 800	154 800

借：生产成本——A 产品　　140 000

　　　　　　——B 产品　　14 800

　　贷：原材料——甲材料　　90 000

　　　　　　　——乙材料　　64 800

⑯ 9日，从银行提取现金13 875元。

借：库存现金　　13 875

　　贷：银行存款　　13 875

⑰ 10日，以现金发放本月应付职工工资13 875元。

借：应付职工薪酬　　13 875

　　贷：库存现金　　13 875

⑱ 12日，以现金支付管理部门职工市内交通费20元。

借：管理费用　　20

　　贷：库存现金　　20

⑲ 12日，以银行存款支付厂交通车修理费80元，预付下年第一季度报刊订阅费150元。

借：管理费用　　80

　　预付账款——预付报刊订阅费　　150

　　贷：银行存款　　230

⑳ 13日，采购员李俊回厂报销差旅费105元，1 日预支100元，财务科以现金补付差额5元。

借：管理费用　　105

　　贷：其他应收款—李俊　　100

　　　　库存现金　　5

㉑ 13日，售给光明厂 A 产品2 200件，每件售价为100元，增值税率为13%，当即收到货款及增值税并存入银行。

借：银行存款　　248 600

　　贷：主营业务收入　　220 000

　　　　应交税费——应交增值税（销项税额）　　28 600

㉒ 14日，以银行存款支付本月广告费700元。

借：销售费用　　700

　　贷：银行存款　　700

㉓ 18日，以银行存款预缴本月所得税15 000元。

借：应交税费——应交所得税　　15 000

　　贷：银行存款　　15 000

㉔ 20日，从银行提取现金530元。

借：库存现金　　530

　　贷：银行存款　　530

㉕ 20日，以现金支付厂部办公用品购置费530元。

借：管理费用　530
　贷：库存现金　530

㉖ 21日，仓库发出材料如下。

用途	甲材料		乙材料		金额合计/元
	数量/千克	金额/元	数量/千克	金额/元	
生产A产品	3000	30000	9800	19600	49600
车间一般消耗			950	1900	1900
厂部管理部门耗用			250	500	500
合计	3000	30000	11000	22000	52000

借：生产成本——A产品　49 600
　制造费用　1 900
　管理费用　500
　贷：原材料——甲材料　30 000
　　——乙材料　22 000

㉗ 28日，摊销无形资产2 100元。

借：管理费用　2 100
　贷：累计摊销　2 100

㉘ 28日，本月生产A产品工人工资为8 880元，生产B产品工人工资为2 220元，车间管理人员工资为555元，厂部管理人员工资为2 220元。按工资支出用途记入有关费用账户。

借：生产成本——A产品　8 880
　——B产品　2 220
　制造费用　555
　管理费用　2 220
　贷：应付职工薪酬　13 875

㉙ 28日，结转本月应付电费11 020元。其中动力用电费10 200元（A产品负担60%，B产品负担40%），车间照明用电费400元，厂部照明用电费420元。

借：生产成本——A产品　6 120
　——B产品　4 080
　制造费用　400
　管理费用　420
　贷：应付账款——供电公司　11 020

㉚ 28日，计提本月固定资产折旧19 400元。其中，车间固定资产折旧17 845元，厂固定资产折旧1 555元。

借：制造费用　17 845
　管理费用　1 555
　贷：累计折旧　19 400

㉛ 28日，预提短期借款利息550元，摊销预付的财产保险费750元。

借：财务费用 550

　贷：应付利息 550

借：管理费用 750

　贷：预付账款 750

㉜ 28日，本月发生的制造费用按A产品、B产品的生产工人工资比例分摊。

制造费用分配表

201×年12月

产品名称	分配标准（工人工资）/元	分配率	分配额/元
A产品	8 880	1.873 9	16 640
B产品	2 220		4 160
合计	11 100	1.873 9	20 800

（其中制造费用总额见制造费用明细账中的借方发生额合计）

借：生产成本——A产品 16 640

　　　　　——B产品 4 160

　贷：制造费用 20 800

㉝ 28日，投产的2 934件A产品和97台B产品全部完工验收入库，分别结转其实际生产成本。

产品生产成本计算表

201×年12月　　单位：元

成本项目	A产品（2934件）		B产品（97台）	
	总成本	单位成本	总成本	单位成本
原材料	189 600	64.6	33 900	339.0
直接人工	8 880	3.03	3 330	33.3
燃料和动力	6 120	2.09	4 080	40.8
制造费用	16 640	5.67	6 950	69.4
合计	221 240	75.4	48 260	497.5

借：库存商品——A产品 221 240

　　　　　——B产品 48 260

　贷：生产成本——A产品 221 240

　　　　　　——B产品 48 260

㉞ 28日，售给益民厂A产品800件，每件售价为100元；B产品80台，每台售价为625元。另加增值税16 900元。货款未收。

借：应收账款——益民厂 146 900
　　贷：主营业务收入——A 产品 80 000
　　　　　　　　　　——B 产品 50 000
　　　　应交税费——应交增值税（销项税额） 16 900

㉟ 28日，以银行存款支付两项销售产品发生的运输费350元。

借：销售费用 350
　　贷：银行存款 350

㊱ 28日，结转本月售出产品的实际生产成本。

	销售数量	单位生产成本	生产总成本/元
A 产品	2 200 件	75 元/件（上月生产）	165 000
A 产品	800 件	75.40 元/件（本月生产）	60 320
B 产品	80 台	497.5 元/台	39 800
合计			265 120

借：主营业务成本 265 120
　　贷：库存商品——A 产品 225 320
　　　　　　　　——B 产品 39 800

㊲ 28日，以银行存款支付管理部门设备修理费1 000元。

借：管理费用 1 000
　　贷：银行存款 1 000

㊳ 31日，将本月的收入、费用结转“本年利润”账户。

结转收入：

借：主营业务收入 350 000
　　贷：本年利润 350 000

结转费用：

借：本年利润 276 000
　　贷：主营业务成本 265 120
　　　　销售费用 1 050
　　　　管理费用 9 280
　　　　财务费用 550

㊴ 31日，按本月利润总额的25%计算应交所得税。

本月利润总额=350 000–276 000=74 000元

本月应交所得税=74 000×25%=18 500元

借：所得税费用 18 500
　　贷：应交税费——应交所得税 18 500

借：本年利润 18 500
　　贷：所得税费用 18 500

㊵ 31日，按税后利润的10%提取法定盈余公积金。

当年税后净利=104 000+350 000–（276 000+18 500）=159 500元

提法定盈余公积=159 500×10%=15 950元

借：利润分配　　15 950

　　贷：盈余公积　　15 950

㊶ 31日，分配投资者利润20 000元。

借：利润分配　　20 000

　　贷：应付股利　　20 000

㊷ 31日，将本年利润账户的余额转入利润分配账户。

借：本年利润　　159 500

　　贷：利润分配　　159 500

（2）（略）

（3）见（1）

（4）见（1）

（5）

科目汇总表

单位：元

账户	期初余额		本期发生额		期末余额	
	借方	贷方	借方	贷方	借方	贷方
库存现金	105		14725	14640	190	
银行存款	187485		388600	210825	365260	
应收账款	140000		146900	140000	146900	
其他应收款	120		100	220		
材料采购			115000	115000		
原材料	158000		115000	206800	66200	
生产成本	23000		246500	269500		
制造费用			20800	20800		
预付账款	3750		150	750	3150	
库存商品	165000		269500	265120	169380	
固定资产	4680000				4680000	
累计折旧		1379000		19400		1398400
无形资产	130740				130740	
短期借款		90000				90000
应付职工薪酬			13875	13875		
应付账款		69000	120 000	140 122.5		89 122.5
应交税费		58200	88 052.5	64 000		34147.5
应付利息		900		550		1450
应付利润				20000		20000

续表

账户	期初余额		本期发生额		期末余额	
	借方	贷方	借方	贷方	借方	贷方
长期借款		130740				130740
实收资本		3301000				3301000
盈余公积		450000		15950		465950
利润分配	94640		35950	159500		28910
本年利润		104000	454000	350000		
主营业务收入			350000	350000		
主营业务成本			265120	265120		
销售费用			1050	1050		
管理费用			9280	9280		
财务费用			550	550		
所得税费用			18500	18500		
累计摊销				2100		2100
合计	5582840	5582840	2673652.5	2673652.5	5561820	5561820

（6）见（1）

（7）（略）

（8）

利润表

会企 02 表

编制单位：佳灵厂　　201×年 12 月　　单位：元

项目	本期金额	上期金额
一、营业收入	350000	
减：营业成本	265120	
税金及附加		
销售费用	1050	
管理费用	9280	
研发费用		
财务费用	550	
其中：利息费用	550	
利息收入		
资产减值损失		
信用减值损失		
加：其他收益		
投资收益（损失以“-”号填列）		

续表

项目	本期金额	上期金额
其中：对联营企业和合营企业的投资收益		
净敞口套期收益（损失以“–”号填列）		
公允价值变动收益（损失以“–”号填列）		
资产处置收益（损失以“–”号填列）		
二、营业利润（亏损以“–”号填列）	74 000	
加：营业外收入		
减：营业外支出		
三、利润总额（亏损总额以“–”号填列）	74 000	
减：所得税费用	18 500	
四、净利润（净亏损以“–”号填列）	55 500	
（一）持续经营净利润（净亏损以“–”号填列）		
（二）终止经营净利润（净亏损以“–”号填列）		
五、其他综合收益的税后净额		
（一）不能重分类进损益的其他综合收益		
1. 重新计量设定受益计划净变动额		
2. 权益法下不能转损益的其他综合收益		
…		
（二）将重分类进损益的其他综合收益		
1. 权益法下可转损益的其他综合收益		
2. 其他债权投资公允价值变动损益		
…		
六、综合收益总额（第四项加第五项）	55 500	
七、每股收益		
（一）基本每股收益		
（二）稀释每股收益		

资产负债表

会企 01 表

编制单位：佳灵厂　　　　201×年 12 月 31 日　　　　单位：元

资产	期末余额	年初余额	负债和所有者权益（或股东权益）	期末余额	年初余额
流动资产：			流动负债：		
货币资金	365 450		短期借款	90 000	
交易性金融资产			交易性金融负债		

续表

资产	期末余额	年初余额	负债和所有者权益（或股东权益）	期末余额	年初余额
衍生金融资产			衍生金融负债		
应收票据及应收账款	146 900		应付票据及应付账款	89 122.5	
预付款项	3 150		预收款项		
其他应收款			合同负债		
存货	235 580		应付职工薪酬		
合同资产			应交税费	34 147.5	
持有待售资产			其他应付款	21 450	
一年内到期的非流动资产			持有待售负债		
其他流动资产			一年内到期的非流动负债		
流动资产合计	751 080		其他流动负债		
非流动资产：			流动负债合计	234 720	
债权投资			非流动负债：		
其他债权投资			长期借款	130 740	
长期应收款			应付债券		
长期股权投资			其中：优先股		
其他权益工具投资			永续债		
其他非流动金融资产			长期应付款		
投资性房地产			预计负债		
固定资产	3 281 600		递延收益		
在建工程			递延所得税负债		
生产性生物资产			其他非流动负债		
油气资产			非流动负债合计	130 740	
无形资产	128 640		负债合计	365 460	
开发支出			所有者权益（或股东权益）：		
商誉			实收资本（或股本）	3 301 000	
长期待摊费用			其他权益工具		
递延所得税资产			其中：优先股		
其他非流动资产			永续债		
非流动资产合计	3 410 240		资本公积		
			减：库存股		
			其他综合收益		
			盈余公积	465 950	
			未分配利润	28 910	
			所有者权益（或股东权益）合计	3 795 860	
资产总计	4 161 320		负债和所有者权益（或股东权益）总计	4 161 320	

五、案例分析题

1. 提示：从工厂规模、设置、未来发展与现有体系的矛盾、规范的账务体系的优缺点等方面来考虑是否聘请会计人员及如何说服张老板建立规范的账务体系。

2. 提示：该企业是连锁超市型企业。

六、思考题

（略）

第十四章

会计信息的分析与利用

一、解释重要名词

财务分析　静态分析　流动比率　速动比率　存货流动负债比率　净营运资金　现金流动负债比率　现金负债比率　存货周转率　应收账款周转率　流动资产周转率　总资产周转率　资本充足率　债务资本比率　负债比率　净利润率　资本收益率　资产收益率　趋势分析　同行业比较分析

二、选择题（包括单选和多选）

1. 财务报表的使用者一般包括（　　）。

   A. 投资人　　B. 债权人

   C. 政府　　D. 社会公众

2. 从经营者的立场看，企业（　　）。

   A. 应当尽可能多借债　　B. 应当适度举债

   C. 应当不借债　　D. 应当尽可能少借债

3. 下列各项中，能引起总资产收益率下降的是（　　）。

   A. 提高售价　　B. 购入大型设备

   C. 降低单位产品成本　　D. 减少负债

4. 如果流动比率大于1，则下列结论成立的是（　　）。

   A. 速动比率大于1　　B. 净营运资金大于0

   C. 短期偿债能力绝对有保障　　D. 现金流动负债比率大于1

5. 在计算速动资产时，之所以要扣除存货等项目，是由于（　　）。

   A. 这些项目变现能力较差　　B. 这些项目价值变动较大

   C. 这些项目质量难以保证　　D. 这些项目数量不易确定

6. 在企业流动资产周转率为1.6时，会引起该指标下降的经济业务是（　　）。

   A. 归还一笔短期借款　　B. 用银行存款支付一年的电话费

   C. 用银行存款购入一台设备　　D. 借入一笔短期借款

7. 一般认为，生产企业合理的流动比率为（　　）。

A. 1∶1　　B. 1.5∶1

C. 2∶1　　D. 3∶1

8. 一般可作为速动资产的有（　　）。

A. 现金　　B. 无形资产

C. 应收票据　　D. 存货

9. 反映资产营运能力的指标是（　　）。

A. 应收账款周转率　　B. 流动比率

C. 负债比率　　D. 速动比率

10. 某企业实收资本为1000万元，年初未分配利润为600万元，报告期实现净利润200万元。如果该企业没有其他事项，其资本收益率为（　　）。

A. 12. 5%　　B. 20%

C. 40%　　D. 50%

11. 下列各项中，反映企业偿债能力的指标是（　　）。

A. 应收账款周转率　　B. 存货周转率

C. 资本收益率　　D. 资产负债率

12. 已知某企业的负债与所有者权益的比率为40%，负债总额为6000万元。该企业的资产负债率为（　　）。

A. 71. 43%　　B. 60%

C. 40%　　D. 28. 57%

13. 下列指标中，用来评价企业盈利能力的指标有（　　）。

A. 资产负债率　　B. 资本收益率

C. 净利润率　　D. 资产收益率

14. 下列各项中，影响资本收益率的因素有（　　）。

A. 净利润　　B. 营业外收入

C. 年初所有者权益　　D. 所得税费用

15. 影响存货周转率指标的因素有（　　）。

A. 报告年度的营业成本　　B. 年初存货

C. 年末存货　　D. 年初资产总额

16. 某企业年初资产总额为23 000万元，年末资产总额为27 000万元，报告年度的营业收入为12 000万元。如果不考虑其他因素的影响，该企业的资产周转率为（　　）。

A. 0.52　　B. 0.48

C. 0.44　　D. 0.24

17. 现金流量比率是反映企业短期偿债能力的一个财务指标。在计算年度现金流量比率时，通常使用流动负债的（　　）。

A. 年初余额　　B. 年末余额

C. 年初余额和年末余额的平均值　　D. 各月末的平均值

18. 下列事项中，有助于提高企业短期偿债能力的是（　　）。
A. 利用短期借款增加对流动资产的投资
B. 为扩大营业面积，与租赁公司签订一项新的长期房屋租赁合同
C. 补充长期资本，使长期资本的增加量超过长期资产的增加量
D. 提高流动负债中的无息负债比率

19. 甲公司是一家电器销售企业，每年6月到10月是销售旺季，管理层拟用存货周转率评价全年存货管理业绩，适合使用的公式是（　　）。
A. 存货周转率=销售收入/(Σ各月末存货/12)
B. 存货周转率=销售收入/[(年初存货+年末存货)/2]
C. 存货周转率=销售成本/[(年初存货+年末存货)/2]
D. 存货周转率=销售成本/(Σ各月末存货/12)

20. 甲公司的生产经营存在季节性，每年的6月到10月是生产经营旺季，11月到次年5月是生产经营淡季。如果使用应收账款年初余额和年末余额的平均数计算应收账款周转次数，计算结果会（　　）。
A. 高估应收账款周转速度
B. 低估应收账款周转速度
C. 正确反映应收账款周转速度
D. 无法判断对应收账款周转速度的影响

21. 甲公司本年的销售净利率比去年下降5%，总资产周转率提高10%，假定其他条件与去年相同，那么甲公司今年的净资产收益率比去年提高（　　）。
A. 4. 5%　　B. 5. 5%
C. 10%　　D. 10. 5%

22. 某公司当年销售收入净额为6000万元。年初应收账款余额为300万元，年末应收账款余额为500万元，坏账准备按应收账款余额的10%提取。每年按360天计算，则该公司应收账款周转天数为（　　）天。
A. 15　　B. 17
C. 22　　D. 24

23. 影响速动比率可信性的最主要因素是（　　）。
A. 存货的变现能力　　B. 短期证券的变现能力
C. 产品的变现能力　　D. 应收款项的变现能力

24. 如果企业速动比率很小，下列结论成立的是（　　）。
A. 企业流动资产占用过多　　B. 企业短期偿债能力很强
C. 企业短期偿债风险很大　　D. 企业资产流动性很强

25. 下列各项中，可能导致企业资产负债率变化的经济业务是（　　）。
A. 收回应收账款
B. 用现金购买债券
C. 接受所有者投资转入的固定资产
D. 以固定资产对外投资（按账面价值作价）

26. 下列各项中，属于影响长期偿债能力的表外因素是（　　）。
A. 融资租赁
B. 大额的长期经营租赁
C. 可动用的银行信贷限额
D. 可以很快变现的长期资产

27. 其他条件不变的情况下，下列经济业务可能导致总资产净利率下降的是（　　）。
A. 用银行存款支付一笔销售费用
B. 用银行存款购入一台设备
C. 发行的可转换债券转换为普通股
D. 用银行存款归还银行借款

28. 驱动权益净利率的基本动力是（　　）。
A. 销售净利率
B. 财务杠杆
C. 总资产周转率
D. 总资产净利率

29. 某公司今年与上年相比，销售收入增长10%，净利润增长8%，资产总额增长12%，负债总额增长9%。可以判断，该公司权益净利率比上年（　　）。
A. 上升
B. 下降
C. 不变
D. 不一定，取决于所有者权益和净利润的增长幅度

30. 下列关于营运资本的说法正确的有（　　）。
A. 营运资本为负数，表明有部分非流动资产由流动负债提供资金来源
B. 营运资本为正数，表明有部分流动资产由长期资本提供资金来源
C. 营运资本的数额越大，财务状况越稳定
D. 运营资本为0时，表明全部流动资产均由长期资本提供资金来源

31. 影响速动比率的因素有（　　）。
A. 应收账款
B. 存货
C. 短期借款
D. 预付账款

32. 影响企业长期偿债能力的表外因素有（　　）。
A. 为他人提供担保
B. 售出产品可能发生的质量事故赔偿
C. 可以很快变现的固定资产
D. 经营租入长期使用的固定资产

33. 下列表述正确的是（　　）。
A. 营运资本之所以能够成为流动负债的“缓冲带”，是因为它是长期资本用于流动资产的部分，不需要在一年内偿还
B. 当流动资产小于流动负债时，营运资本为负数，表明长期资本小于长期资产，财务状况不稳定
C. 现金比率是指经营活动现金流量净额与流动负债的比
D. 长期资本负债率是指负债总额与长期资本的百分比

34. 在其他条件不变的情况下，会引起总资产周转率指标上升的经济业务有（　　）。
A. 用现金偿还负债
B. 借入一笔短期借款
C. 用银行存款购入一台设备
D. 用银行存款支付本期电话费

35. 下列有关财务分析表述中正确的是（ ）。

A. 两家商业企业本期销售收入，存货平均余额相同，但毛利率不同，若不考虑其他影响因素，可以认为毛利率高的企业存货管理业绩较高

B. 两家商业企业本期销售收入、存货平均余额相同，但毛利率不同，若不考虑其他影响因素，可以认为毛利率高的企业存货管理业绩较差

C. 总资产周转天数与上年相比增加了50天，若流动资产周转天数增加了30天，则非流动资产的周转天数必然增加20天

D. 总资产周转天数与上年相比增加了50天，若流动资产周转天数增加了30天，则非流动资产的周转天数必然增加80天

三、判断题

1. 财务报告的目的是向财务报告使用者提供对决策有用的信息，并反映企业管理层受托责任的履行情况。（ ）

2. 公司债权人通过财务报告分析了解公司的经营管理状况、财务状况、盈利水平、资本结构、资本的保值增值情况及资产流动性等方面的信息。（ ）

3. 财务报表分析有三种基本方法，包括动态分析、趋势分析和同行业比较。（ ）

4. 资产负债表是根据权责发生制基础编制的反映企业财务状况的会计报表。（ ）

5. 编制会计报表是会计工作的最终环节，报表报出后，会计工作就已结束。（ ）

6. 速动比率是评价企业营运能力的指标。（ ）

7. 报表分析是报表编制工作的继续。（ ）

8. 应收账款周转率过高或过低对企业可能都不利。（ ）

9. 影响速动比率可信度的重要因素是存货的变现能力。（ ）

10. 资产负债率越高，债权人款项的安全程度越高。（ ）

11. 应收账款周转率是评价企业偿债能力的指标。（ ）

12. 流动比率越大，说明企业的短期偿债能力越强。（ ）

13. 在流动比率一定的情况下，存货流动负债比率越小，企业资产的流动性越好，流动比率的质量越低。（ ）

14. 净营运资金越多，企业偿还短期债务的可能性越大。（ ）

15. 现金负债比率是货币资金与流动负债总额之比。（ ）

16. 存货周转速度越快，存货的占用水平越低，流动性越强，存货转换为现金或应收账款的速度越快。（ ）

17. 资本收益率可以评估企业的管理效率和盈利能力，若企业的资本收益率低于同期国债收益率，则说明该企业的管理效率和盈利能力过低。（ ）

18. 同行业比较分析是指对一家公司不同时期或时点的财务数据和财务指标进行分析、比较，以判断一个公司的财务状况和经营业绩的演变趋势。（ ）

19. 财务分析，是指仅以财务报表为依据和起点，采用专门的方法，系统地分析和评价企业过去和现在的财务状况、经营成果及现金流量，目的是了解过去、评价现在、预测未来。（ ）

20. 财务分析使用的数据绝大部分取自非公开的财务报表。（　）

21. 债权人通常十分关心企业的偿债能力和财务风险，重视企业经营的安全性。（　）

22. 静态分析是趋势分析和同行业比较的基础。（　）

23. 财务比率指标可以分为流动性指标、效率指标、财务杠杆指标和盈利指标。（　）

24. 流动性财务指标用来测量企业的流动性资产质量和偿还到期长期债务的能力。（　）

25. 合理的流动比率水平取决于两因素：一是流动资产的周转速度，周转速度较高，则流动比率水平较高；二是流动性资产的质量和结构。（　）

26. 速动比率能够更准确地测量企业资产的流动性水平，尤其是当存货占流动性资产的比例较小时，这一比率更为重要。（　）

27. 存货流动负债比率可以进一步证实企业资产的流动性和流动比率的质量。（　）

28. 在速动比率一定的条件下，现金负债比率越小，速动比率的质量越高，企业资产的流动性越好。（　）

29. 存货周转率指标的好坏，通常能够反映企业存货管理水平的高低，是整个企业管理的一项重要内容。（　）

30. 一般来说，应收账款周转率越高，平均收账期越短，说明应收账款的收回越快，应收账款质量越低，流动性越强；否则，企业的营运资金会过多地呆滞在应收账款上，影响正常的资金周转。（　）

31. 流动资产的周转速度越快，意味着消耗资产的速度越快，会造成资源浪费。（　）

32. 企业的债务资本比率不应该大于2，若债务资本比率大于2，说明企业的债务负担过重，已经超过资本基础的承受能力。（　）

33. 一般而言，企业的资本收益率不应该高于同期国债收益率。（　）

34. 效率指标，又称资产管理指标，是用来测量企业在资产管理方面效率的财务比率。（　）

四、练习题

1. 某企业201×年有关数据资料如下。

单位：万元

项目	金额	项目	金额
流动资产	250	负债总额	175
流动负债	120	销售成本	1 750
速动资产	125	平均存货	138
资产总额	375	利润额	90
销售收入	2 000	实收资本	200

要求：计算下列指标。

（1）流动比率。

（2）速动比率。

（3）资产负债率。

（4）流动资产周转率。

（5）资本收益率。

（6）净利润率。

2. 甲公司是一个材料供应商，拟与乙公司建立长期合作关系，为了确定对乙公司采用何种信用政策，需要分析乙公司的偿债能力和营运能力。为此，甲公司收集了乙公司201×年的财务报表，相关财务报表数据及财务报表附注中披露的信息如下。

（1）资产负债表项目。

单位：万元

项目	期末余额	年初余额
流动资产合计	4600	4330
其中：货币资金	100	100
交易性金融资产	500	460
应收账款	2850	2660
预付账款	150	130
存货	1000	980
流动负债合计	2350	2250

（2）利润表项目。

单位：万元

项目	本年金额
营业收入	14500
财务费用	500
资产减值损失	10
所得税费用	32.5
净利润	97.5

（3）乙公司的生产经营存在季节性，每年3月至10月是经营旺季，11月至次年2月是经营淡季。

（4）乙公司按照应收账款余额的5%计提坏账准备，201×年初坏账准备余额140万元，201×年末坏账准备余额150万元。最近几年乙公司的应收账款回收情况不好，截止到201×年末账龄3年以上的应收账款已达到应收账款余额的10%。为了控制应收账款的增长，乙公司在201×年收紧了信用政策，减少了赊销客户的比例。

（5）乙公司201×年资本化利息支出100万元，计入在建工程。

（6）计算财务比率时，涉及的资产负债表数据均使用其年初和年末的平均数。

要求：

（1）计算乙公司201×年的速动比率。评价乙公司的短期偿债能力时，需要考虑哪些因素？具体分析这些因素对乙公司短期偿债能力的影响。

（2）计算乙公司201×年的应收账款周转次数。评价乙公司的应收账款变现速度时，需要考虑哪些因素？具体分析这些因素对乙公司应收账款变现速度的影响。

3. 某公司资产负债表简表如下。

资产负债表（简表）

201×年 12 月 31 日　　　　单位：万元

资产	期末余额	负债和所有者权益	期末余额
货币资金	25000	流动负债	
应收账款		长期负债	
存货		所有者权益	240000
固定资产	294000		
资产合计		负债和所有者权益合计	

该公司201×年产品销售收入为450 000元，销售成本为315 000元，为了评估存货管理的业绩所确定的存货周转次数为4.5次（采用销售成本计算）；年末流动比率为1.5；产权比率为0.8，期初存货等于期末存货。

要求：

（1）根据上述材料计算填列该公司201×年12月31日资产负债表简表中的空白项。

（2）假定本期期初应收账款等于期末应收账款，计算该公司应收账款周转天数（一年按360天计算）。

五、案例分析题

1.某公司20××年财务报表的主要资料见下表。

资产负债表

20××年 12 月 31 日　　　　单位：万元

资产	期末余额	负债和所有者权益	期末余额
货币资金（年初 764）	310	应付账款	516
应收账款（年初 1156）	1344	应付票据	336
存货（年初 700）	966	其他流动负债	468
流动资产合计	2620	流动负债合计	1320
固定资产净额（年初 1170）	1170	长期负债	1026
		实收资本	1444
资产总计（年初 3790）	3790	负债和所有者权益总计	3790

利润表

20××年　　　　单位：万元

项目	金额
营业收入	6430
营业成本	5570

续表

项目	金额
毛利	860
管理费用	580
利息费用	98
税前利润	182
所得税	72
净利润	110

要求：

（1）计算下表中该公司的财务比率。

财务比率表

比率	本公司	行业平均数
流动比率		1.98
资产负债率		62%
存货周转率		6 次
应收账款周转率		10.28 次
固定资产周转率		13 次
总资产周转率		3 次
净利润率		1.3%
资产收益率		3.4%
资本收益率		8.3%

（2）与行业平均财务比率比较，说明该公司经营管理可能存在的问题。

2. 戊公司是一家上市公司，为了综合分析上年度的经营业绩，公司董事会召开专门会议进行讨论。公司相关材料如下。

材料一：戊公司资产负债表简表如下。

戊公司资产负债表（简表）

20××年 12 月 31 日　　单位：万元

资产	年初余额	期末余额	负债和股东权益	年初余额	期末余额
货币资金	3 500	4 000	流动负债合计	15 000	20 000
应收账款	10 000	12 000	非流动负值合计	41 240	40 000
存货	18 000	14 000	负债合计	56 240	60 000
流动资产合计	31 500	30 000	股东权益合计	35 260	40 000
非流动资产合计	60 000	70 000			
资产合计	91 500	100 000	负债和股东权益合计	91 500	100 000

材料二：戊公司及行业标杆企业部分财务指标表如下。

戊公司及行业标杆企业部分财务指标（20××年）

项目	戊公司	行业标杆企业
流动比率	A	2
速动比率	B	1
资产负债率	—	50%
销售净利率	—	D
总资产周转率	—	1.3
总资产净利率	C	13%

注：表中“—”表示省略的数据，取自资产负债表的数据取平均数。

材料三：戊公司20××年销售收入为146 977万元，销售成本为95 535.5万元，净利润为9 480万元，20××年初坏账准备余额为500万元，20××年末坏账准备余额为600万元。

材料四：戊公司的生产经营存在季节性，每年3月至10月是经营旺季，11月至次年2月是经营淡季。

要求：

（1）确定材料二的表中英文字母代表的数值。

（2）和同行业相比戊公司的偿债能力如何，你认为什么因素会影响对企业短期偿债能力的评价。

（3）为了分析戊公司短期偿债能力指标的可信性，你认为应分析哪些指标。

六、思考题

1. 通过本章学习你发现破灭“蓝田神话”的“秘籍”了吗？

2. 分析上市公司财务信息为什么需要进行同行业比较分析。

3. 试试看，上网搜一搜本省的上市公司，挑选一个你感兴趣的公司，分析其财务信息，并进行同行业比较，说明在当前的股价下能不能对其进行投资。

第十四章　参考答案

一、解释重要名词

（略）

二、选择题

1. ABCD　2. B　3. B　4. B　5. A　6. D　7. C　8. AC　9. A　10. A　11. D

12. D 13. BCD 14. AC 15. ABC 16. B 17. B 18. C 19. D 20. A 21. A 22. D 23. D 24. C 25. C 26. B 27. A 28. D 29. B 30. ABC 31. AC 32. ABD 33. AB 34. AD 35. BC

三、判断题

1. √ 2. × 3. × 4. √ 5. × 6. × 7. √ 8. √ 9. × 10. × 11. × 12. √ 13. × 14. √ 15. × 16. √ 17. √ 18. × 19. × 20. × 21. √ 22. √ 23. √ 24. × 25. × 26. × 27. √ 28. × 29. √ 30. × 31. × 32. × 33. × 34. √

四、练习题

1.

（1）流动比率=250/120=2.08

（2）速动比率=125/120=1.04

（3）资产负债率=175/375=0.47

（4）流动资产周转率=2 000/250=8

（5）资本收益率=90/200=0.45

（6）净利润率=90/2 000=0.045

2.

（1）速动比率=速动资产平均余额/流动负债平均余额

=[（100+100+500+460+2 850+2 660）/2]/[（2 350+2 250）/2]

=1.45

评价乙公司的短期偿债能力时，需要考虑应收账款的变现能力。乙公司按照应收账款余额的5%计提坏账准备，201×年末账龄三年以上的应收账款已经达到应收账款余额的10%，实际坏账可能比计提的坏账准备多，从而降低乙公司的短期偿债能力。乙公司的生产经营存在季节性，报表上的应收账款金额不能反映平均水平，即使使用年末和年初的平均额计算，仍然无法消除季节性生产企业年初、年末数据的特殊性。乙公司年初、年末处于经营淡季，应收账款、流动负债均低于平均水平，计算结果可能不能正确反映乙公司的短期偿债能力。

（2）应收账款周转次数＝营业收入／应收账款平均余额

$$=14\,500/\left[\left(2\,850+150+2\,660+140\right)/2\right]$$

$$=5$$

乙公司的生产经营存在季节性，报表上的应收账款金额不能反映平均水平，即使使用年末和年初的平均数计算，仍然无法消除季节性生产企业年初、年末数据的特殊性。乙公司年初、年末处于经营淡季，应收账款余额低于平均水平，计算结果会高估应收账款变现速度。

计算应收账款周转次数时应使用赊销额，由于无法取得赊销数据而使用销售收入计算时，会高估应收账款周转次数。乙公司201×年减少了赊销客户比例，现销比例增大，会进一步高估应收账款变现速度。

3.

（1）

资产负债表（简表）

2018 年 12 月 31 日　　　　单位：万元

资产	期末余额	负债和所有者权益	期末余额
货币资金	25 000	流动负债	92 000
应收账款	43 000	长期负债	100 000
存货	70 000	所有者权益	240 000
固定资产	294 000		
资产合计	432 000	负债和所有者权益合计	432 000

解析：

① 资产合计=负债和所有者权益合计
=所有者权益+所有者权益×产权比率
=240 000×（1+0.8）
=432 000元

② 期末存货=期初存货
=销售成本/存货周转次数
=315 000/4.5
=70 000元

③ 应收账款=资产总额–固定资产–存货–货币资金
=432 000–294 000–70 000–25 000
=43 000元

④ 流动负债=流动资产/流动比率
=（资产总计–固定资产）/流动比率
=（432 000–294 000）/1.5
=92 000元

⑤ 长期负债=负债和所有者权益合计–所有者权益–流动负债
=432 000–240 000–92 000
=100 000元

（2）应收账款周转天数=360/{450 000/[（43 000+43 000）/2]}=34.4天

五、案例分析题

1.

（1）

财务比率表

比率	本公司	行业平均数
流动比率	1.98	1.98
资产负债率	61.90%	62%
存货周转率	6.69 次	6 次
应收账款周转率	5.14 次	10.28 次
固定资产周转率	5.50 次	13 次
总资产周转率	1.70 次	3 次
净利润率	1.71%	1.3%
资产收益率	2.90%	3.4%
资本收益率	7.62%	8.3%

（2）从上表数据中可以看出该公司可能存在以下问题。

应收账款管理不善，导致应收账款周转率低下，只有行业平均水平的一半；可能是固定资产投资偏大等原因，导致固定资产周转率低下，甚至不到行业平均水平的一半；虽然净利润率超过行业平均水平，但是资产收益率和资本收益率都低于行业平均水平，说明销售额偏低，而且资产使用效率不高，这从固定资产周转率和总资产周转率都低于行业平均水平也可以看出来。

2.

（1）

流动比率（A）=[（31500+30000）/2]/[（15000+20000）/2]=1.76

速动比率（B）=[（3500+10000+4000+12000）/2]/[（15000+20000）/2]=0.84

总资产净利率（C）=9480/[（91500+100000）/2]×100%=9.90%

行业标杆企业销售净利率（D）=13%/1.3=10%

（2）戊公司的生产经营存在季节性，报表上的存货和应收账款金额不能反映平均水平，即使使用年末和年初的平均数计算，仍然无法消除季节性生产企业年初、年末数据的特殊性。戊公司年初、年末处于经营淡季，应收账款、存货、流动负债均低于平均水平，计算结果可能不能正确反映戊公司的短期偿债能力。

（3）为了分析流动比率的可信性，应分析存货和应收账款的变现质量，为了分析速动比率的可信性应分析应收账款的周转率。

存货周转率=146977/[（18000+14000）/2]=9.19次

应收账款周转率=146977/[（10000+500+12000+600）/2]=12.73次

六、思考题

（略）

第十五章

会计规范概述

一、解释重要名词

会计规范　会计法律　会计准则　会计制度　会计职业道德　会计行政法规　会计规章　基本准则　具体会计准则　会计基础工作

二、选择题（包括单选和多选）

1. 下列关于会计规范的说法正确的是（　　）。
   A. 会计规范是行为标准和技术标准的统一
   B. 会计规范受各方利益团体的影响，协调着各方利益相关者的需求
   C. 会计规范应该提供高质量的会计信息
   D. 会计规范必须满足经济全球化与国际趋同的内在需要
2. 会计规范包括（　　）几个方面的内容。
   A. 会计法律　　B. 会计准则
   C. 会计制度　　D. 会计职业道德
3. 会计规范的制定群体可能包括（　　）。
   A. 政府部门　　B. 民间职业团体
   C. 理论研究者　　D. 政府部门
4. 下列各项中，属于主管全国企业会计信息化工作的部门是（　　）。
   A. 国务院　　B. 财政部
   C. 国资委　　D. 证监会
5. 下列属于我国会计法规范体系的有（　　）。
   A. 《会计法》
   B. 《企业财务会计报告条例》
   C. 《企业会计准则——基本准则》
   D. 《会计基础工作规范》

6. 会计规章的制定依据是（　　）。

A. 会计法律　　B. 会计准则

C. 会计行政法规　　D. 会计职业道德

7. 下列属于会计规章规范的是（　　）。

A. 《企业财务会计报告条例》　　B. 《企业档案管理办法》

C. 《企业会计准则》　　D. 《会计从业资格管理办法》

8. 以下哪些内容是由《企业财务会计报告条例》规定的内容（　　）。

A. 财务会计报告的构成　　B. 财务会计报告的编制

C. 财务会计报告的对外提供　　D. 违反条例行为的处罚

9. 最为常见的准则制定模式是（　　）。

A. 官方制定模式　　B. 半官方制定模式

C. 民间制度模式　　D. 实务界专家制定模式

10. 下列属于规则导向型会计准则缺点的是（　　）。

A. 过于具体，容易被相关团体所规避

B. 可操作性不强

C. 重形式轻实质

D. 需要较多的职业判断

11. 我国现行会计法规体系由（　　）构成。

A. 会计法律　　B. 会计行政法规

C. 会计规章　　D. 会计职业道德

12. 我国的具体会计准则一般可以分为（　　）三类。

A. 事业会计准则　　B. 一般业务准则

C. 特殊行业的特定业务准则　　D. 报告准则

13. 根据基本会计准则第二章的内容，下列各项中不属于反映会计信息质量要求的是（　　）。

A. 会计核算方法一经确定不得变更

B. 会计核算应当注重交易或事项的实质

C. 会计核算应当以实际发生的交易或事项为依据

D. 会计核算应以权责发生制为基础

14. 我国会计准则体系由（　　）三个层次构成。

A. 基本会计准则

B. 具体会计准则

C. 补充规定

D. 应用指南

15. 我国于（　　）开始实施行的《企业会计准则》。

A. 1993年7月1日　　B. 1994年7月1日

C. 2006年1月1日　　D. 2007年1月1日

16. 我国会计工作的最高规范形式是（　　）。
A. 《企业会计准则》　　B. 《中华人民共和国审计法》
C. 《中华人民共和国会计法》　　C. 《会计基础工作规范》
17. 我国《企业会计准则》的制定机构是（　　）。
A. 中国会计学会　　B. 中国注册会计师协会
C. 中华人民共和国财政部　　D. 中国人民银行总行
18. 下列关于我国会计准则的发展的说法，正确的有（　　）。
A. 可用以维持市场秩序
B. 能作为会计信息的规范标准
C. 一定程度上出于国家或政府需要
D. 与全球资本市场兴起息息相关
19. 《会计法》的立法宗旨包括（　　）。
A. 规范会计行为
B. 维护社会主义市场经济秩序
C. 保证会计资料真实、完整
D. 加强经济管理和财务管理，提高经济效益
20. 《会计法》主要规定了（　　）。
A. 会计工作的基本目的　　B. 会计管理权限
C. 会计责任主体　　D. 会计法律责任
21. 关于会计工作交接的说法正确的是（　　）。
A. 一般会计人员交接，只需由会计主管人员负责监交
B. 移交人员在办理移交时，要按移交清册逐项移交
C. 会计机构负责人交接，由单位领导人负责监交，必要时可由上级主管部门派人会同监交
D. 移交人员必须对所移交的材料的合法性、真实性负责
22. 下列属于会计基础工作的技术性规范的是（　　）。
A. 会计工作的交接　　B. 关于会计核算的一般规定
C. 关于会计凭证的填制　　D. 关于会计报表的编制
E. 关于会计账簿的登记
23. 我国《会计法》规定，会计机构和会计人员应当按照国家统一的会计制度的规定对原始凭证认真审核，对记载不准确、不完整的会计凭证处理方法是（　　）。
A. 予以退回，依法要求更正、补充
B. 首先接受，然后进行认真的审查
C. 予以接收，依法追究责任
D. 提交给本单位负责人，会计机构和会计人员无权处理或予以退回，依法要求更正、补充
24. 下列项目中属于会计行政法规的是（　　）。
A. 《中华人民共和国会计法》　　B. 《企业会计准则——基本准则》
C. 《企业财务会计报告条例》　　D. 《企业会计准则——应用指南》

25. 对于下列经济业务活动，依照《会计法》的规定，应当办理会计核算的有（　　）。

A. 款项和有价证券的收付

B. 债权、债务的发生和结算

C. 财务成果的计算和处理

D. 收入、支出、费用和成本的计算

26. 根据《会计基础工作规范》规定，各单位的对账工作应当至少（　　）进行一次。

A. 一年　　B. 两年

C. 三年　　D. 四年

27. 在我国，会计档案建档要求、保管期限、销毁办法等依据（　　）的规定进行。

A. 会计基础工作规范　　B. 会计档案管理办法

C. 中华人民共和国会计法　　D. 企业会计准则

28. 在下列账目中，出纳人员可以兼任的工作有（　　）。

A. 库存现金日记账、银行存款日记账的登记

B. 收入、费用明细账的登记

C. 固定资产明细账的登记

D. 债权债务明细账的登记

29. 下列关于会计岗位设置的说法中正确的有（　　）。

A. 各单位应当根据会计业务需要设置会计工作岗位

B. 会计岗位可以与其他工作岗位相结合

C. 应当注意遵循“不相容职务相分离”原则

D. 会计人员的工作岗位应当有计划地进行轮换

30. 下列情况中，可以用红色墨水记账的有（　　）。

A. 红字更正时，冲销错误记录

B. 划线更正时，在错误的数字上划线

C. 划线更正时，填写正确数字

D. 在不设借贷等栏的多栏式账页中，登记减少数

31. 下列各项中，不属于会计档案的是（　　）。

A. 现金日记账　　B. 财务报表

C. 有关电子数据　　D. 财务预算

32. 各单位都应建立健全相应的内部会计管理制度，那么会计账簿的设置是单位内部会计管理制度中哪项具体制度的内容所在（　　）。

A. 稽核制度

B. 财务处理程序制度

C. 原始记录管理制度

D. 财务会计分析制度

三、判断题

1. 我国所有企业的会计核算都必须以人民币作为记账本位币。（　　）

2. 世界各国都必须遵循国际会计准则，其具有强制性。（　　）

3. 国家统一的会计制度是指国务院财政部门根据《会计法》制定的关于会计核算、会计监督、会计机构和会计人员及会计工作管理的制度。（　　）

4. 会计机构、会计人员对违反《会计法》和国家统一的会计制度的会计事项，有权拒绝办理或按职权予以纠正。（　　）

5. 《会计法》中的法律责任主要规定了两种责任形式：一是行政责任；二是刑事责任。（　　）

6. 会计人员发现会计账簿记录与实物、款项及有关资料不相符的，应当按照国家统一会计制度的规定及时进行处理。（　　）

7. 《会计法》中所指的会计报表既包括单位对外提供的会计报表，也包括单位根据管理需要编制的仅供内部管理使用的会计报表。（　　）

8. 会计报表之间、会计报表各项目之间，凡有对应数字关系的，应当相互一致。（　　）

9. 《会计基础工作规范》的法律地位低于《中华人民共和国会计法》。（　　）

10. 会计规范包括技术层面与行为层面的规范，其中技术层面的规范有会计准则、会计制度等。（　　）

11. 会计准则主要是从技术角度对会计实务处理提出的要求。（　　）

12. 会计制度与会计准则一样，都具有备选方案，并不强调统一性。（　　）

13. 会计准则是约束和规范财务会计行为、指导财务报表编制和披露的规范，准则质量的高低在某种程度上决定了企业所提供的会计信息的质量。（　　）

14. 根据会计准则制定机构的性质不同，可以把会计准则的性质分为官方、半官方和民间三种。（　　）

15. 规则导向法制定会计准则的优点在于比较严密、完备，可操作性强，需要较少的职业判断，较原则导向法更不容易为报表编制者等相关团体所规避。（　　）

16. 《会计法》是整个会计法规体系的核心。（　　）

17. 我国的会计制度侧重于确认和计量；会计准则侧重于记录和报告。（　　）

18. 会计基础工作是会计信息系统最直接的实务基础。（　　）

19. 会计基础工作规范不仅对会计人员职业道德等问题做了原则性规定，还对填制会计凭证等基础工作做了详细的具体规定。（　　）

20. 关于会计岗位的设置，应注意“不相容职务相分离”原则，可以一人一岗、一岗多人，但是要避免出现一人多岗的情况。（　　）

21. 若账簿记录发生错误，则需要重新抄写，不得涂改、挖补、刮擦或者用药水消除字迹。（　　）

22. 每个月末必须进行一次对账工作，确保账证相符、账账相符、账实相符。（　　）

23. 会计凭证的传递范围是会计部门的有关人员之间。（　　）

24. 单位的档案机构负责编制会计档案保管清册。（　　）

四、案例分析题

1. 以下材料是甲公司财务部门今年涉及的一些会计处理行为。

材料一：会计员老李原来负责会计档案的管理工作，离岗前与接替者小王在财务科长的监交下办妥了会计工作交接手续。年底，财政部门对该公司进行检查时，发现该公司原会计老李所记的账目中有会计作假行为，而接替者小王在会计工作交接时并未发现这一问题。财政部门在调查时，原会计老李说，已经办理会计交接手续，现任会计小王和财务科长均在移交清册上签了字，自己不再承担任何责任。

材料二：某日，甲公司收到一张应由甲公司与乙公司共同负担费用支出的原始凭证，甲公司会计人员小王根据该原始凭证进行账务处理，并保存原始凭证，同时应乙公司要求，小王将该原始凭证复印件提供给乙公司用于账务处理。

材料三：年终，甲公司拟销毁一批保管期满的会计档案，其中有一张未结清债务的原始凭证，会计人员小王认为只要是保管期满的会计档案就可以销毁。

根据会计法律制度的有关规定，回答下列问题。

（1）公司负责人是否要对会计作假行为承担责任？简要说明理由。

（2）原会计老李的说法是否正确？简要说明理由。

（3）小王将原始凭证复印件提供给乙公司用于账务处理的做法是否正确？简要说明理由。

（4）小王认为只要是保管期满的会计档案就可以销毁的观点是否正确？简要说明理由。

2. 通过第三章的学习我们知道，明星凉凉因法律条文的修改，只要交足应纳税款、滞纳金、罚款——虽然仍需要面对道德的谴责和形象的崩塌——就可以免除牢狱之灾。

而在第六章的学习中提到，其经纪人 M 销毁公司会计凭证、会计账簿，以掩盖凉凉工作室偷税漏税、阴阳合同的事实，阻挠税务机关依法调查——因而很大可能受到刑事处罚。

那么在本章的学习中，请你查阅《中华人民共和国会计法》及其他相关法律的具体相关内容，解释为什么经纪人 M 很大可能受到刑事处罚，并分析其可能面临的刑罚。

3. 材料一：林汀是一名会计专业的大二学生。最近，她对财务报表的格式规定很感兴趣，于是在网上查找各公司的财务报表学习。她对比了上海 PT 公司2016年和2017年合并利润表后发现，2017年的报表中新增了资产处置收益这一项，同时调减了2016年营业外收入和营业外支出，并按差额相应地调增了资产处置收益。林汀还在 PT 公司财务报表的附注中发现，营业外支出的构成中，不再有非流动资产处置损失这一项内容。然而，其他一些公司的财务报表，有的没有新增资产处置收益这一项，有的只是新增了一个名目，却没有实际的金额发生……

材料二：2017年12月25日财政部以财会〔2017〕30号文发布《关于修订印发一般企业财务报表格式的通知》（以下简称《通知》），对一般企业财务报表格式进行了修订，利润表中新增了“资产处置收益”和“其他收益”项目，非流动资产处置损失和非货币性资产交换损失不再列报于“营业外支出项目”。此项会计政策采用追溯调整法。

材料三：2018年6月15日财政部以财会〔2018〕15号文发布《关于修订印发2018年度一般企业财务报表格式的通知》，同时废止财会〔2017〕30号文《通知》。

请结合以上材料，解答林汀同学的一些问题。

（1）《通知》是否属于会计规范体系，又是属于哪一层次的文件呢？

（2）对于财政部发布的规范性文件，PT 企业是怎么样做的？在现实生活中所有企业都是如此吗？为什么？如果没有及时按规范调整会受到处罚吗？

（3）2017年底才出了新的《通知》，半年时间《通知》就被废止替代……近年会计准则也频繁更新修订，你如何看待这一现象？

五、思考题

1. 请你谈谈会计规范产生的原因。
2. 经过本章的学习，你对我国会计规范体系有哪些新的认识？
3. 我国的会计准则体系由哪些内容构成？
4. 你对会计准则的认识如何？请了解会计准则的发展和变迁。
5. 请自行查阅《中华人民共和国会计法》，简要描述《中华人民共和国会计法》的立法目的与基本内容。
6. 你认为《会计基础工作规范》是否重要？请自行查阅我国的《会计基础工作规范》，了解规范对企业填制凭证、登记账簿和编制财务报表有哪些具体要求。

第十五章　参 考 答 案

一、解释重要名词

（略）

二、选择题

1. ABCD　2. ABCD　3. ABCD　4. B　5. ABCD　6. AC　7. BCD　8. ABCD　9. B　10. AC
11. ABC　12. BCD　13. AD　14. ABD　15. D　16. C　17. C　18. ABCD　19. ABCD
20. ABCD　21. BCD　22. BCDE　23. A　24. C　25. ABCD　26. A　27. B　28. AC
29. ABCD　30. ABD　31. D　32. B

三、判断题

1. ×　2. ×　3. √　4. √　5. √　6. ×　7. ×　8. √　9. √　10. √　11. √
12. ×　13. √　14. √　15. ×　16. √　17. ×　18. √　19. √　20. ×　21. ×
22. ×　23. ×　24. ×

四、案例分析题

1.（1）公司负责人对会计作假行为应当承担责任。《中华人民共和国会计法》规定

“单位负责人对本单位的会计工作和会计资料的真实性、完整性负责” 。

（2）老李的说法不正确。《会计基础工作规范》第三十五条规定“移交人员对所移交的会计凭证、会计账簿、会计报表和其他有关资料的合法性、真实性承担法律责任”，即交接工作完成后，移交人员所移交的会计凭证、会计账簿、财务会计报告和其他会计资料是在其经办会计工作期间内发生的，其应对这些会计资料的真实性、完整性负责，即便接替人员在交接时因疏忽没有发现所接会计资料在真实性、完整性方面的问题，如事后发现仍应由原移交人员负责，原移交人员不应以会计资料已移交而推脱责任。

（3）会计人员小王的做法不正确。《会计基础工作规范》第五十一条规定“一张复始凭证所列支出需要几个单位共同负担的，应当将其他单位负担的部分，开给对方原始凭证分割单，进行结算”，因此，会计人员小王给复印件的做法是错误的。

（4）会计人员小王的观点不正确。《会计档案管理办法》第十一条规定“保管期满但未结清的债权债务原始凭证和涉及其他未了事项的原始凭证，不得销毁，应当单独抽出立卷，保管到未了事项完结时为止”，因此，甲公司拟销毁的会计档案中未结清债务的原始凭证不能销毁。

2. M 可能面临最高五年的有期徒刑。

法律依据如下。

（1）《中华人民共和国会计法》第四十四条规定“隐匿或者故意销毁依法应当保存的会计凭证、会计账簿、财务会计报告，构成犯罪的，依法追究刑事责任” 。

（2）《中华人民共和国刑法》第一百六十二条之一规定“隐匿或者故意销毁依法应当保存的会计凭证、会计账簿、财务会计报告，情节严重的，处五年以下有期徒刑或者拘役，并处或者单处二万元以上二十万元以下罚金。单位犯前款罪的，对单位判处罚金，并对其直接负责的主管人员和其他直接责任人员，依照前款的规定处罚”。

（3）《最高人民检察院、公安部关于公安机关管辖的刑事案件立案追诉标准的规定（二）》第八条规定“隐匿或者故意销毁依法应当保存的会计凭证、会计账簿、财务会计报告，涉嫌下列情形之一的，应予立案追诉”。

（一）隐匿、故意销毁的会计凭证、会计账簿、财务会计报告涉及金额在五十万元以上的。

（二）依法应当向司法机关、行政机关、有关主管部门等提供而隐匿、故意销毁或者拒不交出会计凭证、会计账簿、财务会计报告的。

（三）其他情节严重的情形。

3.

（1）属于；规范性文件。

（2）PT 企业及时按《通知》做出了调整，采用了新的财务报表格式，并采用了追溯调整法；关于现实中企业的做法请同学们自行查找资料了解。

（3）从经济、政治、法律等环境的变迁和准则完善发展角度思考。

五、思考题

（略）